BLACK SWAN 黑天鹅图书

为 人 生 提 供 领 跑 世 界 的 力 量

BLACK SWAN

我们为什么不能拥有一切

（美）安妮-玛丽·斯劳特（Anne-Marie Slaughter）著 何兰兰 译

Unfinished Business

Women Men Work Family

文化发展出版社
Cultural Development Press

献给我生命中的三个男人：安迪、爱德华、亚历山大

目录/CONTENTS

我们为什么不能
拥有一切

第一部分
超越金科玉律

第一章

似是而非的“真理”：关于女人

第二章

似是而非的“真理”：关于男人

第三章

似是而非的“真理”：关于职场

第二部分
摒除成见，通权达变

第四章
竞争与关爱

第五章
管理金钱比照顾孩子更难吗

第六章

妇女运动的下一阶段：男人的运动

第七章

学会放手

第三部分
通往平等之路

第八章

改变我们的话语方式

第九章

规划职业生涯（尽管计划总是赶不上变化）

第十章

构建完美职场

第十一章

关爱：我们共同的事业

“你的离去，太令人遗憾了”

2010年12月，我和我的团队——国务院政策规划司的同事们，正在争分夺秒地完成国务卿希拉里·克林顿的一个为期十八个月的重大项目。那时的天气冷得刺骨。凌晨时分，我和一名同事步行回家。我们一边竖起衣领抵御凛冽的寒风，一边在心里不厌其烦地玩着“华盛顿消遣游戏”，默默揣测中期选举之后的人事任免与去留。我并没有说话，但种种明确无误的信号预示着——我很快就会升职，被提拔为少数几名高级官员之一。我感到很振奋——内心深处却又矛盾重重。

作为国务院政策规划司的第一位女性负责人，我已经在这个职位上工作了将近两年，直接向国务卿报告，并负责协助国务卿研究制定并实施美国外交政策的整体架构与全局战略。两年前，这位我由衷敬佩的女性，也是一位绝佳的老板——克林顿国务卿打电话邀请我担任政策规划司司长这一职时，我毫不犹豫地接受了这份梦寐以求的工作。与此同时，我也告诉她，我只能做两年。因为通常情况下，教授只能向所供职的大学请两年假来担任公职；如果长于两年，教授就必须放弃终身教职。然而，从我最初到华盛顿上任以来，我和我的丈夫安迪都充满期待，如果将来有机会担任更高职位，那将会是非常有吸引力的。在过去的职业生涯中，我一直担任教职，但毋庸讳言，外交政策才是我终生的挚爱和追求。

那一刻正是我“向前一步”、审时度势抓住机遇、推动自己勇敢迈进的时刻。当然，在此之前，没人保证我将来一定能升任更高职位。但是，我知道，即使没有保证，升职的可能性也值得期待；而且，我属意的职位又是一个从未有女性担任过的职位。在这个职位上，我有机会继续提倡自己主张的外交政策，并使其成为克林顿国务卿任期内美国外交的鲜明特色。

我一直觉得自己是一名职业女性：法学教授、院长，读本科时我就野心勃勃地计划考取法学院，将来进入国务院任职。这样的我，面对近在眼前的升职机会，应该毫不犹豫地接受才是。然而，在职业生涯顺利晋升的同时，我的个人生活却显得有些复杂。2009年我第一次来国务院工作时，安迪和我商量之后，觉得我每个星期往返华盛顿比举家搬往华盛顿，对他和我们的两个儿子来说，会更好一些。孩子们当时一个十岁，一个十二岁，分别读四年级和六年级。他们很喜欢当时所居住的社区，并深深融入了社区生活。他们满心欢喜地同意我们的决定：尽管他们一开始听说我要去华盛顿工作时有些紧张不安，但当我建议每个人都随我迁往华盛顿时，他们的反应却很直截了当："再见，妈妈！"

安迪是普林斯顿大学政治学与国际事务专业的终身教授，他待在家里的时间比我要多一些；我之前的工作是普林斯顿大学伍德罗·威尔逊公共与国际事务学院院长，经常参加各种外交政策相关活动，外出旅行也比安迪更频繁些。而且，即使我在家，我也总待在电脑前。我的大儿子上一年级的时候，老师要求他画出自己的家人，他居然把我画成了一台笔记本电脑——甚至不是一个坐在电脑前面的女人，而直接就成了一台机器！实际上，在那个时候，我的办公室离我们的家和孩子们的学校只有一英里远，我能参加老师组织的家长会、各种学校活动、体育赛事。而且，当时我在大学工作，日程安排相对灵活。即使我偶尔不在，或非常忙碌，我也总能找出时间弥补孩子们，一起出去度个假或者一起在家里待着。我总能出现在孩子们的生活中。我很庆幸自己可以非常投入地养育孩子，同时又能在职业生涯中担当重任。

因为我和安迪之前一直都配合默契，我想当然地以为这一次我们也可以轻松适应全新的生活节奏。然而，这次的改变非常痛苦。在克林顿国务卿发出工作邀请到我开始工作的两周内，我们的生活发生了巨大的变化：以前，我的办公室离我们的家仅有十分钟步行距离；而现在，我星期一早晨五点出门，星期五下午或晚上很晚才回家。这样的时间表在奥巴马政府官员中并不罕见。据我所知，政府里有很多人把家人留在了纽约、宾夕法尼亚，甚至加利福尼亚。即使家人都在华盛顿的政府高官们也很少见自己的家人。他们的工作繁重异常，令人疲惫。更准确地说，是因为他们的工作举足轻重，利害攸关。国际事件永远不会顾及家庭日程安排；国际危机接踵而至，堆积如山，最珍贵的家庭庆祝活动也难免被不幸打断。我每个月有一天的假期，按美国的标准来衡量，政府也算是慷慨了。但是，直到6月，我仍没能攒够一个星期的假期。作为一名职业女性，我既收获了由此而来的种种好处，也为自己的选择付出了代价。安迪当然理解也支持我的选择。但是，对我的儿子们来说，这样的代价无疑来得太突然，也太巨大了。我的小儿子——只有十岁——星期天晚上得知我第二天一早就要离开时不禁号啕大哭。每次我想开口安慰他，他就冲我大声喊叫，甚至未等我说出一个字来——“我不要你走。我才不管什么国家呢！”在这之前，我向他解释说妈妈正在为国家工作，而他也一样在为国家效力。这是克林顿国务卿与他见面时曾对他说过的话。但是，他的确已经受够了。

我们的大儿子对我的离开努力表现得成熟一些，甚至主动承担了原本每天早晨由我来做的准备早餐果汁的任务。他能理解我有多想要这份工作，而且也能从广泛的层面上理解我的新职位。之前有段时间，我还在摸索华盛顿工作的门道，有时不免沮丧失望，甚至在上下班路上说出要辞职回家这样的话来（当然，并不是真的要这样做）。他会看着我说：“妈妈，你不能放弃，不能辞职！你可是我们的行为榜样呀！”这样的话，最开始，他是从别人那里听来的，很可能是从他朋友的母亲那里听来的。但是，后来，慢慢地，这已经内化成他心底的东西了。

他为我感到骄傲，但同时，又不得不努力适应中学里的全新生活。素未谋面的新朋友，要求更高的新课程，而且，忽然之间，日常的生活节奏全被打乱了。正在渐渐步入青春期的他，变成了很多父母都很熟悉的模样：整日闷闷不乐，沉默寡言，好不容易回答一句，却言语粗鲁，常用单音节词。他的朋友也全换了。在接下来的一年半时间里，他开始不做家庭作业，扰乱课堂秩序，数学挂科，不理会任何试图接近他的大人。他与父亲打架，尽可能无视我的存在。到了八年级的时候，他的行为没有任何收敛，反而更加升级。他被学校勒令休学，被当地警方带走。有一天，我们正在举行一个重要会议时，我接到了几个紧急电话，不得不抛下手头的工作，乘头班火车迅速赶回家（克林顿国务卿和办公厅主任谢里尔·米尔斯，总能理解和体谅我，但这势必给我领导的部门带来压力）。

很多父母安慰我，我儿子的行为很常见，我面对的问题并无非同寻常之处。因为十几岁的孩子正值反叛的年纪，难免让父母为之抓狂，头痛不已。虽然安迪总会在家，尽其所能照顾孩子，料理家里的大小事务，但孩子们始终是我心头挥之不去的牵挂。尽管我那么热爱工作，可每当接到一个电话，或收到一条短信，提及最近家里的混乱局面，我就不免焦急起来，反问自己：当孩子们需要我的时候，为什么我却仍安坐在华盛顿的办公室里?

我曾设想过各种可能的情境，寻思着或许我可以再扛一扛，继续在华盛顿待上一年。但是，无论我将被委任何种职位，均需参议院核准通过，这就需要三到六个月的时间。而且，克林顿国务卿会理所当然地希望我任职两年，直至奥巴马总统首任任期结束。我也曾想过让丈夫和孩子们一起搬来华盛顿。不过，那样的话，安迪就不得不奔波于华盛顿和普林斯顿之间，而孩子们也将置身于完全陌生的环境中，一切从头开始适应。我觉得这对孩子们非常不好，尤其是我们的小儿子。我们当初举家迁往普林斯顿的最重要原因，恰恰就在于当地优质的公立教育以及有益于孩子们成长的优越社区环境。

经济也是我考虑的因素之一。进入政府工作之后，我的薪酬比之前降低了一半多，还必须支付在华盛顿租住的单间公寓的租金以及来往两地之间的交通费用。如果举家搬来华盛顿，那我们就可以把普林斯顿的房子租出去。但是，安迪不得不两地奔波，我们也将支出大笔的搬家费用，在华盛顿这个物价更昂贵的城市开始全新的生活。这一切都将花费不菲。

在内心深处，我知道当时正确的选择是回家，即使这样的选择让我对自己感到有些陌生。但我还是辞职回家了。克林顿国务卿为我举办了盛大而美妙的告别晚会，令我终生难忘，铭记在心。我的整个大家庭——父母、兄弟姐妹、姑婶姨、叔伯舅、堂兄弟姐妹、表兄弟姐妹——大家都来了，其中有四位甚至从香港远道赶来。安迪和我们的两个儿子笑容满面，和众多亲朋好友，无论亲疏远近、交情深浅，共同见证了我被授予国务院杰出贡献奖章——国务院有权颁授的最高荣誉。我深深敬爱和钦佩的同事们也纷纷前来与我道别，送上礼物与祝福。我从来不曾认为我的选择是“放弃”或是“中途退出”。我只是做了一个决定，独辟蹊径，阶段性地以照顾家庭为重，而不是一味追求职场晋升。

第二天是星期五，我便收拾东西，打包回家了。到了星期二，我已经回到普林斯顿的教室里开始给学生们上课了。终于不再有没完没了、令人筋疲力尽的日程安排，终于可以让自己找回久违的身心平衡。事情发生了根本的变化，我们的家也逐渐恢复正常。我又回到了普林斯顿，继续教书、写作、演讲、评论对外政策。虽然事务繁杂，依然忙碌，但时间安排相对自由灵活。在那个时候，我才第一次意识到这种自由灵活的时间安排，对既想照顾好家庭、当一名合格母亲，又希望在职场上纵横驰骋、取得成功的我来说，究竟有多么重要了。

同样值得一提的是，过去我曾觉得理所当然的一些小事，忽然之间显得异常珍贵起来。回家后的半年时间里，我每天早早起床，给儿子们做各式早点：松饼、烤饼、煎饼、华夫饼、炸土豆饼、鸡蛋等，花样翻新，应有尽有。的确，在过去的整整两年中，安迪每天叫孩子们起床，吃完早餐，送他们上学去。天天如此，从未中断。我回来后的第一天早上，安迪翻过身来，对我说：“轮到你了。”而过了一段时间之后，他温柔地提醒我，似乎我为自己过去的缺失弥补得太多了一点。我为他们做的这一切，表面上是为他们做的，实际上也是为我自己做的。作为一位母亲，我以前从未想过，哪怕只是看着孩子们吃我自己做的食物，也能给我带来简单而纯粹的快乐。这也许就是某种深层次的内心渴望吧。无论如何，我回来了。我感到无比快乐。

几个月过去后，我开始考问自己一些更深刻的问题。我决定辞去政府公职，是出于对家庭的爱与责任。如果奥巴马总统能成功连任，我想我仍会尝试对外政策方面的工作。如果你是一名政府官员，你所在的党派执掌政权长达八年之久，而你正处于职业生涯的巅峰，那这时无疑就是你摘星揽月、实现梦想的绝佳机会。2011年离开时，我并没有排除两年后再度回归的可能。

然而，在这个问题上，我一直苦苦挣扎，与自己较劲。即使我足够幸运，有机会回归政府工作，但再一次离去也意味着我将错过大儿子在家的最后两个年头，也将错过小儿子向中学过渡的关键时期。只要家庭能正常维持下去，我从未想过改变职业生涯在我人生中的首要地位。但是，现在的我必须诚实地面对自己。这次危机迫使我正视一个问题——对我来说，什么是最重要的。很显然，最重要的，既不是他人为我设定的目标，也不是我为自己设定的目标。这种醒悟让我不禁质疑自小伴我成长并始终得到我拥护的女权主义观念。我开始疑惑为什么女人的成功，甚至任何一个人的成功，首当其冲的必须是职业生涯的巨大成就，而不是其他任何方面的成绩。

过去，我总是相信女人可以“拥有一切”：她们可以和男人一样同时拥有事业和家庭，在各个领域取得和男人同等的成功。我也曾这么教导我教过和指导过的年轻女学生。男人，无论他们是总裁、首席执行官、主管、经理，还是其他各种领袖，他们也都有家庭。我告诉我的学生们，女人也一样可以做到，只要她们全身心投入工作。但是，当时的我，虽然依旧为工作尽心竭力，却做出了一个让自己始料未及的决定，还十分肯定这是一个正确的决定。

像我这样成长于20世纪70年代的人，深受机遇、权力与妇女运动种种承诺的影响与塑造，也积极致力于把握机遇，追求权力，实现妇女运动的目标，做出这样一个选择家庭而非事业的决定，不免有些离经叛道。但是，2011年5月，即我离开华盛顿四个月后发生的一件事，让我对整个问题有了完全不同的理解和认识。我受邀去牛津大学做一场以国际关系为主题的福布莱特讲座。应活动组织者的请求，我又给四十多位罗德学者做了一场有关“工作与家庭的平衡”的演讲。他们的年龄大多在二十五岁上下，才华横溢、满怀自信。

然而，与其说那是一场真正意义上的严谨讲座，倒不如说那是我对他们的真诚倾诉。我向他们坦露，在保有政府高级官员职位的同时，在孩子们成长的关键时期做一名称职的母亲，是多么困难，而我对这种困境事先竟毫无心理准备。我还和他们分享了我对这一问题的诸多思考。正如很多人提到的那样，当时我天天在两城之间来回奔波，理应预料到工作和家庭之间日趋紧张的关系；如果我毫无心理准备，只能说我自己想得太过天真了。实际上，我只是想当然地以为我和我的家人总能像过去一样化解所有难题，适应全新的生活节奏。临近结束的时候，我对他们说，即使民主党赢得下届总统选举，继续掌权六年，只要我的孩子们仍然在家，需要我的照顾，我就不可能复出，担任政府公职。

出乎意料，大家听得都很入神，还提出了很多值得思考的问题。最先站起来提问的是一位年轻女士，她首先感谢我“没有做一场虚浮愚蠢的‘你可以拥有一切’类型的演讲”。她听过太多这种类型的演讲，并对它们深感怀疑。当时在场的大多数女性都试图以某种方式兼顾事业和家庭，但是她们显然比我二十五岁时要老到得多，对两者之间的紧张与冲突有更多的了解和准备，而我天真地以为自己只需全力以赴追求事业，而丈夫和家人必会欣然追随。尽管她们如此年轻便在事业上颇有作为，但她们中的很多人已经深刻认识到，在事业和家庭之间玩平衡戏法有多么不易了。她们想从有亲身经历的人那里听到的是，第一手的实际经验和利弊权衡，以及有助于她们规划未来蓝图或者预测未来情境的智慧箴言或真诚忠告。

与此同时，我注意到，与我年龄相仿的人对此的反应却截然不同。几个月后，我发现，问题关键并不在于我回到学校本身，而在于我回来是为了孩子们。普林斯顿和纽约的人们问我为什么要回学校教书时，我大可以轻描淡写地回答说，我的两年公职假期已经结束，并且假装不经意地提一提拉里·萨默斯在政府服务两年之后也回到哈佛教书了。但是，我坚决地向他们宣称，我之所以决定回来，家庭也是同等重要的考量因素。当我还是伍德罗·威尔逊学院院长时，我总是有意让人们知道，我会在下午六点赶回家与家人共进晚餐，或者为了参加孩子的校园活动或家长会不惜改变日程安排。本着同样的精神，当人们问到我为什么离开国务院时，我常常回答说：“我丈夫和我有两个十多岁的儿子。他们需要我们亲力亲为，精心养育。他们待在家里的时间也就那么几年了。”

忽然之间，与我交谈的人会对我产生与之前迥然相异的认知。他们的反应五花八门，不一而足，有些难免令人咂舌。他们会说“你不得不离开华盛顿，这太令人遗憾了”，也会说“我无法从你的选择中汲取经验。我从来无须做出妥协，我的孩子们不也很有出息嘛”。也有种种微小的迹象表明，这些交谈者总是忍不住重新审视我本人，揣摩着我是否有些玩世不恭、游戏人间。

总之，即使我仍有一份全职工作，仍是普林斯顿大学的终身教授，却突然之间被人们列入某种类别，被微妙地低估了——就像那些女人，她们禀赋过人，接受了良好教育，在职场上初露头角，前途光明，却选择做一份更轻松的工作或兼职工作，甚至辞去工作，一心一意照料家庭。我越来越感觉到，我没有达到很多人对我的期待，我让他们失望了——年长一些的女人们，同辈的男人和女人们，甚至一些朋友——他们都曾对我声荣日盛的职业生涯寄予厚望。

在已然走过的人生道路上，我一直都站在这种抉择的另一边。当有人告诉我她决定多花点时间待在家里，与家人共度更多美好时光，她打算走一条竞争相对温和的特殊职场之路，我是那个脸上露出一丝淡淡的充满优越感的微笑的女人。我是那个终日与一小撮大学或法学院精英好友待在一起的女人，她们从未松懈对崇高职业理想的追求，她们始终不渝地致力于女权主义事业，并对彼此的成就相互祝贺。我是那个向女学生们或讲座听众们灌输如下思想的教授：你们可以拥有一切，无论你们从事何种职业。这意味着，我曾经非常不明智地推波助澜，让女人们觉得，如果无法做好全职工作，像男人一样在职场上平步青云的同时，维持一个家庭，并拥有积极活跃的家庭生活，问题不在别人，而在她们自己，全是她们自己的错。我对这个问题思考得越多，就越感觉：成千上万的女人，越来越多的男人，做出了与我类似的选择时，却无法得到应有的肯定；他们坚持认为职场成功并不是人类幸福和成就的唯一标尺，却不能为此小小庆祝一番。这是完全错误的。

2012年，我给《大西洋月刊》写了一篇文章，把脑海中酝酿了许久的有关女人与工作的思考都写了下来。这篇文章的标题是《为什么女人仍然无法拥有一切》。没过多久，我就后悔取了这样一个标题。但是，恰恰就是这样一个标题，朗朗上口，吸引眼球却不甚准确，比其他表述精确的标题——比如《为什么职业女性需要更好的职场安排，使自己始终保持活跃并登临职场巅峰》——让那期杂志更加畅销，卖得更好。不到五天时间，这篇文章的网络版就被阅读了四十万次；一个星期以后，它被阅读了一百万次；而今天，它是《大西洋月刊》一百五十年出版历史上上被阅读次数最多的文章之一，大约被阅读了两百七十万次[1]。由此，明显可以看出，相当数量的女人，以及越来越多的男人，想要就一个“业已五十高龄”的话题——真正的男女平等意味着什么——开启一轮全新的对话。

在接下来那几个月里，我收到了无数的来信。被文章打动的人们纷纷向我写信倾诉衷肠。杰西卡·戴维斯-加纳奥，一名试图获得终身教职的学者，也是两个孩子的母亲，其中一个孩子患有遗传病。她在信中写道：“我刚刚读完你发表在《大西洋月刊》上的那篇文章，便忍不住大哭了起来，还不得不关上房门。你清晰地道出了过去这几年我一直纠结挣扎的问题。”另一条给我留下深刻印象的评论是一位母亲说我“给了她一种许可”，让她放下工作，回归家庭，跟孩子们待上一段时间。这是她一直非常想做而不敢做的。

当然，人们的反应也不全是热烈的欢迎与充分的肯定。我被指控为“权势”女权主义者——我只关注像我自己这样的权势女性的高端问题。一些批评者抓住“拥有一切”这个概念展开争论。他们把它叫作过度追求完美的荒唐闹剧，如空中楼阁般想象着既能拥有了不起的事业成就，也能同时做个全力付出的称职父母。其他批评者认为我的文章将会破坏女性现有的通过艰难抗争才取得的历史性职场地位。

[1] 截至2014年12月3日的数据。

不久后，我有机会在全国范围内旅行，发表演讲，直面批评与赞扬，倾听质疑与提问，竭力寻求答案。渐渐地，我允许自己突破理念的藩篱，摆脱根深蒂固的成见与假设，重新审视什么是有价值的，什么是重要的，什么是正确的，什么是自然的。这个过程就像在眼科医生那里，她轻轻拨动着验光机上的按钮，来回对焦，直至远方的物体渐渐从完全模糊变得轮廓分明、格外清晰。

女权主义的先驱们，比如贝蒂·弗里丹、格洛丽亚·斯泰纳姆，她们勇敢地打破了种种束缚女性手脚的刻板印象。这些刻板印象沉闷无比，几乎令人窒息。女人们被严格限制在一个世界里：在这个世界里，她们的身份几乎完全取决于她们与他人之间的关系——女儿、姐妹、妻子、母亲。而弗里丹和斯泰纳姆，踏着19世纪苏珊·B. 安东尼、伊丽莎白·卡迪·斯坦顿等众多革命者的步伐，一路走来，领导了女权主义运动。它与民权运动、世界人权运动、反殖民运动、同性恋者权利运动等伟大变革并驾齐驱，堪称20世纪人类为自由而抗争的最伟大运动之一。

然而，从很多层面上来说，女权主义运动还远未完成。站在21世纪的开端，我越来越相信，提升女性地位，促进女性发展，不仅需要打破强加在女性身上的一整套新的刻板印象与固有成见，也需要摆脱社会对男人几近僵化的角色定位。这意味着，我们需要对更大范围内的传统观念与认知提出挑战。对于价值观，对于衡量成功的标准，对于人性的根源，对于平等的真正含义，我们都需重新审视；对于职场设计，对于生活场景，对于领导风格，以及相关的所有一切，我们都需认真反思。

我理想中的社会里，每个人都可能拥有硕果累累的职业生涯，或者一份报酬丰厚的好工作，如果我们想要的只是一份工作而已。同时，每个人又都可以拥有个人生活，去爱他人，关心照顾他人，获得更深刻的满足感。我希望我的这本书可以帮助我们朝这个方向迈进。

然而，凡事须一步一个脚印去做。为了到达理想的彼岸，我们必须从真实而非想象的世界出发。

UNFINISHED
BUSINESS

第一部分

超越金科玉律

第一部分

超越金科玉律

贝蒂·弗里丹在写作《女性的奥秘》一书时，把开篇第一章的标题概括为“无名的问题”。她描述道，这是“美国妇女在20世纪中叶所经受的一种怪异的躁动，一种不满足感，一种内心的渴望”。她发现，这个问题的根源在于“我们作为女人所拥有的真实生活与我们力图达到的理想形象之间存在着差异”。

弗里丹声称要为所有女性代言，但实际上只是记录了成千上万个郊区家庭主妇的情感困境。她的受众群如此之大，甚至帮助她掀起了第二波女权运动的浪潮——其规模不容小觑。然而，对同样人数众多的、既没有时间也没有兴趣了解女权主义理想蓝图的女性来说，她所描述的世界显然并非现实。她们迫于生计，早已进入劳动大军，完全没有任何选择的余地。

就我而言，我从小生活在社会中上阶层的郊区白人家庭。那个年代，我们会住路边的汽车旅馆，乘灰狗巴士去旅行，与水电工的孩子们、律师医生的孩子们一块儿上学。随着美国在过去三十年间逐渐变得更加富裕，作为美国社会的一员，我受到了良好的教育，见证了越来越多的机会在我们面前展开。我的家庭是一个典型的核心家庭——两个已婚异性父母，两个由父母双方亲生，并继承了双方基因的孩子——这种家庭在今天的美国只占少数。

在我写作本书的过程中，来自各种不同背景、千差万别的人纷纷向我坦陈他们的思考，提出他们的问题，甚至不吝严词批判。试图对其做出回复时，我一次又一次地意识到，我自己的生活经历在很大程度上会影响甚至决定我对他人的想法和感受产生怎样的先验假设。当我试图站在他人的立场上来看问题时，我开始正视一个显而易见却常常被忽视的关键——金钱到底有多重要。我和安迪有着相对宽裕的经济条件，负担得起孩子年纪尚幼时上高品质日托的费用，在孩子日渐长大后也请得起管家来照料他们的生活起居，也有能力让他们舒适地生活在有着优秀学区和图书馆资源的高档社区。

用金钱，我们可以买到一张安全网，它可以缓解压力，提供各种资源，增强对抗命运无情冲击的柔韧性和修复力。然而，不可计数的美国家庭，尽管任劳任怨、辛勤耕耘，却鲜有资源来经受哪怕一次厄运的打击。他们的“家庭选择”——是否出去工作以及工作多长时间，是否待在家中照顾孩子和父母以及待在家中多长时间——实际上根本就谈不上选择。迫于家庭经济状况，他们完全没有选择的余地。当我质疑自己长久以来无比确信的信条时，我总是提醒自己，我所讲述的是我的生活，而不是他人的生活。

我之所以强调这一点，是因为如果我们，不管是男人还是女人，要向前迈进，不管是在职场中还是社会上，我们必须首先向后退一步，仔细审视我们条件反射地认为千真万确的东西。我们必须质疑传统观点、格言警句、传承而来的文化因素，还有那些影响和庇护了我们的选择、塑造了整个世界的宏大叙事。我们应该反问自己，如果我们只能依靠想象去了解他人的生活，为什么我们还能对自己看法中隐含的前提假定如此深信不疑。

只有我们每个人真正敞开心扉，解放思想，乐于接受全新想法、全新理念、全新可能，我们才能改变自我，也才能带来更大范围内的变革。

UNFINISHED
BUSINESS

第一章

似是而非的“真理”：关于女人

作为一名教授，在过去的二十多年中，我参加了无数次与学生交流探讨的会议，也做了无数次讲座。毫无疑问，我最常被问到的就是，如何在工作和家庭之间保持平衡。这个问题通常来自年轻女性。即使我在其他大学的演讲主题是对外政策，演讲结束后，总会有年轻女子从逐渐稀疏的人群中举起手来，请求我给那些既想追求事业，又想拥有完美家庭的女性分享一些建议。这样的经历并非罕见，我的任何一位女同事都有相似的经历与体会。我们明白为什么这些年轻女性会问这样一个问题。看到她们如此敬仰我们，我们不禁感到十分骄傲。

但是，要回答这个问题一点也不简单。我原本可以告诉她们，我之所以能身居要职，拥有成功的事业，又能拥有幸福家庭，其唯一秘诀就在于，我在一所顶尖大学里获得了终身教职，并且嫁给了在同一所大学里任教的另一位终身教授。也许这个答案听起来太让人沮丧了，也绝非全面的事实。决心与上进心、勤奋与努力，还有幸运女神的眷顾，都是我职业发展轨迹中不可或缺的影响因素。当然，也有很多女性在更恶劣的条件下成功地兼顾了工作与家庭，取得了事业家庭双丰收。

后来，在华盛顿工作期间，我也可以对她们说："看看，我也正处于危机的边缘呢。我那十多岁的儿子时不时闹出点荒唐事儿，我和我丈夫正焦头烂额地想办法管住他。而我一周只有两天在家。我们简直要绝望了。我的内心仿佛被撕裂了。我每天扪心自问：为了这份工作，付出如此巨大的代价，值得吗？"但是，这样的回答显然还是让人泄气，也不是全面的事实。如果孩子们年纪更大一些，如果他们更乖巧一些，不会因为一些鸡毛蒜皮的小事屡屡与他们的父亲起争执；如果我的大儿子不会经常惹是生非，常常去普林斯顿警察局做客，那我的处境就会变得完全不同了。在华盛顿，很多女人像我一样两地奔波，从事着与我类似的工作，却没有如我这般艰难。

那么，我该说些什么？我想我能告诉她们的只有我所认识到的真相。它有很多方面。我毕竟是一名女权主义者，我最核心的人生准则之一就是，始终坚信并努力践行一个命题——女人可以像男人一样拥有成功圆满的职业生涯，同时无须放弃家庭生活的愉悦和欢乐。至少，对我来说，这就是我所谓的“拥有一切”（我们在第二章中还会提到这个概念，虽然的确有些模棱两可，但我会继续使用这个表达，简明地指代上文提到的理念）。毫不奇怪，跟我们这一代的其他女人一样，我会求助于那些公认的金科玉律，似乎反复吟唱它们就能有求必应、美梦成真了。

这三条最为常见的金科玉律是：

一、“你可以拥有一切，只要你全力以赴追求事业。”

二、“你可以拥有一切，只要你嫁对了人。”

三、“你可以拥有一切，只要你排序合理。”

这些并不是诓骗人心的谎言。它们在某种程度上的确是事实，但它们不是全部真相。它们让你产生了一种幻觉，让你认为能否兼顾事业和家庭只是取决于你的选择。事实上，尽管你的选择很重要，但是生活本身有一种让人难以理解的干预机制。追溯一下过去的十年吧。你过去十年间的生活难道是完全按照十年前的计划来展开的吗？不，不是，十年间，你自身也发生了不可思议的改变。我在二十四岁时，结了第一次婚。那时的我，脑子里想的只有事业。如果那时你问我，我会说我想要孩子，但要在很久之后，也就是我三十多岁时再生。在三十五岁时，我又步入了婚姻。孩子忽然成了我生活中的头等大事，每日心心念念想着生孩子。我花了整整两年时间来懊恼当初我不惜牺牲当母亲的机会来追逐事业的成功——我从来不愿意做出这样的选择。

在我看来，这些金科玉律是远远不够的。鼓励年轻女性固然重要，但是承认生活现实也同样重要。说实话，很多夫妻在刚开始共同生活时会设想双方在养育儿女和实现职业抱负上拥有平等机会，然而他们逐渐会发现，各自拥有全职工作、养育两个甚至更多的孩子、赡养年迈体弱的老人，会压得双方喘不过气来，根本难以为继。

只有说出所有真相，未来的夫妻们在对彼此做出承诺之前，才能更开诚布公、更直截了当地讨论可能的选择，权衡利弊；年轻女性也才能改变对伴侣不切实际的期待。最重要的是，我们可以更准确地描绘出通往真正平等道路上的各种障碍和壁垒，然后开始各个击破，扫清道路。

一、似是而非的“真理”：“你可以拥有一切，只要你全力以赴追求事业”

多年以来，我有一种越来越强烈的感觉：我之前的那一代人，也就是开创性的那一代人，越来越喜欢对我们这一代，甚至更年轻的女性做出的选择妄加评判。尤其有一次我在纽约一家著名基金会做完一场关于对外政策的演讲之后，这种感觉变得异常明朗起来。演讲结束后，一小群比我年长的女人围绕着我。她们热情洋溢，交口称赞我所做的精彩演讲，对我的外交政策生涯更是不吝溢美之词。然而，同样也是这些前辈，对很多年轻女性貌似缺乏上进心、“中途退出”职业生涯，她们又纷纷扼腕叹息，感到无比痛心。

这些前辈认为很多年轻女性“中途退出”完全是因为缺乏进取心和干劲，其中隐含的假设就是：如果女人内心真正渴望事业成功，那她们就可以前程似锦，拥有让人艳羡的成就。为了全力以赴追求事业，她们可以通宵达旦、夜以继日地工作，而不计任何代价。

换句话来说，如果你已经做好准备，不计任何代价追求事业，包括很少与孩子见面，那么你的确可以同时拥有事业和家庭。很多已经坐上首席执行官或者高级合伙人职位的男人会说，这就是长期以来他们为了升至最高职位而做出的牺牲。他们总是四处奔波，到处旅行；每周七天，一天二十四小时，时刻准备着为客户服务。沃尔特·布拉斯，曾于20世纪60年代担任美国和平队阿富汗分队队长，后来又服务于美国电话电报公司的战略规划部门。他给我写了一封电子邮件，大致描述了他为职业生涯付出的种种代价。他写道："我把抚养三个孩子的几乎所有责任都推给了我的妻子。她是一名全职主妇。我们在海外生活的时候，我整天忙于工作，担心志愿者们的安危，很少有时间和精力陪伴她和孩子们，她便会直言不讳地批评我。"后来在美国电话电报公司工作时，他为长达九个月的罢工事件忙得焦头烂额，"那时十二岁的女儿写了一首诗。诗中提到，她和弟弟妹妹们之所以还记得他们有一个父亲，是因为看到我每天扔在床边的脏袜子和内衣裤。"

问题就在这里。男人们之所以能几十年如一日、全身心投入事业，几乎毫无例外地是因为妻子或伴侣对他们选择的鼎力支持。就像沃尔特的妻子一样，她们全职照料孩子、处理家务，或承担起绝大部分家庭责任。这意味着，任何一位冉冉升起的"职场明星"——公司高管、咨询顾问、教授学者、外科医生，或者律师，之所以能专心致志献身事业，是因为他们知道，自己的另一半待在家里，无微不至、充满爱心地照料孩子们，尽一切可能保证孩子们健康成长。尽管他也希望自己能有更多时间陪伴孩子，或者为自己和孩子不断疏远的关系痛心疾首，但他至少知道孩子们得到了很好的照料。而且，"男主外女主内"式的社会结构在人们心中根深蒂固，进一步强化了他所做选择的合理性。他不过是做了他应该做的事：挣钱养家，提供维系家庭的基本经济条件。在此基础上，他的妻子为这个家庭奉献自己的身体与情感。

然而，一位拥有家庭的职业女性，虽然可以在职场上游刃有余、如鱼得水，但在家庭事务上的选择余地却比男人们有限得多。相对而言，很少有丈夫愿意待在家中，承担起大部分家庭事务，让自己的妻子一心一意提升事业。他可能完全支持妻子的职业理想与目标，却无法做到为之不惜牺牲自己的事业追求，或者做出某些较大的让步与妥协。但是，总得有人来照顾年幼的孩子、日渐衰老的父母，或者患病的亲人。最常见的情况是，野心勃勃的职业女性必须面对不分昼夜的繁重工作以及无人照料的可怜孩子，而不是像富有事业心的男人们那样面对的是不分昼夜的繁重工作，很少见孩子，但家里的另一半总能照顾好孩子们。即使我们大胆假设职业女性有足够的经济能力为孩子提供二十四小时不间断的托管照料，父母与孩子们的相处还是捉襟见肘，不能及时参加孩子学校举办的活动，孩子生病时无法陪伴左右，没有时间辅导孩子的功课，更无法深夜与孩子促膝谈心，聊聊孩子在学校被欺负的遭遇或者孩子们之间的青涩恋情。

职业女性的选择比男人们要艰难得多。很多时候，你深知，如果自己能待在家里或者亲自出席某些场合，孩子、父母、配偶都会从中受益，变得更快乐、更幸福。而你正在参加一场会议，完全脱不开身，或者正在深夜加班。这时的你仿佛觉得自己不像是为了事业“牺牲了与家人相处的时间”，而更像是“牺牲了你所爱的人的福祉”来成全自己的职业抱负。

纽约那场讲座结束以后，当天晚上，我和两位刚刚三十出头的女性朋友一同出去用餐。她们与我相对而坐，谈起她们无法在职场前辈中找到可供模仿与追随的职业女性行为榜样，因为她们不想“与自己的工作结婚”。除了工作，她们还想拥有更丰富的生活。《中年危机》的作者柯丽·鲁宾和莉亚·麦考，两位三十多岁的纽约职业女性，曾经用让人难忘的文字表达过同样的观点：“如果我们还不开始学习将个人生活、社交生活和职场生活融为有机整体，那么不出五年时间，我们就会蜕变成红木办公桌另一边那个愤怒的女人，终日质疑下属们的职业道德。她每天勤勤恳恳工作十二个小时，然后拖着疲惫的身躯回到形单影只的公寓，麻木不仁地点份快餐，味同嚼蜡地勉强充饥。”

这种对工作和家庭的看法在“千禧一代”的年轻女性中非常普遍。她们明白，雄心壮志与辛勤付出是登临职业高峰的必要条件，但她们不知道该如何同时处理好家庭事务。

如何解释某些成功案例呢

又有一次，我给一群来自新泽西州的女人做一个有关女性与工作主题的演讲。结束后，一位六十多岁的女人走上前来，以一种强硬自负的口吻对我说，她的女儿，一名律师，三个孩子的母亲，既在职场上平步青云，也总能在孩子们需要她时及时出现。尽管我当时无法理解她语气中的狂热与尖刻，我依然报以微笑，并祝贺她女儿的成功。后来，我忽然想起，她那天的反应是因为她觉得我的观点——女人实际上无法兼顾事业和家庭，无疑否定了她女儿的真实生活。事实上，她那天是在我面前握着颤抖的拳头，为自己的女儿鸣不平，因为她女儿真的做到了我所谓的女人无法做到的事情。从她的角度来看，像她女儿一样能成功兼顾事业和家庭的职场女性，某种程度上反证了我的观点是错误的。

那么如何解释那些顺利登临职业巅峰又拥有家庭生活的成功案例呢？让我们一起来关注以下这些数据：在《财富》500强企业的首席执行官中，女性占到6%左右；美国参议院中，女参议员占到20%。从更广大的范围来说，公司最高管理层中女性约占15%，律师事务所合伙人中女性占20%，全职终身教授中女性占24%，外科医生中女性占到21%。其他行业的比例也许更低一些：投资银行管理层中高级银行家中女性占到8%，对冲基金和私募股权基金经理中女性占3%，机械工程师中女性占6%，而在世界亿万富豪中女性占8.5%。

这些数据也许远未达到我们最终追求的目标，但是它们仍然显示了目前相当数量的女性有可能获得最高级别的职位。脸谱（Facebook）公司首席运营官谢丽尔·桑德伯格所写的《向前一步》取得如此的成功，实际上也印证了职业女性追寻前人的步伐、意欲登上职业生涯制高点的强烈渴望。桑德伯格本人就拥有非同寻常的成功职业生涯。她写作的初衷是帮助更多的女性顺利登上职业高峰，或者帮助她们在现有的基础上更上一层楼。她勇气可嘉，在男人主导的行业中成为女权主义复活的化身。她给我们大家提供了全新的词汇：向前一步还是后退一步。

对于《向前一步》这本书带来的激励效应，我有亲身体会。在某次夏季户外烧烤活动上，我与一位曾与我在普林斯顿大学共事多年的朋友偶然相遇。当时她正纠结于是否应该竭力争取一份顶尖的工作。她向我吐露内心的困惑，而后又久久沉思，对我说，也许这是她“向前一步的关键时刻”。我鼓励她为之努力，积极争取。后来她果然不负所望，得偿所愿。如果没有《向前一步》这本书，她会自我激励，向前迈出关键的一步吗？也许吧——但是在她考虑是否“向前一步”的过程中，这本书的激励与引导，也有其不可估量的意义。更为直接的例子是，在我担任总裁和首席执行官的新美国基金会，三名女职员在阅读《向前一步》这本书后，要求我给她们升职加薪。其中一位说，她知道她得“向前一步，努力争取”。看到这些例子的时候，我总是忍不住会心一笑，想向谢丽尔脱帽致意了。

对年轻女性来说，“向前一步”这一理念所传达的最吸引人的信息就在于它告诉她们：她们的事业和家庭的命运都掌握在她们自己手中。这种信息是美国人尤其爱听的一种信息。这种信息也是一种精神，正是这种精神引领着我们的祖先来到这个国家，并始终坚信，在这个国家，他们可以享有财富，开始全新的生活。任何一个刚从学校毕业、对未来生活充满希望的年轻人都会相信并接受这种信息。它是希望和坚韧的来源，也是乐观主义者比悲观主义者生活得更好的原因。

但是，问题在于，这种信息常常并不准确。我们往往难以控制事业和家庭的命运；我们可能会掩盖塑造我们生活的更深层次的结构与力量，并忽视那些必须实施的更大变革。很多女人纷纷勇敢地向前迈进一步，努力追求实现自我价值，却仍然无法逾越诸多障碍。她们面前困难重重：无法预料的生活情境，严苛僵化的职场安排，稀缺匮乏的公共资源，还有无论她们出去工作还是回归家庭时遭遇的贬低非议与世俗眼光。另一些女人认为，在她们还有机会的时候，尽量多花时间陪伴家人，照顾关爱他们，也是她们生活理想的重要组成部分，其重要性丝毫不亚于职业目标。她们宁可暂时延缓职业目标的实现，也要履行对家人的责任与承诺。

谢丽尔·桑德伯格和我在很多事情上有相同的看法。我们都鼓励女性理直气壮、据理力争，积极捍卫自身权利；我们都希望对职场进行大规模结构性变革。从某种程度上来说，我们之间的差异在于，我们各自强调的分别是同一方程式的左右两边。这种差异，在我看来，至少是出于“相对年龄”效应。如果我还处在桑德伯格出书的年纪——四十三岁，我或许也会写一本与《向前一步》非常类似的书。那时，我的孩子还非常小，我可以更努力地工作或者雇人照顾孩子、料理家务，从而处理好工作与家庭的关系。但到了五十三岁的年纪，也就是我写《大西洋月刊》上那篇文章的时候，我发现我的处境与以前完全不同了。很多女人，无论出于何种原因，“向前一步”对她们来说根本不成其为一个可能的选项。我开始仔细审视她们的境况，深入地思考，从中收获了不少真知灼见。

然而，在另外一个层面上，桑德伯格和我有着本质的差异。我们在很多方面有着相似的背景，但是我们职场之路却大相径庭。桑德伯格主要聚焦于年轻女性如何在男权世界——等级森严的传统公司制度中爬到最高管理层。我觉得这种制度本身已然陈腐过时、摇摇欲坠。很多律师事务所和公司正在不断流失才华卓越的职业女性，因为她们排斥因循守旧的职业发展路径，质疑“重数量而轻质量”的晋升机制。问题的根源显然并不在这些职业女性身上。

桑德伯格声称：“一旦女性坐上领导岗位，我们就可以拆除女性晋升的外部壁垒。我们可以昂首阔步走进老板的办公室，理直气壮地提出我们的要求……或者，更好的是，我们自己成为老板，确保所有女性的要求都能得到满足。”

我赞同更多女性走向最高领导岗位的意义的确非同一般。我自己就曾经有幸为两位伟大的女性上司工作过——普林斯顿大学校长雪莉·蒂尔曼和克林顿国务卿，她们两位都曾尽其所能为女性职业发展创造一切有利条件。另外，几乎每次我做讲座时，都会有人举起手来，抱怨说她的女上司非常强硬，对工作与家庭之间的矛盾毫不宽容，其严苛程度相比很多男性上司往往有过之而无不及。当我们在某种系统中幸存下来并在其中取得成功时，我们便很容易吸收这一系统的价值观念与实际运作方式，并要求其他人也循常习故、如法炮制。这是人类的天性。因此，丝毫无须感到奇怪，某些在固化系统中成功升至最高层的职业女性面对变革时甚至比男性更保守，因为她们正是在原有系统中与男性以同样的高标准残酷竞争而幸存下来的胜利者。她们往往比男性对手付出更多，走得更艰难，因为男性至少还有全职太太帮着料理家庭事务。

《向前一步》告诉你如何在男人的世界中生存并胜出，也教导你位居要职之后如何尽你所能改变现状。这是非常重要的，但是我们还需要更广阔范围内的社会、政治和文化变革。这种深刻变革无法在系统内部发生，也不能依靠单个公司或者某个进步的女高管来独立完成。

我们必须重新塑造整个社会，让照顾小孩和老人的难题与经济负担不再让女性与各个家庭为之黯然神伤；我们也必须改造职场环境，雇主们不应该继续要求律师或者商务人士任何时候都能及时出现，回复邮件，也不应该指望饭店员工或者行政文员任何时候都能轮流上岗，填补空缺。这种变革远比女权主义深刻得多。如果能在社会各个层面采用政策措施来支持和促进女性发展，我们就能让每个人的生活都变得更加美好。

恐惧抑或命运

我丈夫教会我像男人一样行事。我们刚刚在一起时，两人都是年轻的教授，经常一同参加各种研讨会和其他会议。安迪既是一位极具影响力与感染力的演说大师，又是一位坚定自信的辩论高手。他常常听我在会议上陈述自己的主张和观点，随后向我指出讲话过程中暴露出来的问题。这些问题本身就削弱了我力图阐述的观点。比如，女性演讲时常用的修辞手法与演讲姿态，往往折射出演讲者缺乏自信，进而削弱了听众对演讲者的信心。

我最常犯的一个错误是，开始评论他人的演讲时，我总是会说："我不是该领域的专家，但我认为……"安迪对此的评价振聋发聩："如果你一开始就告诉大家你不了解你正评论的事物，那么你凭什么指望大家会听你的呢？"

从那以后，很多年间，我曾有意督促我教的或我指导的女学生们增强这方面的能力，也将我所学到的东西悉数传授给她们。我教她们在听完演讲或讲座后，第一个举手提问，因为这样一来你肯定会被叫到；我教她们学会坚定自信地表达自己的观点；我教她们在他人观点中找出破绽，就某一具体言论的基础提出质疑，而不必立刻用相反的言论来驳斥它。因为相反的言论极易成为对方反击的切入点，而被对方轻松否定。

但是，恐惧总会悄无声息地潜回心底。即使在当了十年的教授、院长、职业演说家之后，在我业已五十多岁的时候，当我坐在国务院晨会的会议桌上，身边坐着为政府服务多年或为克林顿国务卿工作多年的高级官员时，一度曾离我远去的自我怀疑再一次卷土重来。我花了几个月时间才调适过来，在会议上能如往常一样自信而明确地表达自己。

我以自己的亲身经历为证，恐惧很可能成为女性踌躇不前的主要障碍。勇敢地击碎这些自我怀疑，才能促进良性循环的形成：你必须相信自己能玩好事业与家庭之间的平衡戏法，向前迈进，在职场上取得成功，获得举足轻重的职场地位，如此你才更有资格来要求自己想要的，进而引领变革，造福他人。我在三十五岁的年纪就获得了终身教职，能灵活掌控自己的时间；在四十二岁时，我走上领导岗位，成为普林斯顿大学伍德罗·威尔逊学院院长。我发现，你越早成为“老板”，你就越容易兼顾事业与家庭。相信自己能成为“老板”是走向成功之路的第一步。

然而，生活并非尽如人意，难免节外生枝。那又该怎么办呢？尽管美国人常说命运掌握在自己手中，但我对此深感怀疑。你是否听过得到一份心仪的好工作少不了“天时地利人和”的难得机缘？刚走出大学校门时，我曾为自己量身定制描绘了一幅非常详细的职场路线图：进入纽约某家大型律师事务所从事国际业务，成为合伙人的左膀右臂；而这位合伙人之前曾有从政的背景，很有可能再次进入政府担任高级职位；这样我就可以追随他前往华盛顿，成为他的助理。这是当时非常典型、屡试不爽的职业道路。当时我从未想过，未来的某一天，我发现自己完全不喜欢在大型律师事务所从事法律业务，也没想过我后来会嫁给一个深深扎根在波士顿的男人。

这些只是古人所谓的命运中比较温和仁慈而又难以预料的情境。显然，你无法事先做好计划，以应对种种意外，但它们势必会带来非常巨大的现实后果。设想一下，生活之路迂回曲折，起伏不定：晚婚、终身未婚、离婚，或者不育；低迷的经济、有眼不识金镶玉的老板、因为工作与配偶两地分居、需要更多关爱与照顾的孩子，或者你想花更多时间陪伴孩子以及年老体弱、需要照顾的父母；疾病、失业、债务、人为或自然的灾难等，不胜枚举。

一个有韧性的系统必须能应对意外事件，并及时自我修复，同时也应该为达成某一既定目标提供多种可能路径。自信和信念都是个人韧性的重要组成因素。但是，即使对我们这些乐观主义者来说，指望生活分毫不差、如你所愿地演化发展无异于痴人说梦，也绝非成功的秘诀。我们要始终将挫折逆境和无法预料的突发事件纳入我们对未来的期待，并未雨绸缪，为它们做好准备和计划。这就要求我们对自己的能力有客观的认知与评价。比如，你每天需要八小时的睡眠，那么每天睡五小时就不是一种可持续的健康生活方式；你不是这世上最有条理的人，那么同时管理下属部门并料理家庭事务很可能会带来巨大的精神压力与紧张情绪，更别提令人应接不暇的各种突发状况了。如果你是一位创意人才，时时刻刻围绕职场或家庭连轴转，丝毫不得停歇，会让你的精力消耗殆尽。

我们对未来的预期中还必须包括可能出现的某些临界点。在临界点出现之前，工作与家庭之间维持着良好的平衡，一切尽在掌握之中，美妙极了；临界点一旦出现，无论你有多强的上进心与自信心，也无论你与伴侣之间的关系有多平等，这种微妙平衡立刻难以为继，一切所谓的掌控瞬间化为乌有。在我自己的生活中，在与其他女性朋友的对话和信件往来中，这种例子并不少见。女人们一开始野心勃勃，其气势锐不可当，简直让人觉得她们将要征服整个世界。然而，顷刻之间，她们发现自己正陷入从未预料到的艰难困境。临界点通常是高度个人化的，但其重复发生的频率很高，足以形成某种鲜明的模式。

倾覆之时

很多人，无论男女，处心积虑，花尽心思，发挥让人叹服的组织能力与时间管理能力，在两份全职工作与照顾小孩老人的家庭责任之间游刃有余地玩着惊险的平衡戏法。他们中的很多人因此长期睡眠不足。为了让孩子开心，又不至于耽误工作，我曾经熬夜给孩子烘焙第二天带去学校的纸杯蛋糕，凌晨五点又起床看书、写材料准备当天的会议或课程。这种经历虽然让人疲惫，却也能让人备感愉悦。担任伍德罗·威尔逊学院院长时，我经常步行去办公室上班（正因为如此便利，才能让我有可能玩转事业和家庭的平衡）。我觉得我是世界上最幸运的女人，有一份我如此热爱的工作，一个我更加深爱的家庭。我总是小心翼翼、慎而又慎地安排纷繁多样的日常事务与活动。但是，一些家庭小事，比如孩子偶尔耳炎发作，便会让我的日程安排像多米诺骨牌一样出现连锁反应，乱成一团。有些时候，我也会觉得自己工作家庭两头都没有照顾好。但是，总体而言，我的满足感还是远远胜过了压力与紧张，我也仍然可以继续兼顾事业和家庭。

然而，即使最有条理、最有能力一心多用的人，也有其极限，也会有束手无策的时候。某件事情发生后，好不容易达到的平衡被突然打破。对很多人来说，第二个孩子的诞生往往是平衡难以为继的首要原因。在律师事务所和商业企业中常常出现一种现象——“二孩综合征”：很多才华出众的女性，在只有一个孩子的时候还能勉强维持工作与家庭的平衡；有了第二个孩子后，突然就无法胜任原来的工作强度，或者没有时间从事全职工作了。有些女性在两个孩子的情况下，仍能勉强周旋，但一旦出现某些特殊情况，她们也难免惊慌失措、一筹莫展。比如孩子生病，或者在学校或校外惹是生非；年迈的父母需要照顾；配偶得到晋升，需要经常出差；婚姻濒临崩溃；因为搬家而失去某种重要的家庭支持。另外，女性自身在职业晋升阶梯上不断攀升，需要更频繁地出差，而丈夫却不愿意或不能够及时承担起原本属于妻子的家庭责任。

我的临界点可谓相当极端，很容易预见：家中有两个十多岁的青春期男孩，而在另一座城市有一份压力巨大、要求颇高的工作。而我却未能及时预见。正如老套的陈词滥调所说，最后一根稻草压垮了骆驼的脊背。但只有事情真实发生、平衡被打破时，你才会知道哪根稻草才是所谓的最后一根稻草。每个家庭的情况都大不相同。有些女人或许可以轻松应对某些状况，但另一些女人面对同样的状况时却完全无计可施，还有些女人甚至可能永远也不会遇到所谓的岌岌可危的临界点。真正重要的是，在工作与家庭的天平上，人们总会试图在其中一端放置足够分量的砝码，人为制造出一个平衡临界点，变不稳固为稳固，变不平衡为平衡。最常见的结局就是女人全权负责照顾家庭，而男人则在外挣钱养家。

在给一家极有声望的银行的部分员工做讲座时，我认识了一位年轻的职业女性，暂且称她为琳达。她后来写信告诉我，就在听完我的讲座的几天后，她遭遇了临界点。她在信中写道：

> 昨天，我辞职了。为了改善家庭生活，我放弃了我心爱的工作。事情的原委，简短说来，就是在照顾孩子的问题上，我遭遇了前所未有的“危机”，迫使我不得不做出如此艰难的抉择。原本干得不错的保姆做了些愚蠢的事情，被吊销了执照，七个月内不准接活儿。尽管我竭尽全力，试图在如此繁忙的工作中找出解决问题的办法来，但是，现实是，我再也无法昧着良心，请另外一位保姆来照顾三个年幼的孩子了（分别才六岁、三岁、一岁）。因为在不到一年的时间里，我给他们换了三次保姆。也许他们适应得还不错，但我实在不忍心再换第四次了。
>
> 虽然我以前的工作安排非常灵活自由，自由得甚至有些近乎理想状态，但是暂时脱离职业“轨道”仍然让我惊恐不安。我特意放下手上的事情，列出一份有794个条目的优缺点清单；我每天无数次地询问丈夫：“我的决定是正确的，对吗？”没完没了的盘问与对话简直要把他逼疯了。我打电话给我认识的每一个女人，征询她们的意见与建议，希望能找到“正确的答案”。渐渐地，我终于意识到，在现在这一阶段，成为孩子的坚强后盾，为孩子提供支持，远比职业生涯的成功要重要得多。我不能撒谎，违心地说自己并不恐惧。实际上，我仍怀有疑虑，无法确定自己是否做了一个完全非理性、短视的抉择。我放弃了心爱之物——我一直以来兢兢业业、勤奋努力才最终得到的工作。但是，我正尽我所能接受并拥抱这一巨大转变。

琳达在工作上拥有多种弹性选择，却仍然遭遇了临界点。对更多的女性来说，临界点往往来自职场安排的严苛与僵化。她们不是主动选择退出职场，而是因为老板拒绝她们所要求的灵活工作安排，而被排除在职场之外。社会学家帕梅拉·斯通在她的书《选择退出？女人离开职场回归家庭的真正原因》中把这种情况称为“被迫的选择”。她写道，兼职工作的请求遭到拒绝、裁员，或者搬家，甚至会把最有事业进取心的女性排挤出职场。

凯莉·戈德堡是一位才华横溢的新闻记者与作者，曾在《纽约时报》工作，拥有光明的职业前景。她想尽各种办法试图说服《纽约时报》允许她放弃全职岗位，按合同约定每周工作三天，但完全无济于事。她面前只有两种选择：要么继续待在全职岗位上，要么做一名真正的自由职业者，按极低的价格、逐篇计费获取稿酬。于是，她选择了辞职，转而在《波士顿环球报》做一份兼职工作，每周工作三天。“离开业界翘楚《纽约时报》固然让人痛心，但对于这个决定，我一点也不后悔。我只是很遗憾，面对如此严酷刻板、非此即彼的选择，我不得不选择离开。”戈德堡写道。她现在在温布尔电台的健康博客做一份兼职工作。

这样的故事不胜枚举。我认识一位来自弗吉尼亚州的年轻女律师。她得到一个工作机会，去一家公司担任法律总顾问。她自己也想接受这份工作，但前提是每个星期中有一天时间她可以待在家里工作，这样她就能与两个孩子待在一起。但雇主拒绝了她的请求。另外一个女人写道：

> 我立志进入最高管理层，但我必须面对一个非常现实的障碍，那就是，我必须拖着一个两岁的孩子，沿着职场晋升的阶梯艰难地向上攀爬。这种两难境地绝不是孩子造成的：毕竟，同为高管的男人们看上去非常享受，不断升职的同时家中有更多孩子降生。问题在于，工作继续被限定为“在办公室里”以及“朝八晚六”这样的僵化模式，由此带来了诸多矛盾与不便。到目前为止，没人能向我阐明哪怕一丁点合情合理的理由，要求我必须坐在这间离我家二十英里远、面积大约为十五平方

英尺的固定房间里完成我的工作。

我的一个微博好友对戈德堡的经历写下了如下回复："必须有除了'向前一步'与'放弃退出'之外的更优选择。"

另一种解决这一问题的思路是，承担照顾小孩和老人的家庭重负的同时，继续在职场上积极进取，但必须建立强有力的家庭支持系统并灵活安排工作时间。关于这一点，我们只需想想简单的物理学常识就能明白。想象一棵树倾斜着伏在水面上或者一名芭蕾舞演员正踮脚站立倾身向前。如果这棵树或者这名舞蹈演员倾斜的角度过大而没有相应的支撑物——强大的根系，或者另一名舞蹈演员牵拉的手臂，以维持平衡，那么，他们都将倾覆倒地。这样一套支持系统对全美4200万的"边缘女性"甚至更加必要。这些女人挣扎在贫困的边缘，"仅仅一件小事——一张医生的账单、一份迟发的薪水，或者一辆出现故障的汽车——就足以让她们跌入破产的深渊"。

这些女人的"倾覆"，意味着她们无法好好照顾她们的孩子——将近2800万个孩子，更不用说照顾那些依附于她们、勉强维持生活的亲属。她们通常已经有两份工作。让她们痛苦的，不是工作安排缺乏灵活性，而是灵活性太大，让她们很难保证自己每个星期的工作量。而这些工作往往是些低收入水平的服务业岗位。她们需要较高的工资水平，稳定可靠的工作，攒些积蓄，以备不时之需；也需要价格实惠且相对高质量的日托或早教服务；也需要享受带薪休假和家务事假，因为依赖她们的孩子或家人偶尔生病、需要照顾的情况难以避免；还需要他人认可并尊重她们在照顾家庭中的巨大付出。

二、似是而非的“真理”：“你可以拥有一切，只要你嫁对了人”

另一条非常流行且富有影响力的信息是，最重要的职业生涯决策是选择合适的生活伴侣。你常常能从女性前辈那里听到这般苦口婆心的劝告：你必须确保另一半能平等地承担家庭责任，这样你就可以平等地利用职场机会，追求事业。当然，并不例外的是，这类建议从很多方面来说是正确的。但是，事情远没有如此简单。

如果没有安迪，我永远不可能拥有今天的职场成就。他与孩子们相处的时间要比我多得多：他辅导孩子们的功课，陪他们练习棒球、学习音乐、学习摄影，陪他们玩纸牌游戏，等等。当孩子们要为四年级的班级聚餐准备一份外国食物时，安迪会给孩子做他祖母常做的匈牙利大煎饼；当大儿子为了出演话剧主角努力记台词时，安迪给了他很多帮助。我们所在的大学经费充足，进步开明，所以我与安迪都可以享受产假和陪产假。每个孩子降生之后，我们两人前后错开各请了一学期的假。

因此，安迪很快就能熟练地照顾孩子了。他会给孩子换衣服、穿衣服；喂奶，轻拍背部让孩子吃奶后打出饱嗝；抚慰孩子，让他们平静下来。他做得一点也不比我差。我经常出差，比安迪要频繁得多。如果不是安迪这样一位富有爱心、称职能干的爸爸待在家中照顾两个孩子，我绝不能够如此频繁地外出，也根本没法接受需要经常出差的工作。

因此，我当然相信，嫁给一个欣然承担责任、甘于无私奉献、支持你追求事业的伴侣，对于实现你的职业抱负并拥有美满家庭，是至关重要的。问题是，现实生活中，绝对公平的“五五对开”太过理想化，很难实现，而要诚实面对生活现实及其代价甚至更加艰难。

“公平”并不容易

人们之所以主观地认为自己可以选择另一半，是因为他们天真地以为命运掌握在自己手中。这种幻觉将给他们带来巨大的痛苦。尽管我们如履薄冰，小心谨慎，却依然无法保证自己做出的选择永远是最优选择。我这个年龄段的人群离婚率已经达到将近一半，就足以说明这个问题。我第一次结婚时二十四岁，三十岁离婚。我和前夫是大学刚毕业时认识的。随着我们逐渐明确各自的职业身份，我们也开始慢慢疏远，有了迥然相异的生活方向。因为我们没有孩子，离婚并不会影响我们的职业发展轨迹。如果我们当时有孩子，我们也许就无法分道扬镳，去往不同的城市，追求各自不同的生活，而且我也不可能每天花至少十五个小时以上的时间勤奋工作来获得终身教职。

因此，即使你觉得自己的选择并无问题，你也会在某个时候忽然发现你又恢复单身了，只不过多了个孩子，一个需要你调适配合的前夫或前妻，并与他或她共享孩子的监护权。离婚父母通常比离婚前拥有更多自己的时间，因为双方往往会分配好各自与孩子相处的时间。但是轮到某一方带孩子时，他们就很难安排时间，去处理某项工作上的紧急情况或者突然出差。而且，很多离婚母亲拥有独立监护权而非联合监护权，就很有可能比离婚前生活得更悲惨，因为无人能与他们共同分担家庭开支和照顾孩子的责任。

即使是那些没有离婚或分居的夫妻，也常常会在三十多岁、四十多岁、五十多岁时，发现与当初刚结婚时相比，双方之间的关系业已面目全非，差异惊人。我的文章发表一个多月之后，一位来自科罗拉多州的女士告诉我她曾在哈佛商学院学习，当时的同班女同学在毕业后继续追求职场成就的，可谓凤毛麟角。她们大多嫁给了与她们自己一样声称希望成为婚姻生活中平等伴侣的男人。但是，当这种平等的理想照进现实，需要双方在男人的事业与女人的事业之间做出选择时，男人事实上完全无法想象放慢自己追求事业的脚步或者牺牲自己的事业雄心。

有人也许会觉得，她所说的只不过是些不靠谱的逸闻趣事，但是以下这组数据恰恰证实了她的观察。2014年，一项针对25000名哈佛商学院毕业生——包括第二次世界大战后生育高峰期，即20世纪四五十年代出生的“婴儿潮一代”，出生于20世纪60年代中期到70年代末期的“X一代”，以及生于1981年之后的“千禧一代”——发现大约一半的女性希望在未来“承担起养育孩子的主要责任”。这也就是说她们打算背起事业和家庭的双重包袱，与可以花更多时间和精力在工作上的职场男性进行竞争。而且，大约四分之三的“婴儿潮”女性，三分之二的“X一代”女性，虽然并不希望成为照顾孩子的主要责任人，最后却不得不做出让步与妥协。值得赞扬的是，男人们比他们的父辈做了更多的家务——以至于很多洗涤剂广告的目标受众群不仅定位在女人身上，同时也瞄准了男人。但是总体上，女性仍然承担了更多照顾家庭的责任。

“平等”往往并不够

“五五对开”的理想化婚姻或伴侣关系——嫁给一个事业上与你并驾齐驱、不相上下的男人，并与他平等地分担家庭责任——很容易为年轻女性接受。但是，让她们无法面对的残酷现实是：很多在事业上登峰造极的女性，仍然承担了相当大的一部分家庭责任，其婚姻关系毫无平等可言。绝大多数情况下，这些成功女人背后肯定有伴侣承担了远远超过一半的家庭责任。但是，当很多年轻女性想到能与丈夫分担烦琐的家务劳动而欢欣鼓舞的时候，她们也许就不能如此轻松地承认，如果她们自己想爬上事业的制高点，那她们的丈夫就不得不长期停滞在中层，因为他们要为家庭事务提供必要的支持。她们发现自己很难接受自己比丈夫事业更成功，尽管大多数成功男人的妻子，取得职业成就的比例更低。

这就是成功女性不为人知的小秘密。女性领袖们相聚在一起，参加《财富》杂志“年度最有影响力女性峰会”之类的场合时，往往三缄其口，拒绝谈论这样的话题——比如，配偶承担主要家庭责任的必要性。我也从来没有见过“家中的丈夫”这样的小组讨论主题，也从未在采访中听到主持人问一名女性首席执行官，她的丈夫何时决定牺牲自己的事业以成全她的事业。

在某次《财富》杂志举办的类似会议上，在2012年年底时被任命为洛克希德·马丁公司首席执行官的玛丽莲·休森，提到自己的成长经历时说道，她在堪萨斯长大，母亲是一位寡妇，独自一人抚养包括她在内的五个孩子。她的言辞鼓舞人心，富有感染力。她告诉在场的观众，母亲在她成长过程中总是“坚信她可以成为任何她想成为的人”，只要她足够努力地工作。在2005年的一次采访中，她也用同样激励人心的话语给企业中的职业女性提出建议：“底线就是，尽你所能，做到最好，而且不要自我设限。”

然而，为了最终成为洛克希德公司的最高掌权者，休森曾在这家公司里担任过十八个不同的领导岗位。在她被任命为首席执行官的那天，一家专业从事防务研究的思想库负责人，也是她的一位朋友，写道：“今天她能最终登上这一宝座的原因在于，她从未拒绝任何一次升职。”她一路走来，曾在洛克希德航空部门和内部审计部门担任过高级职务，这些职位要求她不停搬家，从佐治亚搬到得克萨斯，又从得克萨斯搬到马里兰，又从马里兰搬到纽约。在最终进入最高管理层之前，她一共搬了八次家。

专注于职业发展的女性真有可能与丈夫一起平等分担责任吗？把所有家庭责任对半分开？休森有两个儿子，也有很多钱。即使可以花钱请人帮忙料理家务，照顾孩子，但每次搬家都需要与当地学校、医生、牙医、教练以及各种课后活动或课程的提供者建立全新的关系。如果孩子的比赛或者学校活动需要家长参加怎么办？如果孩子越来越难的功课需要家长辅导到深夜怎么办？配偶将如何在并非出于自愿的八次搬家中，在八座不同的城市中，在休森事业节节攀升之时，继续追求稳步的职场晋升？

休森成功的秘诀似乎在于她的丈夫詹姆士，“他被分派了专心抚养两个儿子的任务，……而休森则在公司里不断晋升。”他陪伴孩子们读完了小学与初中。休森升任首席执行官时，两个儿子已经上大学了。关于休森任职的报道，大多洋洋洒洒、长篇大论地阐述她的职业晋升之路以及管理风格，却很少关注她的家庭。当然，我们每个人有权保留自己的隐私，尤其是涉及家人的时候，这无可厚非。但是，既然她有孩子，那么她的丈夫，与她的事业心与判断力一样，对她的职场成就可谓功不可没。

我尊敬并钦佩玛丽莲·休森，也尊敬并钦佩每一位事业成功的女性。但是，仅仅告诉年轻女性，为了获得成功，你需要上进心和自信心，或者上进心、自信心和愿意分担家庭责任的伴侣，是远远不够的。欣然接受每一次升职，为了公司利益不惜随时搬家的女人们，需要配偶无条件地支持她们，承担起全部家庭责任，或者至少是主要家庭责任——与男性对配偶的要求完全相同，并无二致。

出人意料的渴望

即使你完全投入职业追求，即使你的配偶愿意也乐于承担主要家庭责任，你可能还是会发现，随着时间的流逝，到底应该追求事业还是陪伴家人，你对这两者的价值判断也会发生改变。我和汉娜·罗辛一同参加一档访谈节目，讨论我的文章。她告诉我，据她的猜测，整篇文章之中最难写出来的一句话应该就是“我想回家了”吧。她说得没错，尽管很难公开承认，但我想不出，除了我已经做出的选择之外，还有什么比这更好的决定，毕竟我的两个儿子还待在家里。

显然，我并不孤单。

丽贝卡·休斯·帕克，曾是纽约一家大型律所的诉讼律师，也是一位曾经获奖的广播记者，现在从事一份法律出版物的编辑工作。她生了一对双胞胎女儿，后来又生了第三个女儿，却从未停止工作。她的丈夫待在家里，亲自抚养三个女儿，使她能够——用她自己的话说——“反转角色性别，充当外出挣钱的父亲角色”。然而，她在一篇博客文章中写道，即使作为一个“女强人妈妈”，她的职场发展轨迹也并非如她当初刚从法学院毕业时期待的那般无往不利、一帆风顺。她反思了孩子对自己注意力的巨大牵制，并指出即使丈夫全职在家照顾孩子，她仍然会有一种强烈的内在渴望，想要与孩子们待在一起，期望与她们共度更多美好时光，成为她们生活中重要的一部分。

后来，帕克终于鼓起勇气向公司要求，缩减工作时间，但毫无悬念地被对方反问：“你还把工作当作严肃的事情吗？”或许，这样的回复恰恰是因为她有丈夫全职在家照料家庭。毕竟，虽然很多职场男性也想多花时间和孩子相处，但如果有妻子在家照料孩子，他们就很少要求缩减工作时间。帕克过去对工作十分投入，现在依旧如故，只不过她需要足够灵活的时间安排，让自己能够与孩子们更多地相处或者尽可能多地参加学校的各种活动。这样的话，偶尔错过几次活动也不要紧了。她知道自己的确嫁对了人，却仍然发现很难完全反转性别角色。

坦白承认内心这种渴望感觉很像同性恋出柜。阿比盖尔·波格来宾是一位极具天赋的制片人与作家，曾对我谈起“做母亲与追求事业之间的矛盾心理”。她从小的成长环境让她大胆地拥抱事业机遇，而生完孩子后，她惊讶地发现，孩子对她有一种神奇的引力。有一次，她被派往非洲去执行报道任务，但她抑制不住对孩子的思念，完全崩溃了，在飞机跑道上号啕大哭。最后，这种引力使她放弃了电视台的全职工作，因为这份工作需要她经常出差。为了尽量减少出差时间，她回到家中，开始写作。用“矛盾心理”这个语词来描述同时拥有事业和孩子似乎有些荒唐，却形象地呈现了女人们被同时朝两个方向牵引拉伸的状态。我们不仅受制于义务和责任，也被内心的渴望牵引着。

三、似是而非的“真理”：“你可以拥有一切，只要你排序正确”

在关于玛丽莲·休森升任洛克希德·马丁公司首席执行官的文章中，某思想库负责人洛伦·汤普森告诉《华盛顿商业日报》的记者：“如果你在这些公司里拒绝了某次升职，那你就被甩到后面去了。”简单地说，这就是为什么年轻女性必须警惕这样的金科玉律——“你可以拥有一切，你只是不能在同一时间拥有一切。”

理论上来说，将照顾所爱的人与追求高远的职业目标结合在一起完全可能。人们的寿命越来越长，可以用更多的时间来接受教育，逐渐开始进入某个行业，在工作仍是生活首要内容时，迅速攀升，在照顾孩子和年迈老人的那些年份，放慢节奏，然后在五十五岁到七十五岁之间加快步伐，冲刺进入最高领导层。当然，对女性而言，在六十岁到八十岁之间最终获得最高职位，也不失为一种选择。但是，我们距离这种理想状态仍然很遥远。在实际的职场中，汤普森所观察到的现象往往非常普遍——一旦离开领导系统，哪怕只是很短一段时间，你也很难再次上位。

过去的几年里，我认识了一些女性朋友，她们在年纪较大的时候——四十多岁甚至五十多岁时，开始进入法律职业生涯，但仍然取得相当的成就，其经历的确让人深受鼓舞和启发。但是这样的例子毕竟凤毛麟角。更多的职场女性在三十出头时就开始在大型律师事务所当助手，因为表现优异而被纳入晋升甚至成为合伙人的职业轨道。但是，很多人在第一个孩子或第二个孩子（更有可能）出生后便转入兼职工作状态，最终为家庭考虑退出了合伙人竞争。在《纽约时报》一篇关于《女性合伙人缺失》的文章中，寰睿律师事务所前合伙人，现任美国国家庭审辩论研究所主席与执行所长凯伦·M. 洛克伍德，提到了一个由琼·C. 威廉姆斯创造的术语——“生育墙”。

洛克伍德说，“生育墙”的出现，正是基于男性合伙人心照不宣的假设。他们认为生完孩子回到律师事务所上班的女性，自然会变得比以前更不愿意努力工作，或工作能力大不如前，由此她们只能做一些晋升空间不大的工作，或待在一些相对低级的岗位上。

解决这一问题措施非常明显：先成为合伙人，再生孩子。但是先后顺序的安排往往并不取决于我们。

家庭计划

正如前文提到的，我二十四岁第一次结婚，三十岁时离婚，三十五岁时再婚。在三十岁至三十五岁之间，由于那个年代仍很老派守旧，我从未想过做个单身妈妈。我保持单身，可以心无旁骛，用坚定的决心与勤奋的工作，获得芝加哥大学法学院的终身教职。

安迪和我非常相爱，但当时我们不得不在剑桥与芝加哥之间往返奔波。在每次相聚之间的两个星期里，如果有必要，我会熬夜工作。甚至在彼此相聚的美妙周末，我们待在一起时，也会每人端个笔记本电脑，看书、写作，因为我们都想获得终身教职。

1993年秋天，我和安迪结婚了。我们开始尝试要一个孩子，却很快发现，自然受孕对我们来说几乎不可能。我对此始料未及。在长达半年的时间里，我们曾无数次尝试受孕，最终都无果而终。之后的一年半，我们接受了各种生育治疗，最后通过试管受精，我终于成功受孕。这纷纷扰扰的两年是我人生中最黑暗的一段时光。但我们还算幸运，第一次尝试试管受精就成功受孕。爱德华出生时，我已经三十八岁了。第二个儿子在我们尝试了没多久就自然怀上了，于是，在四十岁的时候，我得到了终身教职，又生育了第二个儿子。安迪比我晚一些开始教书，因此，他取得终身教职的路也就比我更长一些。当时他非常担心养育两个年幼的孩子会使他更难获得终身教职。

我这一代以及上一代的女人们就没有如此幸运了。根据美国妇产科学会的研究，女性的生殖能力从三十二岁就开始“逐渐并明显”地下降。到了三十七岁，就真正开始走下坡路。统计显示，随着女性年龄的增长，试管受精的成功率也随之降低。西尔维亚・安妮・休利特在《创造生命》一书中写道：“在接受采访的职场女性中，42%的人在四十岁时仍未生育孩子，她们大多为此感到非常后悔。”正是鉴于这些统计数据，我和很多女性建议年轻女性，如果条件允许的话，尽量不要等到接近四十岁的时候再考虑要孩子。有一回我和我带的研究生们吃着比萨，喝着啤酒，讨论问题到深夜。我向他们建议，如果可能的话，可以早点生孩子。其中一位年轻女孩反驳了我的建议，反问我是否有意引导她在三十出头的时候，放弃研究生阶段的学业，去怀孕生孩子。我回答说：不，我不是劝你放弃学业。我的意思是，如果各种条件都允许的话，在校期间实际上是怀孕的好时机。当然，我觉得她的指责也有道理：她认为我自己当初都没做这样的选择，现在却让她们这么做，未免有些武断。当初，我之所以没有这么做，是因为我三十出头的时候必须集中精力开拓事业。

这又让我们回到了排序的难题。因为婚姻、事业或生育能力等多方面原因，排序通常并不在我们的控制范围之内，更别提很多人愚蠢地认为生活会沿着既定的计划展开。而且，即使生活比较顺遂，比如我的经历，四十岁左右生孩子的结果就是，在你五十五岁左右，他们十几岁，大多已进入青春期。而这时，你正踏入职业生涯的巅峰时期，进入领导层的机会正在向你招手，而你却发现处于青春期的孩子比以往年幼的时候更需要你。

正是因为这个原因，我这一代的很多女人，正处于事业的全盛时期，却拒绝曾经梦寐以求、期盼已久的绝佳晋升机会，奢望这些机会能在晚些时候再次垂青她们。其他一些人选择暂时隐退一段时间，转而从事咨询业务或兼职工作，让她们能够有更多的时间与孩子或年迈的父母待在一起。不过她们担心的是，她们能隐退多长时间，而不至于丧失来之不易的竞争优势。

升职抑或出局

即使如你所愿，在合适的时间组建了理想的家庭，工作往往不会配合你的计划与安排。当前职场的现实，仍在很大程度上遵循了“升职或出局”的法则。也就是说，“如果你拒绝升职，你就被甩在后面”。我回想起一次由某家大型石油公司赞助的演讲。很多女人聚集在签到处，谈论着管理层出台的很多了不起的政策。这些政策主要用来帮助员工平衡工作与家庭的关系。其中有位女性举起手来说道，在生完第二个孩子后，她在公司里做兼职工作，她非常感激公司允许她以这种方式继续工作，这对她的家庭意义非常重大。然而，听完我的演讲之后，她说，她得到的最大收获是，意识到自己仍然想成为一名管理者，并将调整重心，致力于实现这一目标。

她实际上说的是，利用这些有利政策，她把自己定位在“妈妈轨道”上，工作更短时间，同时也降低自己的期望。换句话说，这并不是“通往管理层的轨道”。当初决定放慢节奏的时候，她知道也接受了由此带来的后果。但现在，她有疑问了：“妈妈轨道”或“爸爸轨道”与“通往管理层的轨道”完全背道而驰，原因何在？兼职工作、弹性工作，甚至休息一段时间又回来，会让你被置于缓慢的晋升通道。但是，为什么这就意味着你已经完全脱离晋升通道了呢？因为美国职场潜规则就是快车道是唯一通道，要么升职，要么出局。事实上，我们可以把职场想象成一场比赛，每位选手都从同一起点出发，在相同时间段内相互竞争，但这种比赛总是有利于那些能全神贯注投入比赛的人。那些不用照顾小孩和老人的人，或者那些家中有配偶或家属全职料理家庭的人，往往更有优势，胜利的天平总是向他们倾斜。但这也意味着，就整个社会而言，我们流失了大量人才。我们失去了长跑选手，即有耐力、耐心、毅力与韧性的，能跨越远距离的运动员；我们失去了能另辟蹊径、披荆斩棘、在无人涉足的秘境开拓进取的选手；我们失去了能用性格魅力与远见卓识超越比赛、看到更长远未来的选手。

全面的真相

现在，让我们来看看全面的真相吧。

你可以拥有一切，只要你全力以赴勤奋工作，并足够幸运，成功避免你处心积虑、小心维持的工作与家庭之间的平衡轰然倾覆。

你可以拥有一切，只要你嫁对了人，而你的另一半愿意牺牲自己的事业来成全你的事业；你们的婚姻稳固美满；愿意花多少时间追求事业，又愿意花多少时间照顾孩子与父母，你对这两者的价值评判与偏好始终未变。

你可以拥有一切，只要你能合理排序，按计划顺利怀孕，生下孩子；你的雇主允许你兼职工作或者弹性工作，并仍将你视作领导岗位接班人，或者允许你退出一段时间，在你想回来时，有一个好职位等着你，无论你年纪多大。

正如我在这一章开头所说，我最不愿意做的一件事就是，向那些追求成功事业的女性泼冷水，打击她们的信心。因为她们的努力会使更多的女性迅速攀升，走上领导岗位，使整个社会不断进步和完善。但是，如果不给她们打一剂药力强劲的“现实主义预防针”，我们会继续失去更多的人才。很多女人在生完孩子后，或需要花更多时间照顾年迈父母或亲属时，往往被抛出了通往领导层的晋升轨道。我们也会继续忽视一个残酷的现实——全美国有三分之一的女性生活困苦，或濒临贫困，或时常面临失业，深陷绝望。

个人层面而言，解决问题的关键在于平衡鼓励与期望。我们自己，我们的家人，我们的雇主，都应该明确，在合适时机迈步向前、积极争取固然重要，但是，更至关重要的是，肯定笔直前进的职场晋升而否定为了照顾所爱之人而采取迂回路线，这一职场潜规则及其相关的所有规则、结构、态度、假设都应该被彻底打破。

无论是位高权重、光彩熠熠、堪称楷模的成功人士，还是同样才华出众、积极进取却因为迂回路线而被排挤出晋升梯队的普通员工，都应该对此有清晰的全局概念。

说出全面的真相，看清宏观全局，是良好的起点。但我们不能孤军奋战。男人们有他们自己的金科玉律，以此来表达他们偏爱的“真理”，或伴随他们成长的“真理”。他们也需要对这些“真理”提出深刻的质疑。

UNFINISHED
BUSINESS

第二章

似是而非的“真理”：关于男人

在过去半个世纪中，女权主义不断考问关于女性性别的假设，质疑我们习以为常的语言、分类和刻板印象，推开了通往变革的大门。现在，是时候来反思反思我们对男人的假设了。

我要讨论的三条金科玉律，并不像“你可以拥有一切，但你不能在同一时间拥有一切”等说法那样，经常地出现在女权主义话语体系中。但是，每当我们讨论女性、工作与家庭的时候，它们就会被当作必杀的王牌猛抛出来。我常常在男人中间听到这三种说法，也会从已经吸收了这些信息并把它们当作公认秩序的女人口中听闻此类话语。第一条，“男人也不能拥有一切”。它立刻让人们转移了注意力，却忽视了男女之间依旧真实存在的不平等地位。第二条，“孩子需要母亲”。至少在美国，它使母亲和苹果派穿上了神圣的外衣。到底该如何反驳它呢？第三条，“男人的责任就是挣钱养家”。其渊源甚至可以往上追溯到《圣经》。

这些阐述都是一些似是而非的“真理”。只有确定了什么是正确的或者至少是可信的，什么只是些僵化而有失偏颇的信条——林林总总，让人反感，就像电影院里满地都是的黏糊糊的爆米花——才能让我们像打开背包一样，开始着手剖析那些我们曾经确信无疑的事实，那些我们曾经矢志不渝的信念。只有我们在能够清晰地审视它们时，我们才能开始摆脱它们的误导和束缚。

一、似是而非的“真理”：“男人也无法拥有一切”

过去几年间，很多人对“拥有一切”这个概念提出了批评和质疑。一些女权主义者批评说，麦迪逊大街的新闻媒体故意建构了“拥有一切”的女性形象，其目的不过是向承受着巨大压力的职场母亲们兜售花言巧语——毫不夸张，确实如此。丽贝卡·特雷斯特在《沙龙》杂志中建议我们完全放弃“拥有一切”这个表达。她指出这是一个陷阱，它让女人看上去既自私又贪婪。无论我们怎么努力解释，我们要求的只是，与男人一样拥有一份工作与一个家庭而已，这个说法只会给人留下无比丑恶、冷酷无情的印象。毕竟，现在还有成千上万的人胼手胝足，量入为出，勉强维持生计。

很多男人唯恐天下不乱，趁机搅浑水，把事情进一步复杂化。他们立刻宣称男人也不能拥有一切。他们提出的最常见的观点是：正如既有工作又有家庭的女人不能随心所欲充分追求事业，既有工作又有家庭的男人也不能如他们所愿花很多时间陪伴家人。这是一种公平交易。很多男人觉得自己完全没有选择余地，只能默默接受并忍耐。

最初听到男人们的反驳时，我下意识的反应是怀疑。的确，没人能“拥有一切”，如果我们指的是立刻拥有你想要的每一样东西。然而，整个妇女运动正是基于一种理念——在我们的社会中，男人比女人拥有更多；无论在职场中还是在家庭中，他们都拥有更多的机会。毋庸置疑，世界上很多国家的妇女还在为基本人权抗争：免于暴力、恐惧、饥饿的权利，对自己身体的支配权，拥有旅行、学习、追求梦想的基本权利与平等的法律地位的权利。

甚至在美国这样发达进步的国家，大多数女性仍然不能与大多数男性平起平坐，拥有同等的权利。莉莉·莱德贝德从1979年起便开始在亚拉巴马州固特异轮胎厂工作。但是，在过了整整二十年时间之后，她才发现，自己的薪酬标准远远低于同级别男性经理。“一开始，我就知道，我得比男人们工作更长时间，表现得更出色，才能证明自己。但是，怎么可能这么多年来我的薪酬一直都比他们更低呢？”一位不愿意透露姓名的同事在她的邮箱里留下了一张字条，上面清楚地罗列着她与其他男同事的薪水。她看着这些字条，心里想着：“我曾经如此渴望赢得大家的肯定，而且大多数同事都亲眼目睹了我的勤奋与努力，他们重视我的付出与忠诚，也予以回报。我是多么愚蠢啊，居然以为我的优异表现能抵消周围的敌意……这些数字仿佛在毫不掩饰地向我大声宣告，无论我怎么兢兢业业地努力工作，也无论我多么渴望成功，为所应为，一切都徒劳无益。因为我生错了性别，我是一个女人，仅此而已。”那时是1999年，现在已经2013年了，整整十多年过去了，做同样的工作，美国女性的工资仍然只有男性工资的82%。

那么，声称“男人也不能拥有一切”只是一个自私自利的谎言？我继续思考：在很多社会，包括美国社会，女性完全有理由要求获得更多男人已经拥有的东西。然而，当我以开放的心态倾听男人的声音时，我开始懂得这一观点也折射了一个重要的事实——但只是个片面的事实。

想要“拥有一切”的男人往往比女人过得更艰难

很多“千禧一代”的男人认为，男人与女人越来越想要同样的东西。一位以前的男同事，我暂且称他为史蒂夫，这样说道：“很多职场男人在工作与家庭的平衡问题上痛苦挣扎。他们从不情愿将这种痛苦流露出来，更别提奋起反抗长时间工作、要求牺牲家庭生活等职场惯例。”真实的经历告诉他，当有人直言不讳地说出来时，他们就会被惩罚。他们不仅被视为对工作缺乏忠诚，也被看作“不够有男子汉气概”，“涉及升职与职业发展时，这对他们非常不利”。

这个问题看上去非常令人困惑。让我们来看看一名受雇于某家公共服务公司的男人的经历。1996年，他的第二个孩子降生了，他请了三个星期的假。“人们对此议论纷纷，我的工作也没有人接手。如果我选择待在家里照顾孩子，他们会觉得我根本不像个男人。当我想请假带孩子看医生时，同样的恶劣态度越发明显了。”十七年后的2013年，法学教授琼·威廉姆斯写了一篇题为“爸爸的困境”的文章。在这篇文章中，她概括了一系列学术研究得出了结论：“在利用弹性工作政策方面，男性面临的困难与女性相比简直有过之而无不及。其原因在于，无论公平与否，照顾孩子，仍被视为应该由女性来完成的工作。”

其中一项研究发现，要求请假三个月来照顾小孩或是老人的男人，更有可能被降职或裁员，因为他们被认为比其他男人更女性化。另一项研究得出结论认为，负责照顾家人的父亲在职场上最容易遭受不平等对待，主要因为他们最有可能遭受“男子汉气概骚扰”。还有一项研究发现，尽管男性和女性一样重视职场弹性工作制度，但男性要求弹性工作的可能性相对较低，因为他们认为（很多人也这么认为），这会使他们看起来不够男人。从2010年到2014年，为员工提供陪产假的公司下降了三十五个百分点。根据《探亲假与病假法案》应该向员工提供带薪休假的公司中，有20%的公司公然违反法律规定，拒绝向男性提供育儿假期。诉讼年鉴中也不乏这样的案例。在一个案例中，一位管理培训生被直言相告，请陪产假无异于职场自杀。

因此，很多男人的确可以合乎情理地说，他们也不能“拥有一切”，甚至某些男人为成功付出了比女人更高昂的代价。在西方社会，女性暂时搁置事业追求，可能会因此遭遇一段时间的身份危机，因为她们不能再用工作来定义自己的身份，但她绝不可能面临女性气质的危机，招致人们对其女性特质的怀疑。

很多男同性恋的经历印证了以上观点。尽管朦胧隐晦的同性父母广告已经在生活中屡见不鲜，但男同性恋在养育孩子方面仍面临严重的社会偏见。让我深刻地认识到这一点的是司各特·西格尔写给我的一封信。他以前是一名学者，现在在旧金山的一家创业公司工作。这封信是他对我发表在《大西洋月刊》上的那篇文章的回应，言辞激烈，但有理有据。和很多男人一样，他读完文章后，认为我的观点是，只有女人才会感觉到一种想要关爱家人的强大“引力”，而且这种力量是源于她们和孩子的血缘关系。这是一种重口味的阅读与理解，但他的反应更加让人惊诧。他在信中写道：“你很可能并没有意识到，男同性恋群体也会来读你的文章，尤其是那些有孩子的男同性恋者。你仿佛对我们说：‘好吧，反正你们不是女人，你们完全没有这方面的压力。’——你怎敢如此大胆断言！每个人，无论性取向如何，都有照顾孩子老人、料理家庭事务的责任，都会遇到这个难题……认为只有女人承受着‘拥有一切’的压力，其本身就是性别歧视。”

他的反应如此激烈，其原因是他害怕我正“授人以柄，帮助一些团体来否定并剥夺近二十年来男同性恋者及其家庭努力争取得来的权利，给他们输送弹药”。如果我的文章确实协助了任何形式的针对男同性恋者的性别歧视团体，我会觉得非常不安。西格尔言语陈词之间流露出来的强烈愤怒，不禁提醒我们，男同性恋者要完全获得男性身份认同有多么困难。他们虽然性取向与其他男人不同，但这丝毫不影响他们是真正的男人这一事实。他们应该和其他人一样享有同等的权利，挣钱养家，关爱照顾孩子与另一半。

选择安定

“男人也不能拥有一切”的第三种变体出现在《大西洋月刊》的网站上：一位自称“在家上班的爸爸”的男人——安德鲁·科恩，在网页上回应了我的那篇文章。有人说他是全美最杰出的法律新闻记者之一，但他很谦虚。他是哥伦比亚广播公司《新闻60分》节目以及哥伦比亚广播新闻的撰稿人。他对自己生活的描述，肯定会让职场妈妈们备感熟悉：每日在“工作与育儿、育儿与工作”之间跳着平衡之舞。他努力履行对孩子、父母的义务，又尽职尽责，满足工作要求：整日写作，督促孩子做功课，准备晚餐，还要在这些事情的间隙，尽可能抽出时间来安排其他生活内容，比如，洗涤衣物、谈谈恋爱等。科恩说他从没有见过任何男人“拥有一切”或“声称自己拥有一切，或抱怨说自己未能拥有一切”。当他与男性朋友们出去时，他们会谈论很多话题——工作、体育、女人，当然还有怎样成为更好的父母。但是他们不会讨论“拥有一切”。他总是想起自己的父亲，这个男人从未想过“拥有一切”，而是想着“拥有足够的东西奉献给心爱之人”。

这意味着女人的目标比男人更高吗？她们是奋斗者还是安定者？科恩想表达的就是这一点。他认为，我这一代女人想从生活中获得太多东西，而男人已经学会降低对生活的期待。在科恩看来，“千禧一代”也拥有一种智慧，他们清楚地知道他们自身有其局限，而且生活与运气也有局限——而这正是我们这一代人所缺乏的。

但是，先别着急下结论。难道努力争取貌似不可能的目标，不是美国人的文化传统吗？与我一同长大的男孩们，总是被迫把目标定得尽可能高一些。既然女人们争取的是男人们过去已经拥有、现在仍然拥有的一份富有影响力的成功事业与一个家庭，那么，说她们要求得太多似乎有些虚伪。

对与错

“男人也不能拥有一切”，这种提法很复杂。女人们应该看到，现在或者过去的几十年中，很多男人已经接受并理解，作为家庭的一员，他们应该在繁忙工作之余，抽出时间来陪伴所爱的人。男人们也许既拥有家庭又在事业上非常成功，但他们中的很多人也非常希望自己能花更多的时间与家人待在一起。

同样真实可信的是，也有男人不惜牺牲事业来换取与家人相处的美好时光。科尔吉特·达顿曾任弗吉尼亚州州长。弗吉尼亚大学商学院就以他的名字命名。我细细阅读他的传记时惊讶地发现，虽然拥有很高的公众支持率，但他在1946年放弃参选参议员，因为一旦参选，他就很难再见到自己的家人。副国务卿吉姆·斯坦恩伯格，国防部副部长比尔·林恩，在任职满两年后相继离职，为的就是多待在家里陪伴孩子们。

然而，我们不能沉浸在修正主义的历史观中，假装认为全职照顾家庭与全职挣钱养家之间的传统交易非常公平，或者无论男女都乐于更多地获取异性拥有的东西。毕竟，贝蒂的丈夫卡尔·弗里丹没有写一本题为“男性奥秘”的书来描述折磨男人们的“无名的问题”。如果妻子和年轻男秘书跑了，男人们不会抱怨经济拮据、生活贫困；男人们不会被视为缺乏理性与智慧的弱势群体；男人们也不需要为同工同酬奋力抗争。在美国，男人仍旧比女人有更大的权力和影响力。

二、似是而非的“真理”：“孩子需要母亲”

我花很多时间坐车往返于家与火车站之间，因为我经常搭乘美铁列车去往华盛顿，或是搭乘新泽西地铁前往纽约。我最喜欢一个出租车司机，暂且称他为史蒂夫。他非常健谈，能滔滔不绝地讲出各种有趣的故事，言语之间透露着民间智慧的光芒。他比我稍稍年长，三个孩子都已长大成人，膝下也有好几个孙子孙女了。他深深地爱着妻子，也怀念着自己的母亲。他对男人女人各自擅长什么不擅长什么有非常固执的想法。带着坚定信念与生活阅历的双重自信，他总是时不时对我说：孩子需要母亲。实际上，他想表达的是，母亲能给孩子一些特别的东西，孩子人生中不可或缺而父亲无法给予的东西。他想说的是，母爱是独一无二的，与父爱不同；没有母爱，孩子不可能充分成长与发展。他把它当成对母亲的赞美——母亲提供了弥足珍贵、无法替代的母爱。但是，我听到他说这话时，不禁觉得那是一种公认秩序，一种金科玉律，瞬间终结了任何关于育儿公平的探讨。

虽然孩子们确实需要母亲，但他们也需要父亲，甚至也需要祖父母、兄弟姐妹、姑姑阿姨叔叔伯伯、堂兄妹表兄妹，以及其他亲密的家庭成员。这些家庭成员会在脸书上关注孩子们；当孩子们难以忍受父母的唠叨、不愿与父母对话时，这些家庭成员可以替父母照料孩子。“孩子需要母亲”，毫无疑问是正确的，但“孩子需要母亲远胜过需要生活中其他大人”，是不对的。

唯有尚未出生时，孩子才无法真正离开他们的生母；而代孕或收养的孩子，必须要有人来抚育他们。特别是在美国，我们总是无法充分地认识这一点。与利比亚、巴布亚新几内亚一样，我们是世界上少数几个不提供带薪产假的国家之一。我们提供的无薪产假，也仅限于所在公司人数超过五十人，且在此公司工作满一年以上的女性。

即使你的雇主非常人性化，提供了充足的假期，怀孕仍然会使你和你的事业陷入困境。我记得在哈佛法学院任教时，一位年轻同事说她计划请两个星期的产假，并声称已怀孕七个月的玛丽莎·梅耶升任雅虎首席执行官时就曾这样做过。对于这两个例子，我暗自琢磨：我当然希望你们一切顺利。但是，虽然你是第一次怀孕，如果出现意外情况，需要剖宫产，怎么办？我的大儿子就是剖宫产的。如果出现其他状况怎么办？我的小儿子比预产期提前了三个星期出生。尽管有最先进的医疗条件，还是可能会出现一些问题，让你在床上躺上整整一个月。实际上，我认识的每位母亲，在等待孩子出生的过程中，都有类似的令人措手不及的经历。

正如前面提到的，除了怀孕、分娩、喂母乳，母亲做的其他事情，父亲同样能做得很好（很多父亲用奶瓶给孩子喂母乳）。然而，与父亲相比，对妈妈角色的刻板印象与期待，远远超过了前者，尽管我们不断质疑并挑战这些陈旧的观念。没人写过一本《虎爸战歌》，也没人写过一本《完美疯狂：焦虑时代的为父之道》，讨论突然强加于父亲而脱离于现实的期待；没人研究出一套恰到好处的为父之道，告诉爸爸们，不必事事追求完美，也能培养出健康向上、茁壮成长的孩子。

奥斯卡获奖影片《克莱默夫妇》很好地回答了这个问题。电影开场第一幕中，梅丽尔·斯特里普扮演的年轻母亲坐在六岁儿子比利的床边，铁下心来要离开他，并与他的父亲（由达斯汀·霍夫曼扮演）离婚。霍夫曼扮演的角色是一个成功的广告公司经理人，整日忙于工作，甚至不知道自己的儿子读几年级。但是，随着时间的流逝，作为单身父亲的他，换了一份相对轻松的工作，学着做一名全身心投入的称职父亲。在这种转变发生后，斯特里普扮演的母亲回来了，并在激烈的争夺中赢得了比利的监护权。即使她曾经完全抛弃了比利，法官仍然认为孩子最好由母亲来抚养。最后，她又把孩子还给了他的父亲，因为她终于意识到与父亲待在一起更有利于孩子的成长。

《克莱默夫妇》拍摄于1979年，距离现在已经将近三十五个年头。然而，令人惊讶的是，从那以后有成千上万的人离婚，监护权相关法律也发生了很大的变化，但社会公众却依然固守这样的假设——母亲的爱与照顾比父亲的更好更重要，即使有些父亲比母亲拥有更多的时间和精力。对此，我们不得不予以抨击。

还有，如果只有母亲如此重要，那又如何解释男同性恋父亲的作用。尽管众多研究表明，由男同性恋父母养育的孩子与异性恋父母养育的孩子同样健康快乐，但我们的文化却始终跟不上节奏。一位同性恋爸爸，弗兰克·李格弗里特在《纽约时报》上写了一篇感人的文章，分享了他与伴侣共同养育女儿和儿子的经历。他的孩子是通过公开认养的方式认领的，孩子们的生母仍然出现在他们的生活中，孩子们也了解自己的身世。尽管如此，当弗兰克做一些再正常不过的事情时，比如到学校把生病的孩子接回家，周围的人就会用怀疑的眼光打量他。“每一次，我们全家出现在公众场合，就会有陌生人前来询问与孩子们的妈妈相关的问题。人们简直难以想象孩子居然可以没有妈妈。”他写道。实际上孩子最需要的是爱、稳定、激励、关爱、教养、恒心，而这些东西可以来自一系列照顾、关爱他们的人。无论父母是异性还是同性，稳定是关键因素。俄亥俄州的一项研究表明，来自稳定单亲家庭的孩子（从出生开始家中始终只有单亲妈妈或单亲爸爸）与来自稳定双亲家庭的孩子，在测试成绩方面的表现不相上下。

与此相去甚远的是，安妮·E. 凯西基金会在2013年发布的一份报告中声称，孩子在社会、情感、生理方面的健康面临的最大障碍来源于贫困。“专家”们总是很容易落入窠臼，重新祭起长久以来的文化惯例——“孩子需要他们的母亲”，却不愿意直面并试图解决孩子们面对的更严重也更为普遍的问题。

三、似是而非的“真理”：“男人的天职就是挣钱养家”

“男人的天职就是挣钱养家”，这一根深蒂固的假设与信念实际上出自《圣经》中的《新约》。圣保罗写信给年轻牧师提摩太，信中写道：“人若不看顾亲属，就是背了真道。比不信的人还不好。不看顾自己家里的人，更是如此。”

它被理解为一条律令，要求你向所爱的人——你带到这世上来的孩子或者以各种方式照顾、关爱你的人——履行责任。让人们去看顾家人的命令并无疑义。任何照顾关爱他人的人都是供给者。我们提供爱、食物、衣服、住所、养育、教化、慰藉、支持、护理、鼓励以及其他对彼此有利的东西。在一个工业化或后工业化的经济体中，一些人提供收入，即劳动或投资回报，以金钱的形式流入家庭。另外一些人把收入转化为生活必需品或奢侈品。没有收入就没有转化，但是离开了转化，收入本身无法维持生活。

然而，男人却把它片面地理解为提供收入、养活家庭的律令。于是，圣保罗的箴言有了非常不同、也负面得多的隐含意义。《古兰经》的第四章中，也有类似的智慧格言："男人是女人的保护者和保有者，因为真主给了男人比女人更多的力量，因为男人尽其所能支持女人。"但是，为什么看顾和支持指的仅仅是金钱，而不是照顾关爱？只是生产食物而不是烹饪食物？只是种植亚麻而不是纺织亚麻？只是购买汽车而不是驾驶汽车？只是建造房子而不是整理房间呢？

人们总是从字面上来片面地理解"男人的天职就是养家"这句话，而且对之深信不疑。尽管"居家爸爸"最近在媒体上曝光率很高，但是，2012年，仅有两百万人把自己称为"居家爸爸"。一半多的美国人认为孩子和"居家妈妈"在一起更有利。相形见绌的是，只有8%的美国人认为孩子跟"居家爸爸"在一起更有利。而且，皮尤研究中心向调查对象询问："如果男人想结婚，为家庭提供经济支持的能力有多重要？"几乎有三分之二的受访者都回答说"非常重要"，当问题中的"他"被换成"她"时，只有三分之一的美国人回答说"非常重要"。

这些顽固不化的文化假定，并未能与现实经济发展保持同步。20世纪90年代和21世纪初，声势浩大的全球化浪潮带来了一波又一波外包机会，严重地冲击了传统制造业。在工厂工作的男人们比在教育和医药部门工作的女人们，受到更大的工作打击。由之而来的结果是，两性之间的经济实力对比发生了改变，优势逐渐从男性转向女性。如《更富有的性别》以及《男人的终结》这样的书，就是这一转变的体现。还有一个统计数字能完全体现这种转变，40%的美国女性是他们家庭的首要经济来源。这一数字虽然也将单身母亲包括在内，但仍然能体现一种重要的主流趋势。

一个更重要的历史背景是，从20世纪80年代开始，美国经济发展的趋势，越来越不利于受教育程度一般的非精英阶层，使他们的生活日趋艰难。大多数家庭往往做出让妈妈出去工作的决定来应对经济形势的严酷。参议员伊丽莎白·沃伦和她的女儿艾米利亚·沃伦·提雅吉，将这种经济发展现象称为“双薪陷阱”。当以此命名的书籍在2003年出版时，也就是十多年前，平均按揭款上涨的速度是父亲们薪酬上涨速度的七十多倍。在此之间某些年份，固定成本上涨得更厉害，而人们的薪水却持续停滞甚至下滑；而且，在后衰退社会，工作甚至变得更加不稳定，那些没有受过大学教育的人更是如此。对于这些家庭，挣钱养家也成了女人的责任，即使她并不一定会用这样的字眼来表达这一事实。

尽管人们纷纷抵制“居家爸爸”的概念，还是有越来越多的男人表示他们将投入全部精力来照顾家庭。近50%的“千禧一代”男人说，当一名称职父母是他们生活中最重要的事情之一，而“X一代”的男人的比例是39%。记者丽萨·芒迪的书《更富有的性别》中提到，她曾与很多快乐的“居家爸爸”交谈过，比如丹尼·霍金斯。他的妻子苏珊是亨利·福特健康系统的一名高级副总裁。丹尼曾供职于金融部门，但他恨透了漫长的工作时间。于是，他干脆回来照顾两个女儿。“我跟苏珊说过很多次，我的工作就是让她的生活更轻松，而且我喜欢这么做。”霍金斯对芒迪说。虽然提供陪产假的公司越来越少，但是越来越多的男人开始利用任何可以利用的假期。根据芒迪在《大西洋月刊》上发表的一篇文章，在加州开始提供陪产假的十年间，“男人们申请‘家务假’的比例已经从2005年的18%上升到2012年、2013年的31.3%”。

我不会建议我那两个十多岁的儿子把将来娶一个事业成功的妻子作为他们的人生规划，也不会建议别人的女儿嫁给一个事业成功的丈夫，把他当成长期饭票。如果生活进展得并不顺利，比如遭遇失业、离婚，任何人，无论男女，退出劳动力市场很长一段时间后，会变得异常脆弱。但是，我也不会告诉他们，“看顾”家庭仅仅意味着提供收入。相反，我会告诉他们，看顾家庭是男人的天职，也是女人的责任。双方都有责任提供收入，共同养育依赖他们的家人，使家族枝叶繁茂、兴旺发达。

UNFINISHED
BUSINESS

第三章

似是而非的“真理”：关于职场

有关如何保持工作与生活之间合理平衡的建议非常多，甚至可以说形成了小有规模的产业。就在过去几年时间里，关于这一主题的书就出版了不少，其中很多我也曾拜读过。但是，这些书都瞄准了职场中人，尤其是职场女性，因为她们理所当然地被认为应该肩负起责任，把每天二十四小时掰成四十八小时、七十二小时来用，完成一连串无休无止、不可能完成的任务。为什么不换个角度来看待和处理这个问题呢？也许，这并非女性的问题，而是工作的问题。

美国社会经济谱系上的所有劳动者，无论是酒店服务员还是外科医生，都有每天工作十二小时到十六小时的经历，而且通常没有加班费。他们处于长期焦虑与疲惫的状态。公共健康专家已经开始发出警告：在美国，精神压力与紧张情绪，已经成为一种流行病。的确，美国是仅有的几个不要求为劳动者提供带薪病假、每周休息日、带薪休假的工业化国家之一。

仅在2014年，《赫芬顿邮报》创办人阿里安娜·赫芬顿和《华盛顿邮报》记者布里吉特·舒尔特，各自写了一本畅销书，主要内容就是讨论精神压力巨大的美国劳动者。这些图书的畅销反映出我们极度渴望找出对策来改变目前不可持续的超快工作节奏。我们几近绝望，深陷“重量不重质”的职场文化泥潭，机械地以为，谁干得越多谁就干得越好，或者说得更难听点，谁休假谁就是懦弱无能。

这种职场文化在美国社会根深蒂固，但我们的政府与企业却置若罔闻，只是抽劣可笑地模仿其他国家，建立了很多所谓的处理工作与生活关系的修补机制。但这些机制永远不可能促成职场上真正的男女平等，无论是低端职场还是高端职场，也无论雇主如何努力，试图采用有利于职场女性的政策，让职场变得更加宽容，对家庭更加友好。它们必将徒劳无益，因为它们充其量不过是建立在片面真理上的片面措施而已。

第一个片面真理是，工作与生活的平衡问题是女性的问题。如果我们以这种方式来界定它，那么女性应该找出或至少应该实施解决问题的方案。第二个片面真理是，雇主通过提供弹性工作或兼职工作安排来解决照顾家庭的问题。虽然这些政策相对于“要么全力以赴，要么放弃退出”的僵化职场文化要进步很多，但对肩负照顾家庭责任的员工来说，它们远远不能满足需要。第三个片面真理是，我们总是认为，如果某人想要平衡工作与生活，或者想要在工作之外享受美好的生活，反映了他对工作缺乏全情投入的精神。这种先入为主的看法实际上折射出一种思想倾向：男人们应该有一个全职太太料理家庭，却不应该拥有自己的生活。

再强调一遍，片面的真理并非完全错误，但它常常掩盖了更宏大、更深刻的真理，一些我们不想面对或选择不去面对的真理。然而，如果我们尚且不能做到诚实面对问题本身，诚实面对解决问题所要付出的代价，我们是不可能成功的。

是时候来讲一讲职场上的真理了。

一、似是而非的“真理”：那是女性的问题

佛罗里达州的社会学家艾琳·帕德维奇，哈佛商学院教授罗宾·伊利，还有波士顿大学奎斯特罗姆商学院教授伊尔琳·里德，受邀对一家中型跨国咨询公司进行详细的调查研究。这家公司的最高管理层认为，公司存在“女性的问题”。公司最高层中，仅有10%的女性，而与之形成鲜明对比的是，基层员工有近40%的女性。

公司领导认为，公司正在甩掉更多的女性员工，因为她们要照顾家庭，时刻面对“工作与家庭”之间的矛盾与冲突。正如一位合伙人所说：

> 我希望人们一大早醒来时，首先为之感到忧虑的第一件事是什么？对业务拓展部门员工而言，我希望他们会担忧业务的拓展；对项目经理而言，我希望他们会担忧手头的项目。女人是家里的项目经理。她们很难投入必要的时间、精力，努力付出，在职场上胜任高级领导职务。

纵观美国国内大小公司里多如牛毛，几乎过剩的女性领导力学习小组及其支持网络如雨后春笋般发展壮大起来，其土壤无非某种共同的认知：高级管理层缺乏女性是由于女性本身的作为或不作为，即她们缺乏事业进取心，艰难地扮演多重角色，玩着家庭与事业的平衡戏法，或者无法从其他女性那里获得足够的支持。以这种方式来描述问题，有其可取之处，因为这个问题的确更多地出现在女性中而非男性中。这个问题对女性的影响之大，也远远超出对其他人的影响，同时它也是越来越多的男人面临的问题。但是，就因为这些原因就把这个问题看成是女性的问题，却会让我们错过更深刻的真理。

这不是女性问题，而是关爱问题

尽管过去的四十多年中，女性在劳动力队伍中的地位得到了前所未有的提高，但是，很难从统计数字中体现出来的是，肩负照顾家人责任的女性与无须照顾家人的女性之间，长期以来一直存在巨大的收入差距。在上一章中，我曾提到，2013年，同等条件下男性每挣1美元，女性平均能挣到82美分。但这中间隐含着不同群体间的惊人差异。没有孩子的单身母亲能挣到96美分，而结了婚、有了孩子的女性只能挣到76美分。很多人写文章指出，是否有孩子现在成了比性别更重要的导致薪酬不公的因素。

如果我们通过年龄结构分层看待这个问题，这种规律会变得更明显。在高中、大学，甚至研究生阶段，年轻女性往往比年轻男性表现更优异，在进入劳动力市场初期的薪酬也比男性更高。总体来看，年龄在二十五岁到三十四岁的女性的薪酬是男性的93%。但是一旦生了孩子当了母亲，女性的收入就会大幅下降，优势也不复存在。

对大多数把照顾家人视为女性天职的人来说，重新定义女性的问题为关爱问题，未免显得有些多余。的确，在我们的社会里，绝大多数照顾家人的责任都由女性承担着。母亲照顾孩子的时间大约是父亲照顾孩子的两倍；照顾家中老人的也通常是四十多岁的女性，她每个星期会花二十个小时的时间来照看自己的双亲。

从文化层面上来说，女性也承受着巨大的压力。人们通常把女性看成照顾家人的天然绝佳人选，而对男性却没有这样的期待。甚至在21世纪的美国，人们总会用怀疑的眼光，打量那些认为追求事业优先于照顾孩子的女人。得克萨斯州的政治家温迪·戴维斯曾就她在何地如何养育孩子的问题接受过极其详细的审查。她把孩子们留在得克萨斯州的丈夫身边、只身前往哈佛法学院的做法被指责为她自私品质的明证。一般来说，男人很少受到这样的指责或审查，一位民主党民意调查专家在《纽约时报》的一篇有关戴维斯的文章中指出，拉姆·伊曼纽尔，在竞选芝加哥市长期间，把年幼的儿子留在华盛顿，却无人对此有任何微词。

一位正在接受医学培训的医生，同时也是两个孩子的母亲，写信告诉我，她感觉当母亲是她至今做过的最不容易的事情。某种程度上，这种艰难源于一种强烈负疚感。“压力来自很多方面——当一个‘完美’母亲（从精心护理到从零开始为孩子做婴儿食物），当一个‘完美’的医生（广泛阅读最前沿的研究文献，参加有意义的研究项目，出版自己的研究成果）。带着九周大的婴儿，我开始了研究员生涯的第一个年头。”我的文章发表在《大西洋月刊》后，她写信给我，“我每周工作八十个小时，还要接夜间急诊。我不是一个称职的好妈妈。我感到很内疚。而让我感到更内疚的是，我没能百分之百地投入工作。”最后她决定兼职工作，这样她就能每天晚上陪孩子睡觉。

有一次，我给一些西班牙裔年轻人做了一个关于“工作与家庭”的演讲，他们获得了奖学金和在华盛顿的实习机会。观众中一位年轻女孩举起手来，讲述了家庭和社会评判母亲的方式。她说，他们会批评那些不在家照顾孩子的母亲。她接着问道，她该如何超越这样的期待，在事业上有所作为呢？当时也在讲台上的政治战略家玛利亚·卡多纳是西班牙裔社群的行为榜样。她对女孩建议说，也许她可以依靠大家庭中的其他女性来照顾孩子。没有人质疑这个女孩所提问题的前提假设——必须由女人来照顾孩子。

然而，让人欣喜的是，关爱问题也已经逐步地成为男性的问题。沃顿商学院的一项研究，通过对比1992年的班级与2010年的班级在期待和态度方面的差异，发现现在的年轻女性比二十年前更有可能预料到兼顾工作与家庭可能带来的压力和紧张。同样值得关注的是，43%的男性同意或强烈同意，对成功事业的追求会让他们更难成为专注而体贴的配偶或父母。这个比例比1992年的33%提高了十个百分点。2014年，一项针对近十年来6500多名哈佛商学院毕业生的研究，也发现男性态度发生了深刻的转变。这项研究还揭示了，哈佛商学院毕业的“千禧一代”男生中有三分之一的人希望与伴侣以“五五对开”的形式来分担照顾孩子的责任。这一比例在“X一代”男性和“婴儿潮”男性中分别仅有22%和16%。

这两所竞争异常激烈的商学院吸引了大量优秀的男性，精英集聚的密度可谓非同寻常。然而，在这样的高等学府，有三分之一至一半的男性认识到，家庭生活将对他们未来的事业成功和个人生活产生意义重大的影响。我的一位朋友，一名任教于斯坦福大学商学院（研究生项目）的风险投资人也察觉了类似的变化。他说他所教的年轻男性们的态度发生了相当大的变化。

二十九岁的作家马克·特雷西在《新共和》杂志的一篇文章中写道，与他年纪相仿的男性，与女性同龄人一样，也开始展开对话，谈论“工作与生活的平衡”这样的热门话题：

大多数男人往往把工作放在第一位，常为如何在职业生涯中更进一步而紧张不安，备感压力。而对于爱情和家庭，他们觉得，如果什么时候恰

> 好与某个人相爱了，就安定下来，这样也很好。最近，我们日常生活中女性以及她们之间的对话，启迪我们思考并质疑：我们所谓的最重要的优先事项是否真的无懈可击？我们也会感到困惑：我们是否应该总是带着追求事业的“雄心壮志”，去永无止境地争取一份又一份更好的工作，而不顾社会和生理因素，把生育小孩这类的家庭事务一味向后拖延？而且，有了小孩以后，很多人希望在养育过程中扮演一个比传统意义上的父亲更积极活跃的角色。我们中的相当一部分人非常幸运，他们的母亲，无论曾经有过怎样的进取心和成就，总能充满喜悦地抚养孩子长大；某些人甚至更幸运，拥有同样富有爱心的父亲。我们想要得到“一切”吗？谁知道呢。但是我们想要兼顾工作与生活。

2013年，皮尤研究中心对现代育儿的研究得出了以下结论：几乎与母亲同样多的父亲，抱怨试图平衡工作与家庭带来的巨大压力。有十八岁以下孩子的家庭中，50%的父亲和56%的母亲说，他们很难平衡工作责任和家庭责任。几乎有同等数量的父亲和母亲同意以下这个说法：我更喜欢待在家里带孩子，但我必须工作，因为我们需要这份收入。

简而言之，背负事业和家庭双重重担的男性与女性最后不得不在工作上做出妥协，并为之付出代价。重新定义“女性问题”为“关爱问题”，能开阔我们的视野，让我们更准确地聚焦于真正的问题：对关爱的低估，无论它是由谁造成的。

二、似是而非的“真理”：那也是公司的问题

如果雇主给某个问题贴上标签，认为那是“女人的问题”，那么这个问题就很可能被边缘化，因为“女性的问题”是个人问题，并不是属于公司范畴的难题。但

是，让我们设想一下，问题并不出现在女性身上，而是职场出了问题，或者更准确地说，问题出在琼·威廉姆斯所谓的“理想员工”所处的职场本身。“理想员工”是“时刻在场、随时待命的职场斗士，每天早晨总是第一个到单位，晚上最后一个离开”；“他很少生病，从不休假，即使休假也会顾好工作。无论何时，只要老板要求，他就能立刻跳上飞机，飞往世界上任何一个地方，因为家人会负责送孩子上学或者参加学前班的话剧表演”。从威廉姆斯创造出这个词语开始，十五年过去了。这个“理想员工”想必目前也在与全球化职场做抗争吧。在全球化职场中，每时每刻都有人醒着，而那个灵巧的电子设备总能让人轻松找到你。

试着回忆一下由帕德维奇、伊利、里德三位教授进行的针对某咨询公司的研究。在细心研究之后，她们发现公司的女性和男性对“工作与家庭”的冲突关系有着同等水平的焦虑情绪，而且在过去三年中离开公司的女性比例与男性比例并无差异，因为他们总是被要求长时间加班。这家公司的人力资源关键问题不在于性别，而在于公司的加班文化。

公司领导的态度很明确，他们拒绝接受这样的结论。他们不想听到别人说，他们应该颠覆自己的整套组织管理哲学，或者他们向客户承诺得太多，为客户服务得太周到。例如，做一份多达一百多页的幻灯片交给客户，而客户根本不会去用。他们需要努力真诚地反思问题。

领导们想听到的是，公司的问题就是女性身上“工作与家庭”的冲突问题。这种叙事不会要求他们改变自己所做的任何事或所感觉到的任何东西。正如帕德维奇、伊利、里德所下的充满挖苦意味的结论：这些领导态度的转变需要证据驱动的分析师来无情否定他们所谓的证据。

巴纳德学院院长、《神奇女侠》一书的作者德博拉·斯帕，呼应了这些结论。“解决女性的问题，”她写道，“不是修补女性本身，或者把她们拽上委员会，或者用集体外出旅行来安抚她们，而应该修补整个组织——认同多样化的技能与特质，用具体的方式来衡量它们，恰如其分地奖励人们。”

新闻记者与媒体也是“女性的问题”谜团的始作俑者。《纽约时报》把“工作与生活之间平衡”放在印成红色字体的“母亲的秘密”的版面中进行讨论。其他网站，比如slate、《赫芬顿邮报》也把关于“工作与家庭”有价值的理智探讨放在“老派女人”的板块中。如果你仔细观察各种大型商业会议，也会发现同样的现象：工作与家庭的关系问题，被定位为“女人的问题”，从来未曾进入主流。正如一位朋友在写给我的信中说道：

> 我已经完全厌倦了所有重大的问题——职场文化、性别平等、隐性偏见、有限选择、缺乏有意义的家庭政策、我们的生活方式——都被狭隘定义为深受折磨的职场母亲的问题。

而更好的说法是：这是深受折磨的照顾家庭者的问题，无论男女；最好的说法是：这是现代美国企业适应现代美国人生活现实的巨大失败。这些企业总是不遗余力、来来回回地折腾员工，迫使他们遵守属于20世纪早已过时的工作理念。

三、似是而非的“真理”：弹性工作制是解决方案

如果你是一名年轻女性，正在应聘某个公司、律所、银行、大学里的某个职位。这些机构往往把自己视为进步组织。如果它们想要录用你，很可能会告诉你它们有“家庭友好政策”；但如果你是男性，处在同样的情境下，你却不会听到这样的信息。20%的美国企业提供带薪产假，从两个星期到三个月不等；36%的企业允许员工兼职工作一段时间，而不会被开除；部分企业允许员工定期在家工作一段时间；一些企业允许员工暂时退出一段时间，届时仍然欢迎他们回来工作，并为他们提供能体现其以往资历的岗位。

这些政策体现了妇女运动取得的真正进展。我们中有些人利用这些政策得到了

各方面的好处，但大多数女性并未从中受益。我在国务院马不停蹄地为我所敬爱的上司工作了两年，而且我也理解世界并不会为我停留，于是我深刻地认识到充分掌握自己的时间、兼顾工作与生活有多么重要。而在大学里，我拥有足够的弹性和自由。的确，如果有可能，尽早地在生小孩前成为“老板”，或者在生小孩的过程中成为“老板”，其中一个重要的原因就在于你会拥有比过去大得多的自由，你能确保工作与会议是以你的时间表来安排，而无须听由他人的时间表来决定。

真正的弹性——至少能让你在一定程度上掌控每个星期、每个月、每年以及整个职业生涯中你的工作时间和地点，是化解工作与家庭这对矛盾的解决方案的重要组成部分。那么为什么它只是个似是而非的“真理”？在绝大多数职场中，弹性政策——从远程办公、可变工作日安排，到更激进的政策，比如兼职工作、分享工作、延长休息日或缩短工作日——很大程度上只是纸上谈兵，对员工们来说，要享受这些政策虽然不是不可能，但也确实困难重重。在阅读相关研究文献时，我不禁想起曾经读过“铁幕背后”的苏联国家以及世界上其他独裁政权的做法：它们都保证一整套完整的自由与权利，但实际上却只用于作秀。

人力资源部门可能会推行弹性政策，但如果你不幸遇到了一个观念传统守旧的经理，一个从不见家人、整日忙于工作才终于爬上来的家伙，你很可能会遭遇学者们所谓的“政策执行差距”。换句话说，某些经理人会直截了当地拒绝让员工们享有这些停留于理论的政策。这也解释了《全国雇主研究报告》中发现的一个现象——允许某些员工偶尔在家工作的公司（67%），与允许所有或大多数员工偶尔在家工作的公司（8%）之间现实存在的巨大鸿沟。抵制变革的经理人偏爱现有的职场文化——基于出勤、控制，而不是表现。用一位人力资源经理的话来说，当某些经理不能让某个员工在特定时间出现在特定地点的时候，他就会感觉不安。

即使企业表里如一、信守承诺，经理人支持弹性工作制，员工们却不愿采用这样的政策。这当然是有其原因的。在一种把全情投入工作理解为从不想或做其他任何事情的职场文化中，要求弹性工作制度来兼顾家庭和工作，相当于向众人宣布，你不如你的同事那样重视工作。英国律师、伦敦前市长菲奥娜·伍尔夫夫人，简洁地表达了同样的看法：女性不愿（采用弹性工作制），因为她们觉得这是职场自杀。

弹性工作制的污名

2013年，《社会问题》杂志出版了名为“弹性工作制的污名”的特别专刊。专刊中记录的多次研究表明，虽然部分员工采用了公司弹性制度，灵活调整自己的工作安排，得以抽出时间来照顾家人，但他们会被降薪，工作表现被低估，升职机会也更为有限。

年轻的职场母亲凯瑟琳·波芒特·墨菲写信跟我说，在成为某律所初级律师时，她已经有孩子。这种情况在大型律所并不常见。生第二个孩子的时候，她请了很长时间的产假。产假结束后，她回去工作，享受了律所的弹性工作制，在六个月内从事兼职工作，虽然她每星期仍要工作四十个小时。“在那六个月结束以后，”墨菲写道，“我所在部门的所有男性领导都告诉我，我不能再继续享受弹性工作制了，因为这会危及我的职业成长。”后来，她干脆辞职，离开了这家律所。虽然现在她所从事的工作不如律师那么有名望和有社会地位，收入也少了很多，但她至少可以更灵活地掌控自己的时间。她的孩子现在分别是五岁和八岁。在经历这一切后，她现在觉得“工作弹性与工作报酬同等重要”。如果要说在这方面男女之间有何差别的话，也许只能说，想采用弹性工作制的男性的遭遇更加糟糕。琼·布雷德和纳内特·方达举了一个真实的例子：在律所工作的一名叫作卡洛斯的律师想申请陪产假，却被告知该政策仅适用于女性。即使公司同意了他的申请，他很可能会在职业晋升机会等方面付出更高昂的代价，也会遭到比女同事更为严重的不公待遇。

美国著名研究机构Catalyst的相关研究显示，男女在利用弹性工作制方面存在差异，因为男性察觉到弹性工作制给他们带来了职业发展的种种风险。研究发现，无论男女，同样可能利用各种职场弹性制度，比如灵活的上班时间，用各种方式把一星期的工作压缩成某几天完成等。但是，女性在家上班的可能性比男性高十个百分点，而男性从未在家上班的可能性比女性高出一倍。这些行为模式表明男性非常清楚，如果弹性工作制度意味着更少出现在办公室，而更少出现在办公室又意味着有可能因此被惩罚，那他们绝不愿意冒这样的风险。

“污名化”意味着被区别对待，被侮辱，或因为某种特征或是未达到某种标准而被歧视。基于种族、信仰、性别、性取向而污名化某人，在当代美国社会是严厉禁止的，也遭到社会公众的明确反对。那么，因为采用弹性工作制来照顾所爱之人而污名化某人又与其他情况有何不同呢？在家上班或者暂时休假的员工并没有因此而变得更笨；他们视家庭与事业发展同等重要，甚至比后者更重要，这并不必然影响他们的工作质量，即使工作数量有所减少。

无论理论上弹性工作制度有多么有效，只要它们被污名化，那么它就无法真正解决“工作与生活”之间的问题。年轻人不应该问某个公司能提供何种“家庭友好”政策，而应该问，“有多少人采用了弹性工作制？其中有多少男性？又有多少员工根据弹性制度来工作而最后晋升为公司最高管理层？”

危险：当弹性意味着被取代

到目前为止，我一直以白领阶层为对象展开写作。然而，正如职场中的其他条件一样，一些按时计费的低收入劳动者，连白领们认为理所应当的、有限的职场弹性也无法享受。在美国，70%以上的低收入劳动者没有带薪病假，这意味着当他们需要照顾孩子或者出现健康问题时，他们就有丢掉工作的风险。实际上，大约四分之一的美国人曾经因为请假疗养身体或照顾生病的家人被炒鱿鱼或受到解雇威胁。

举个例子，在2014年无比严寒的冬天，雷亚农·布罗切特被全食超市解雇了。她当时还是芝加哥的东北伊利诺伊大学的学生。因为天气恶劣，她儿子的学校停课了。她打电话给母亲，询问是否能替她照看儿子。但母亲自己也得上班。她又打电话给几个朋友，但她们全要上班。布罗切特又换不了班，因为那时全食超市规定，员工必须提前四十八小时调班。她走投无路，最后不幸丢了工作。布罗切特的故事——她现在已是东北伊利诺伊大学大四学生——是低收入阶层女性竭尽所能照顾孩子的典型代表。因此，2014年9月，她在一个被称作“为什么女性经济安全对所有人都很重要”的小组委员上发表了讲话。同在这个委员会上的还有希拉里·克林顿，众议员南希·佩洛西，参议员科斯腾·吉利布兰德和众议员罗莎·德劳罗。

白领们常常抱怨工作安排固定僵化，缺乏弹性，他们根本无法腾出时间来照顾家庭。另外，对低收入劳动者来说，太多弹性更让他们无法消受。很多公司已经开始根据不断变化的实时需求而非预计需求来制订弹性时间表，安排生产，制造产品。在消费者方面，他们更严谨地追踪消费者的流量，然后要求员工相应调整他们的工作安排。在以上两种情况中，员工工作时间的消长完全取决于顾客及其需求的起伏与增减。包括沃尔玛超市、坚宝果汁、第一码头超市、青少年用品零售商aeropostale、target超市、阿贝克隆比·费奇品牌服饰等多家公司在内的众多美国企业已经开始采用实时雇佣系统。

芝加哥大学社会服务系教授苏珊·J. 兰伯特指出，营业员与餐厅服务员通常只能提前几天知道某个星期的排班情况，而且这些安排仍有变数。她们可能这个星期工作七个小时，下个星期又工作三十二个小时。“酒店客房服务员可能本周星期二、星期三、星期五上班，下周星期一、星期四、星期六上班。”这种弹性实际上很难预料，尤其对有孩子的员工来说，简直可谓噩梦。高收入者，如律师、银行业者或者咨询师，往往根据客户的需要随时开展工作，因此她们承受着巨大的压力。但通常她们有足够的经济能力来雇人提供全职看护，或雇人住在家中照顾孩子。大多数人并不具备这样的经济实力。她们必须一次又一次临时找人照顾小孩或老人。如果她们与众多家庭成员住在一起，也许找人比较方便，还可以应付得来。然而，她们也很有可能既需要照顾老人又需要照顾孩子，责任重大。

2014年8月，《纽约时报》记者乔迪·坎特在头版向读者们讲述了一个让人心碎的故事，让人们对这种经历有了更深刻的体会。二十二岁的珍妮特·纳瓦罗是星巴克的咖啡师，也是位单身妈妈。由于有了排班软件，星巴克这样的连锁店能充分采集顾客数据，然后根据数据来通知每天上班的员工。纳瓦罗只能提前三天了解每个星期的工作时间安排。这让她时时陷入混乱。因为她很难找到稳定的人员来照顾四岁大的儿子。家庭关系与情感关系也因此常常处于紧张状态。她的工作时间如此不规律，她的姨妈常常不得不在最后关头承担起照顾孩子的责任。男朋友也和她分手了，因为她下班后太疲惫，无法履行对男朋友的承诺。她和儿子在半年时间内两次失去了住所。而她的工作时间表——在某几个星期里要求她晚上11点关门，第二天凌晨4点又开门——让她如此缺乏睡眠，甚至就在店门口的人行道上睡着了。

坎特的文章在《纽约时报》上刊出后的第二天，星巴克的高管们就宣布，要为十三万员工重新设计排班软件，授予当地门店经理更大的裁量权，防止员工工作至深夜、第二天凌晨又回来上班等类似的情况发生。但是，单个企业的修修补补始终无法完全解决全国零售业员工和计时工人每天必须面对的难题。

对成千上万的美国劳动者来说，弹性不仅不是解决办法，而且本身就是一个问题。居于最高层管理层的人们不能一味倡导更多的工作弹性，而应该更多地关注这些弹性政策在实施过程中的实际效果，到底是帮助了劳动者还是伤害了劳动者。我们需要的弹性是能让我们有时间照顾家人的弹性，而不是对政策的负面影响完全无动于衷的又一个借口。

四、似是而非的“真理”：工作得最久，就是工作得最好

“时间硬汉们”总是不遗余力、争先恐后：他们总是想比别人工作更努力，加班到更晚，比别人熬更多通宵，利用任何可以利用的时间来工作。罗纳德·里根的预算主管迪克·达曼有着近乎野蛮的竞争特质，堪称“时间硬汉”楷模之一。一篇文章中写道：“达曼先生有时成功地向外界传达一种印象：他是里根总统白宫总统府里工作到最晚的人。他会把外套挂在自己的椅背上，一直开着办公室的灯，然后回家去。”（达曼声称把外套留在办公室是出于方便考虑，因为第二天早上，他又可以在办公室里穿，但是他本人成功的官场斗争记录却提示了完全不同的信息）

年轻的时候，我也曾热衷于玩这个游戏。后来成为奥巴马总统下属的美国国家

经济委员会主席的吉恩·斯珀林，就是一名富有传奇色彩的工作狂。当时我们都在哈佛法学院读书。我曾经常在凌晨2点的隧道售货机前碰见他。我们当时都在为各自的导师通宵熬夜研究案子。父母来参加我的法学院毕业典礼时，他们想去看看我的导师办公室里的大座椅。我不禁跟他们开玩笑说，我坐在这个大座椅上度过的夜晚比睡在自己床上的时间还要多。

那年夏天，我进入纽约一家大型律所工作。我的工作模式依旧如故。尽管我对自己长时间埋头工作的能力引以为傲，但当我发现我的一位好朋友，一位与我共事的律师，总能在晚上6点或7点下班，完成的工作却并不比我少，我有些坐不住了。她明显更有效率，更少拖延，更少浪费时间读报纸或与其他人闲谈。后来，她成了纽约一家顶级律所的合伙人。她对我解释说，当她看到办公桌上有一堆工作亟待处理，她会立刻思考用什么办法才能最高效地完成所有工作，哪些可以指派给其他人去做，哪些她得自己做。2014年秋天，IBM（国际商用机器公司）的首位女性首席执行官弗吉尼亚·罗曼提说，她的高效关键在于她只做那些“只有她能做”的工作，而把其他“别人也能做”的工作留给其他人去做。当我听到她的话时，我不禁回想起我朋友的工作习惯。

这是我得到的首次提示：也许我的工作模式并不能说明我对工作有多投入，而是我工作效率低下的证明。四十岁后，我的怀疑越来越强烈，家里一个婴儿和一个幼童要照顾，学校里一堆课要教，很多研究要做，待写的文章不停地在脑子里盘旋。于是，我与往常一样，坚持每天只睡五到六个小时。这让我脾气火暴，记忆恍惚。安迪曾打趣说，那时我的状态堪称“浑身上下每个细胞都累坏了”。我会要求研究助手们在晚上九十点钟孩子睡觉之后到我家来开会，而压根儿想不起来我们本来应该讨论什么问题。终于有一天，我受够了。人生太短暂，我无法忍受一直在疲惫的迷雾中踉跄穿行。我很快就发现，实际上如果每天能睡七八个小时，我会更开心、更友善，自然也更高产。

就是这样的顿悟，启发阿里安娜·赫芬顿写出了《茁壮成长》一书。她在书中描述，她曾经因为太累而晕倒，不仅摔伤了眼睛，还把脸颊骨给摔裂了。“我躺在自己家办公室地板上一摊血泊中。”她清醒后写道。从那以后，她成了她所谓的“睡眠传道士”，督促人们，无论男女，“一路睡到最高管理层！”她揭露道，30%的美国人得不到充足睡眠。缺乏大量睡眠，会降低人类认知功能，降低情商，削弱共情力以及控制冲动的能力。

更明确地说，很多工作都有危急时刻或截止日期，需要争分夺秒，时刻高度紧张，完成工作任务。在这种工作中，亲临现场、尽其所能比某些衡量表现的抽象方法要重要得多。以前有很多次，我要求下属不辞辛劳，不计付出地完成工作，甚至不惜通宵加班。我在国务院工作时，曾负责一个大型审查项目，为大规模重组与改革制定战略。克林顿国务卿要求我们在12月15日之前完成。我和我的团队——由六名政策规划司的同事组成——夜以继日奋战了大半个月，终于在截止日期前顺利完成。考虑到部门之间审批程序进展缓慢，障碍重重，而且要让这么多观点迥异的人达成共识本身就是巨大的挑战，不分昼夜地苦干是必需的。

我也曾建议很多学生将他们的职场生活分成不同的阶段：可以随时加班、随时出差去往世界任何一个角落的阶段；由于肩负照顾家人的责任或者想减慢生活节奏，做些自己觉得重要的事情而无法全身心投入工作的阶段。为了某些值得奋斗的目标或为某些值得信赖的人呕心沥血辛勤工作的经历，往往让人欣喜，对个人事业的成长来说也是必不可少的。但是在这中间，你可以也应该穿插一些短暂的间歇，更好地照顾自己。通常情况下，无视员工的工作成效——用完成工作的速度和质量来衡量工作成果，过分重视员工出勤的情况，实际上是非常糟糕的管理方式。

少就是多

2014年超级碗比赛期间，凯迪拉克推出了一则汽车广告。其本意是宣扬美国人“工作至上”的精神，结果招来了社会公众的诸多非议。汽车广告中，一名轮廓分明、清秀帅气的五十多岁男士，目光炯炯，神采飞扬，边走边与人说话，快步穿行于大厦内的宽阔过道之间。与此同时，他不断颂扬着美国人的职业美德，说道：“在其他国家，他们上班、下班后，在回家路上悠闲漫步，停下来喝杯咖啡，整个夏天都在度假。他们总在休息。为什么你不像他们那样？为什么我们不像他们那样？因为我们上进、狂热、努力工作。”从镜头中看着，他仿佛卡通版金字塔尖的精英人物。这则广告的主题是：如果你足够努力地工作，从不度假，那你就可以靠自己赢得成功，获得一切，包括一辆价值7.5万美元的豪车。

这则广告让我感到愤怒。这个男人太自命不凡，而且他传递的信息完全不符合美国人宣扬并传承给子孙后代的真正的传统价值。是的，没错，欧洲人和其他国家的人常常批评美国人“物质至上”的文化。然而，托马斯·杰斐逊在《独立宣言》中描述“人类不可剥夺的权利”时，借鉴了英国启蒙哲学家约翰·洛克的“生命、自由和财产”，并将其修改为“生命、自由和追求幸福的权利”。而且，行为心理学家总是告诫我们，人类更有可能从与他人的联结以及自身体验中，比如一顿美味的大餐、一部戏剧或电影、一场体育比赛、一束鲜花，或一瓶香槟，而不是从拥有无数财产中找到真正的幸福。

看完这则广告后有这样反应的并不只有我一个人。一位记者写道：“你知道什么才是我们美国人真正应该关注的吗？疯狂工作却从不休息给我们带来了什么？这种生活方式让美国人早早进入了坟墓，让我们比其他发达国家的人们更加焦虑，让我们比其他国家拥有更多休闲时光的人们更恐惧而疏远工作，更渴望摆脱工作的束缚。”

《纽约客》杂志的作家杰弗瑞·图宾严厉抨击了这则广告，并证据确凿地提出了反对观点。当我与他就此展开交谈时，他说凯迪拉克竭尽所能污蔑诽谤爱度假的欧洲人，其卑劣目的无非就是向偏爱德国宝马、梅赛德斯等豪车的美国富人推销豪华汽车。后来，我还特意去查了资料，德国政府规定劳动者每年至少应有二十天休假时间。事情就是如此显而易见，简单明了。德国工人比美国工人每年少工作两个星期，却仍制造出了更好的汽车。或许，这是因为德国的经理人们仍然遵循亨利·福特根据早年经验研究得出的结论：体力劳动者在工作八个小时左右，状态就会出现下滑。这促使福特在1914年建立了八小时工作制。他缩短工作时间，工人的错误减少了，生产效率、员工满意度、公司利润水平都得到了提高。

实际上，越来越多的数据证实了这一结论。工作得少意味着工作得好。根据新近的研究，主要从事脑力劳动的人们每天真正有效率的工作时间比从事体力劳动者更短。例如，微软的员工报告说，在一周四十五个小时工作时间中，只有二十八个小时是富有成效的，平均每天六个小时都不到。未来学家萨拉·罗宾逊也发现同样的规律：知识工作者每天从事的劳动应不超过八个小时。因为满八个小时后，他们就开始犯错了。

“工作得更少就会工作得更好”，这种规律尤其适用那些需要创新创意的工作。研究创新的专家们强调非线性思考和即兴发挥能力的重要性。比如，长时间散步，用不同于以往的眼光看待你所处的环境；抽出时间，停止工作，玩耍一番。这些都能提高人们的创造性。专家建议我们应该调整工作日的生活节奏，利用间歇让自己的大脑天马行空地思考。如果没有玩耍的时间，我们绝对不可能以出人意料的方式将事物联结在一起，而这正是洞察力的精髓所在。

为了理解上班和休息之间的这种关系，我们应该对闲暇反思一番。天主教神学家蒂莫西·凯勒曾将西方人对工作的痴迷视为一种文化现象，并对此痛心不已。美国人认为闲暇只是“为了修复身体的工作停顿”，而不是“思考和享受整个世界”的时间。

尽管我们有《独立宣言》，但美国在《全球幸福报告》中仅排名第十五位。通过这份报告，三位杰出经济学家根据全球范围内各国国民的情感状态和生活满意度，来衡量他们的幸福程度，并编制了一套指数，每年定期向外界发布。2015年，瑞士位居榜首；2013年、2014年的冠军丹麦在2015年下滑到了第三名。布里吉特·舒尔特观察到这种现象后，对丹麦人幸福的秘密展开了调查，并发现其幸福的源泉来自一个在丹麦语中称为hygge的概念。其实，这个概念的主要意思是，活在当下，在当下茁壮成长，自我发展。舒尔特的书《不堪重负》出版后，新美国基金会在纽约办公室举办了招待晚宴和主题讨论。我们邀请了丹麦总领事，因为我们觉得他可能会分享更多丹麦人幸福的秘诀。他说，非常简单，那是因为丹麦人觉得，只知道埋头工作的人非常无趣。他们没有时间读书、看戏剧，或参加体育活动和慈善活动。那么，你为什么还要跟这么无趣的人聊天或待在一起呢？

充满风险的行业

如果你拥有一份工作，人们通常会关注你工作了多长时间，而不是你实际做了什么事情。这种想法是衡量工作好坏的诸多假定之一。银行从业者和咨询师们，常常会带着一种骄傲的口吻，把他们的工作描绘为“每天二十四小时，一周七天”。意思是，他们全天候工作。有进取心的专业人士总是寸步不离手机，无论白天黑夜，随时回复电子邮件。我们前面已经提到，就像手机屏幕一样，暂时休息（关闭），会让我们回来工作（开启）时，更加有效率和有创意（屏幕会更亮）。但是，“每天工作二十四小时，一周七天”这样的金科玉律，也意味着对手头工作完全投入的一种态度。

2013年4月，对冲基金亿万富豪保罗·多铎·琼斯在弗吉尼亚大学麦金泰尔研讨会上宣称，当了母亲的女交易员根本无法匹敌男交易员，因为孩子是“注意力杀手”。他还把一个前同事当作例子来证明他的观点。他说：“宝宝的嘴唇一触碰到那女孩的胸部，一切就都完了。”这无疑是对所有女性金融从业者粗暴无礼的歧视。

琼斯不应该被视为某种沙文主义怪胎，但他的言辞引起了轩然大波，很多女人毫无保留地批判他的品格，也有一些人说她们很感激琼斯的直言不讳，因为她们知道很多男人嘴上不说，心里却是这样想的。

琼斯还解释说，他的言论不仅适用女性，也同样适用某些男性，并欢迎任何理性的质疑与挑战。在他看来，“宏观交易要求交易员具备高水平技能、高度专注力以及不间断的重复”。这也是为什么他总是不愿雇用“正在办理离婚”的男人为自己工作。据他所说，诸如此类的因素将降低交易员的交易成效，其下滑幅度高达十到二十个百分点。同样地，对女人来说，“思路清晰地思考六十秒钟，并做出一个理性选择，是不可能的，尤其当她们受到孩子的干扰时”。

在这一点上，琼斯完全错了。多项研究证明，从长期来看，女性交易员的表现比男性交易员更优秀。他的目光仅局限于场内交易员，他们的确需要快速反应，注意力高度集中，在嘈杂混乱的环境中迅速做出决策。这样的工作要求他们聚精会神，具有超级理性，对任何形式的情绪波动有很强的免疫能力。这也是为什么他把有孩子的女性与正在办理离婚的男性等同起来。他要将任何情感排除在外，把人当成没有丝毫情感与情绪波动的机器：完全理性的生物，即我们所谓的“经济人”或“理性人”。

这种关注力的另一个名字叫“管状视野”。对高层决策者来说，这绝不是什么好东西。在《稀缺：我们如何陷入贫穷与忙碌》一书中，普林斯顿的心理学家埃德加·沙菲尔和哈佛大学经济学家森德西尔·穆拉伊特丹论证了金钱或时间的匮乏将导致短期理性而长期非理性决策。当人们没有足够时间去专心致志地关注他们面对的问题时，他们就会处于压力之中，不得不采取行动化解燃眉之急，但这种行为长期来看将给他们带来麻烦。相反地，更少的压力意味着更宽阔的视野以及更优的长期决策。

即使人们摆脱了压力，走出了“管状视野”的局限，他们在如何应对风险、如何赢利方面仍秉持不同的态度。金融专家、神经科学家约翰·高德斯穷尽了他所能找到的有关男交易员与女交易员的自由交易模式的所有数据资料，发现男女在交易方式上存在差别。他发现，他们同样愿意承担风险，但是冒险的方式却有所不同。男交易员喜欢快速冒险，在内场交易时采用如同闪电般迅速而刺激的交易方式；而女交易员偏爱花点时间把某只证券研究一番，然后再进行交易。高德斯明确提出金融交易员成功与否的判断标准应该是，“他们在证券市场上的竞价交易及他们做交易时对风险的理解；认为男性在这方面比女性更胜一筹是毫无根据的。重要的是，金融领域迫切地需要更长期的战略性思考方式。而数据表明，女性在这方面更出类拔萃”。

作为男人的高德斯，并不害怕承认并指出男性与女性行为方式的差异。在他看来，差异并不意味着低人一等，它只是不同罢了，而且很有可能更好。在风云变幻的经济中，武断地认为一直沿用的方式就是最好的方式，显然并非成功的秘诀。男人们“每天二十四小时，一周七天”聚焦于眼前的事物很可能会让他们错失未来。

1990年，我开始教法律。当时大多数法律研究和教学机构中很少有女性教师。

这种现象的后果之一就是，即使我还只是个助理教授，我也被要求参加招聘委员会，而且几乎每年都是如此。那个委员会，与所有教师委员会一样，需要体现一定的多元化特征，而学校里女性教师的数量极为有限。法学院的教师招聘委员会每年会收到成百上千份简历，然后只邀请很少一部分应聘者前来试讲并面试。最后，委员会将反复斟酌讨论是否录用某位候选人。在职业生涯的早期，我是芝加哥大学法学院教师招聘委员会的一员。在某一次尤其激烈的教师录用讨论之后，我的一位同事对我说："每个人都想聘请他自己。"

他的意思是说，我们委员会中的每一个人都觉得自己问心无愧，完全胜任教师职位。于是，当我们看见某些候选人与自己有着相似的职业路径时，我们就会有意无意地认为他们也应该跟我们一样成为教师队伍中的一员。这些教师中，有人以顶尖的学习成绩取胜，有人曾主持各种法律评论，也有人曾在最高法院当过法律助理。毫无意外地，走传统路线的教师可能会将这些资历作为候选人必须满足的最低标准。也有些教师走的并非寻常路线，比如我。我的成绩有低有高，算不上顶尖，没有法律助理经历，也没有主持过相关的法律评论，只有另一个专业的博士学位和表现突出的学术研究能力。因此，我总是更关注候选人是否具有创造性思考的能力以及非同寻常的职业经历。

这样的雇佣模式并不只存在于法学院，它有助于我们理解广义职场中僵化的工作模式：白人男性废寝忘食，终日工作，牺牲所有与所爱之人相处的时间，最后终于成功晋升最高管理层。他们难以避免地认为那些与他们行为方式相近的下属是职场晋升的最佳人选。因此，他们即使不完全否定缩短工作时间、采用与众不同的工作方式、暂停工作、短暂休息等职场工作模式的种种好处，也对此深深怀疑。

琼·威廉姆斯直接而尖锐地表达了类似的观点："如果在你的生活中，假期只是一件不起眼的小事，你错过了你最喜欢的叔叔的葬礼，你错过了你孩子最美好的童年，你需要长时间工作、加班来彰显你作为男人的英雄主义，那将会需要很多个回归分析才能让你相信真的没有必要让工作吞噬自己。"

我不知道是否有必要盯着那些最终爬上金字塔尖的众多男人以及比男人少得多

的女人不放，一而再、再而三地提及他们错过的美好。我们应该承认他们做出的牺牲，因为他们不惜成为时间和文化规范的囚徒。当然，我们也应该唤醒他们，为孩子们创造一个完全不同的未来。我们也应该理解，对大多数男人来说，努力工作是在履行家庭责任。他们深知责任重大，不遗余力地以自己的方式来做个负责任的好男人。随着女权运动的不断发展，女性积极争取外出工作、获得收入的权利。她们把获取收入的工作视为自我价值的基础，难免奉若神明，痴迷不已。

现在，一切都取决于你我，我们所有人，无论男女，再次将男女平等的事业奋力向前推进一大步。我们将从改变我们的思维方式开始。

UNFINISHED
BUSINESS

第二部分

摒除成见，通权达变

第二部分
摒除成见，通权达变

我的朋友萨拉和艾米丽都是精神科医生。她们七年前结婚，现在有一对四岁大的双胞胎。她们喜欢当母亲，但她们也非常热爱自己的工作，有着让人羡慕的职业前景。虽然她们花钱请了保姆来帮忙，一对双胞胎仍然让她们忙得团团转。她们两人，或至少其中一人，需要更灵活地安排工作，甚至兼职工作，才能抽出时间来照顾孩子们，尤其当孩子生病时、学校放假时、下雪时，或者其中某个孩子或她们的保姆出现大大小小的紧急状况时。她们应该如何划分照顾孩子和挣钱养家的责任呢？谁应该放慢生活节奏，缩短工作时间，花更多时间待在家里？她们两人都应该重新安排自己的行医方式，或者换份时间安排更自由的工作？或者她们其中一人应该停止工作，全职承担照顾孩子的责任，而另一个全职工作承担起挣钱养家的责任？她们应该用什么标准来做出决策？谁挣得更多，还是谁更爱工作？或者谁有更好的职业晋升前景？或者谁更适应弹性工作制度、慢节奏的职场发展道路？又或者谁的职场环境更灵活自由、更有利于照顾孩子？

萨拉和艾米丽最后决定，她们两人都继续工作，但是萨拉年纪大，薪酬更丰厚，继续全职工作，而艾米丽减少工作时间，每周仅工作三天。类似她们这种情况的并不少见。处于同性婚姻中的男性朋友告诉我，他们也有类似的问题，必须解决各自扮演何种家庭角色的问题，因为没有默认规则可供参考。在现实生活中，无论我们多么想努力超越对性别的刻板印象，但这种刻板印象依然顽固，并为人们提供了默认规则或模式。女性把自己定位为“天然”的照顾关爱者，男性也把自己定位为“天然”的挣钱养家者。然后，双方基于这种底线进行或直接或隐晦的谈判。然而由两个男人或两个女人组成的婚姻或家庭中，他们该如何为自己定位？毫无疑问，两人都是挣钱养家者，同时两人也是平等的潜在关爱者。

这是同性夫妻提供给其他人的一个独特视角。从这一视角出发，我们再也不能，即使在深层次的潜意识中也不能，假定夫妻中的一方更擅长抚养孩子、操持家务，而另一方在赚钱养家、职场晋升上表现更突出。他们的谈判，只是两个有不同才华、渴望与义务却同时爱着孩子、父母、其他亲人的平等主体之间的谈判，与性别毫不相干。

考虑到这种全新的可能与选择，异性夫妻开始像同性夫妻那样以性别中立的方式来看待和思考婚姻家庭关系中的分工问题。这也同时揭开了我们社会中另一个现实存在的裂痕：夫妻中待在家里的一方，被认为不如去办公室上班的那一方重要。而且，当我们把性别从等式中剔除之后，我们再也不可能坚持认为对照顾关爱者的歧视就是另一种对女性的歧视。事实真相是，我们通常会更重视把时间和精力投注在自己身上的人，而轻视把时间和精力投注在他人身上的人，无论他们是男是女，这一规律始终不变。

我在上一章中说过，善意的管理者想解决的“女性的问题”实际上是一个“关爱的问题”，即无法使肩负家庭责任的员工以更有弹性的时间安排来工作并仍然处于职业晋升轨道。然而，关爱的问题，或者更准确地说，轻视关爱的问题，是愿意提拔女性的公司面临的诸多挑战中最为重大而深刻的问题。

五十年前，中产阶级家庭中的女性待在家中，照顾家人。很明显，她们并不能与挣钱养家的丈夫平起平坐。为了使她们与男性取得平等地位，我们把女性从家庭中解放出来，成为家庭经济的贡献者，并在职场中为她们争取平等地位。然而，一路走来，我们把关爱抛在了身后，越来越不重视这项意义重大的人类事业。

随之而来的，是社会的种种病态：“妈咪战争”，扭曲的劳动力市场，众多陷入贫困的孩子，男性就业选择越来越狭窄，家中有配偶的男性经理人始终在职场占据优势地位，等等。

妇女运动对女性，同样也对男性提出了挑战，深刻地改变了我们的观念与想法。然而，我们脚下的路仅仅走了一半。接下来的这几章讨论的是还未走完的另一半路程，我们尚未完成的事业以及这一路上我们要面对和克服的知识与情感的巨大挑战。

UNFINISHED BUSINESS

第四章

竞争与关爱

今天，很多女权主义者将她们的注意力聚焦在某个问题上面。这问题既不是所谓的“玻璃屋顶”，也不是“粘胶地板”。“粘胶地板”，是20世纪90年代早期社会学家凯瑟琳·怀特·柏海德首创的，意指被困在低收入水平工作中、很少有职业发展希望的女性。女性在大多数产业与行业中都取得了重大突破，打破了公司等级制度；她们崛起于各种领域，大学、基金会以及其他机构的领导岗位都能看到她们的身影。那么，这个问题到底是什么？它就是“大停滞”。从20世纪90年代初期开始，女性领袖在所有机构中所占的比例几乎没有明显的增长。这一比例长期停滞在15%，在某些情况较乐观的行业里上升到20%，而在某些情况较糟糕的行业里则下滑至5%。这种停滞极大地刺激着众多女权主义学者和公众人物，让他们坐立难安。距第二波女权运动的浪潮席卷整个社会，时间已经过去了五十年。现在的女孩们从小就相信她们未来有无限的可能。她们怀揣各种高级证书，充满自信，从顶级学府蜂拥而出，踏入社会，成为劳动大军中的一员。然而，让人沮丧的是，尽管越来越多才华出众的女性踏入职场晋升之路，却很少有人能最终到达职业生涯的巅峰。

成年后，我也曾花相当多的时间来关注这个问题，而且实际上我写作《大西洋月刊》上那篇文章的目的仍是解决这个问题。也是从那个时候起，我开始发现我的研究方式——主要关注社会顶层的杰出女性——提供了严重扭曲的视角，尽管我希望女性跻身经济、政治和社会权力阶层的心情可以理解。这就好比，医生通过仅仅观察身体某一特定部位的症状来诊断疾病。

常见的模式

用更开阔的视野来看待女性在职场等级中的分布往往揭示出一种令人厌恶的对称关系。我们看到，顶层女性少得可怜。没错，的确如此。但我们也看到，底层女性实在太多了。下面这组统计数字，难免有些让人不快：在《财富》500强企业中，仅有不到15%的管理人员是女性，而从整个社会来看，最低工资岗位中，62%均由女性持有。因此，每三位成年女性中就有一位生活在贫困中或濒临贫困。对单身母亲来说，情况尤其惨淡。大约三分之二的单身母亲做着毫无前途的工作，领着微薄的工资，更别提弹性工作制和福利待遇了。

当我们以这种方式扩展问题的边界时，我们会发现，最近这些年来，致力于提升女性地位的措施（包括我自己的措施）实际上都是极其片面的。之所以有这么多女性居于美国社会底层，是因为她们不够努力，或者太追求完美，或者太缺乏自信？这种说法本身就站不住脚。上述那些原因也许的确能解释受过教育、有良好职业发展前景的女性为何后来停滞不前的现象，却很难用来解释为什么单身母亲始终被忽视和遗忘，最终跌入贫困的深渊。当然，顶层女性和底层女性有可能生活在完全不同的层次和环境中，使她们停滞不前或始终被困底层的原因也不尽相同。英国经济学家艾莉森·伍尔夫指出，历史上绝大多数时期，女性的命运基本相同。“不管是精英人士还是赤贫人士，不管是爱尔兰人还是印度人，婚姻和育儿是女性必然的愿望。无论你的婚姻美满或不幸，无论你是否生育儿女，作为一个女人，你的生活取决于上述这些现实。”她在《女性因素》一书中写道。她声称，女性的生活经历急剧分化，以至于“女性”这个词再也无法用来表达具有某种共同经历的类别。

我信任艾莉森·伍尔夫的数据。然而，当我看着顶层女人和底层女人之间的巨大差别时，貌似迥然不同的经历中的某种共性模型逐渐浮现出来。我们刚看到它的时候，就像看着一幅印象派画家的画作，只是一些五颜六色的小点，而当我们往后退几步时，突然我们就看懂了。从距离合适的有利位置看，那些小点组成了某种可辨认的画面，可能是一处风景、一个午餐会，或者一畦美丽的花。

模型的关键在于两个互补的人类追求：竞争，在一个人人逐利的世界追求自身利益的冲动；关爱，将他人放在第一位的冲动。这既是男性，同样也是女性的两大驱动力。人类学家、社会学家、心理学家，还有神经科学家，研究了我们大脑中不同的冲动以及这种冲动引起的行为如何使人类存活并不断进步。我们彼此竞争，千方百计努力赶超对方，从而促进了创新和变革；我们是社会性动物，需要关系和人际联结才能健康发展。人类学家萨拉·布拉弗·赫尔迪注意到，人类关心陌生人的能力是非常独特的。她认为“与语言和符号化的思考一样，这种同情能力是典型的人类特征”。确实，这种关爱能力是“让我们人类成其为人的东西”。

然后，试着想一下，让所有女性团结起来的原因是女性痛苦挣扎地想在奖励竞争、惩罚关爱的系统中把竞争和关爱两者结合起来吗？可是，如果竞争与关爱同样有价值，是必要的人类追求，那为什么系统要奖励其中之一，而又惩罚另一个呢？我们再也没有任何正当的理由来重视获取收入而轻视照顾关爱，正如我们不能认为白人优于黑人，异性恋优于同性恋，或者男人优于女人。竞争产生金钱与财富，但关爱产生人。

好好想一想吧。无数的女人曾经描述过这样的事实：她们刚离开有报酬的工作岗位，去照顾孩子或其他家庭成员，人们就对她们视而不见。社会学家帕梅拉·斯通引用一位五十二岁的前律师梅弗的话来印证以上观点：“那简直就像我突然之间就不存在了……你知道，半年前，我还在美国联邦检察官办公室做着炙手可热的工作，我的名字出现在《纽约时报》上……现在，我忽然什么都不是了。”

“什么都不是了。”换句话说，如果你所做的，不过是照顾他人——一项并不比赚钱更重要、更关乎人类生存的活动，你就不再是一个有价值的人了。这是对关爱者的贬低与歧视。而把顶层女性和底层女性的经历连接起来的共同之处正是这种贬低与歧视。如果一位事业前景光明的年轻女律师或女银行家，决定每天早早下班回家与孩子共同进餐，或兼职工作，或暂时停止工作一段时间全职照看孩子，她很快就会在竞争最高职位的博弈中被淘汰出局。如果她完全停止工作，她用来照顾家人的那段时间将会是未来求职简历上的一个污点；当她想重新进入职场时，她将很难掩盖或解释清楚这个漏洞。

现在，让我们来考虑一下底层女性的境况。她很有可能是一位单身母亲，别无选择的她必须独自挣钱养家并照顾家人。美国的单身母亲中有一半的人每年收入还不到25000美元。与其他高收入国家的单身父母相比，美国单身父母有着最高的贫困比例，最薄弱的收入支持系统。

这样的统计数字只是很抽象地概括了很多人的生活境况。让我们再说得明白具体点。拉尼·雪儿是宾夕法尼亚州南斯克兰顿的一位单身母亲。她挣着一份最低工资，抚养两个孩子。2013年的漫长冬天里，因为照顾小孩以及不幸在冰上摔了一跤，她一星期中有四天都没上班。“我的下一张工资单只有7.5个小时的工资，”她告诉斯克兰顿的《时代论坛报》，“我真不知道我该怎么把日子挨过去。”玛利亚是罗德岛普罗维登斯的一位单身母亲。她在一家工厂上班，每小时的薪酬是7.4美元。如果她因为儿子生病而错过了某次轮班，他们会让她之后两个星期都不用来上班；而他们最终让她来上班时，也会给她比以前更少的工作时间。她告诉城市研究所的研究人员：“甚至上厕所都不自由。你每天最多上两次厕所。他们会对你大吼大叫，‘你去哪儿了？’‘快动手干活！’——简直令人难以置信。而且你去上厕所时，他们会盯着你，跟着你去厕所，催促你：‘快点！快点！’‘你累了？你可不能在这儿累倒了！’”她仍被炒了鱿鱼。之后的九个月，她就在家照顾小孩。后来，她找到一份新工作，上司更友善，但她工资仍然很低，也很少能抽出时间来照顾孩子。

从社会的角度来说，我们珍视拉尼和玛利亚为挣钱养家辛勤付出。克林顿总统推行的福利制度整体改革设计就是让“抚养未成年儿童家庭援助”计划的受益人——绝大多数都是单身母亲——去工作，获取相应的回报和福利。

如果你和我一样认为工作是高尚、有价值的，你就会觉得这项改革很合理。但是，为什么我们不能认同照顾他人也是高尚、有价值的呢，况且这些“他人”还是我们国家未来的公民？克林顿总统原本的打算是，与这项新福利工作计划一起，出台一项针对儿童看护的投资计划。这样，女性就可以出去工作。然而，直到今天，我们仍然无法提供廉价日托、早教和课外活动服务来填补照顾孩子的空当；我们也没有提供带薪假期，可以让人们在孩子生病时照顾他们。于是，养育未成年儿童的母亲不得不以各种方式，东拼西凑整合出一张既不稳定也不可靠的照顾孩子的人员网络，而这又在很大程度上妨碍了她在工作中取得成绩并最终爬出贫困的泥潭。

对中产阶级家庭来说，努力挣扎着平衡照顾孩子和挣钱养家是每天必须面对的一种折磨，同时也常常是把他们逼向贫困和破产境地的一把达摩克利斯之剑。在《双薪陷阱》这本书中，伊丽莎白·沃伦和艾米丽娅·沃伦·提雅吉描述了离婚如何把一位有着大学文凭的人力资源专家盖尔·普理查德逼得破产的故事。普理查德单凭自己4.6万美元的年薪无法支付她那并不阔绰的房子的按揭款，而她前夫提供的抚养费也极其有限。普理查德的经历很普遍。的确，“母亲身份”已成为未婚中产女性是否会破产的最佳预测指标。这些母亲在孩子长大后仍在不断地付出代价。安妮·克里滕登注意到，因为无偿照顾孩子不计社会保险积分，无法进入社会安全网络的其他部分，所以，“母亲身份”是“老年贫困的最大风险因素”。

富有的女性，经济条件较好，可以暂时停止工作或者选择弹性工作时间，以履行照顾孩子的家庭责任。她们会放弃升职机会，甚至放弃从大学开始就为之奋斗不懈的远大抱负。贫穷的女性，既要挣钱养家，又要照顾孩子，很可能陷入贫困的悲惨境地，终日提心吊胆，发愁该如何养活一家子人。她们往往会放弃任何希望，不再想摆脱从小就笼罩其中的贫困阴影，也不想为她们的孩子创造更美好的生活。无论她们的生活经历有何种差别，她们都在为照顾所爱之人付出巨大的代价。

贬低关爱是问题的根源，也是导致美国社会诸多领域内出现的扭曲和歧视现象的深层次原因。当我们睁开双眼，改变视角，去关注竞争与关爱，而非女性与工作，我们能发现全新的解决方案与全新的力量联盟，从而打开通往进步与变革的大门。关爱是一面全新的政治旗帜，可以将所有女性都团结在一起。

姐妹们，重新团结起来

妇女运动初期，也就是20世纪70年代的“妇女解放”，是60年代至70年代更大规模社会革命的组成部分。妇女运动的旗帜是“解放”，将女性从限制其为既定角色的所有一切中解放出来，如刻板印象、偶像崇拜、性别主义、各种歧视、各种限制、条条框框、性骚扰、乳罩、紧身褡。年轻人想要从50年代的“因循主义”中解放出来，比如像《广告狂人》的主人公一样穿着灰色西装，有一个无可挑剔的妻子，整天喝着一杯又一杯马提尼。美国黑人想要从奴隶制度的制度化遗产中解放出来。而这些解放的共同主线就是为了争取平等、公平、和平以及最重要的正义——法律面前人人平等而进行的革命。

女性聚集在一起，仿佛亲姐妹一般。妇女运动最初关注的焦点之一是明确性骚扰的定义并将其非法化；使有关强奸的法律更加严厉；争取女性对自己身体的控制权。女性群体对外出工作是否可取存在意见分歧，但无论她们属于哪个种族、民族或等级，有着何种信仰，她们同仇敌忾，一致反对被视为“性工具”，也反对被当作“性工具”来对待。

成功将兔女郎的性感、新闻记者的悟性、非凡的领导天赋完美结合在一起的新女权运动领袖格洛里亚·斯泰纳姆，1976年初夏在瓦萨做了一场毕业演讲。那是一次用广阔视野来审视女性抗争目标的宣言。她把妇女运动作为“一座革命性的桥梁”，它可以连接“黑人女性和白人女性”，可以连接女性和“建筑工人以及郊区居民”，也可以连接“尼克松的沉默的大多数”和“令他们恐惧的年轻人”。“女性可以把所有这些社会群体连接起来，”她说，“因为所有女性都是姐妹，存在着很多共同难题，可以相互交流。”

斯泰纳姆的愿景仍然激励人心，她在那时就已经预料到了未来的方向。很多贫穷女性，还有有色人种女性，从来没有觉得自己也是妇女运动的一员。在斯泰纳姆演讲发布近十年之后，艾丽斯·沃克创造了“妇女主义”这个词汇。它涵盖的范围更广，既包括了女权主义，又更多地关注有色人种女性与被压迫族群女性的普遍经历。

四十年过去了，曾经亲密无间的姐妹情谊在岁月的洗礼中磨损严重。富裕阶层女性、中产阶级女性、工薪阶层女性、贫困阶层女性各自过着天差地别的生活。黑人女性、亚裔女性、同性恋女性、已婚女性、单身女性、民主党女性、共和党女性、职场女性、居家女性——所有人都有迥然相异的生活经历与体验。很多人参加了各种宣传组织或兴趣团体，但这些团体本身追求的却是完全不同的目标。尽管如此，与世界各国的女性一样，美国社会所有女性都曾经遭受对关爱家庭者的各种歧视。

富裕与贫穷

有人曾批评我，说我是一位拥有特权、富有的自由主义白人女性，完全无法想象美国绝大多数女性的生活体验。比如，女权主义学者凯瑟琳·罗登博格就曾断言，关于“平衡”的整个理念是专门为特权阶层准备的。“从私产女性到新女性，再到超级女性，”她写道，“终于可以开始谈论‘平衡’女性。”这是一种“排除或抹杀了大多数女性”的叙述方式。罗登博格认为我们太过强调幸福和正面效应，太少强调“平等权利、公平正义或者把女性解放视为女权主义的终极目标”。

普利策奖得主、女权主义经典《反挫：谁与女人为敌》《被欺骗的女人：美国男人的背叛》的作者苏珊·法鲁迪，认为像《向前一步》这样的书以及我发表在《大西洋月刊》上的文章都证明我们已经抛弃了女性解放的集体抗争，而聚焦于特权阶层的个人提升，我们实际上已经蜕变成腐朽制度的一部分。她写道：“四十多年前，‘穿出成功’与‘拥有一切’（顺便说一下，这两个词汇都不是真正的女权主义者创造的），被置于解放运动词典的神龛上，将改造人类社会这一真正的女权主义梦想排挤出局；四十年后，我们尝到了意志力不够坚定而以失败收场的苦果。我们已经将女权主义重新定义为女性被系统接纳的权利，希望女性像男性那样得到系统的接纳。”

我很同情这一观点：当代女权主义再也无法用其最初的目标——深化社会改革来团结女性了。我知道，也承认，我发表于《大西洋月刊》上的那篇文章，主要是针对相对富裕、受过良好教育的受众。然而，很多背景并不优越的女性写信告诉我，我的经历和看法也引起了她们的共鸣。

消防员塔尼亚·索科尔·哈灵顿就是一个例子。她抱怨说，因为拿不到大学学位，她就无法升职。“我有四个孩子，其中一个还患有疾病，而我丈夫有一份全职工作。我根本没有办法抽出时间来接受大学水平的教育。”她在信中写道，“我有高中文凭，也上过本地社区大学的消防课程。尽管我丈夫人很好，而残酷的现实就是，家庭的重担全都压在我一个人的肩膀上了。”

怎样把照顾家人与追求自己的目标结合在一起，是我和塔尼亚共同面对的问题。否定这种共同的生活经历就是否定低收入阶层女性追求自我目标的平等权利。我们在教育和职场生活领域都有我们各自的抱负，但是我们也想守护我们所爱之人。凯瑟琳·罗登博格和其他一些人并没有说错，突出强调或聚焦于工作与生活的平衡方式，主要引起了追求职业理想的女性的共鸣。“平衡”是一种奢侈品，而平等是一种必需品。

当我们不再讨论工作与生活的平衡，而开始讨论关爱他人遭到的歧视时，我们看到的世界就会大不相同。我们就会发现，休完产假回来上班、采用弹性工作制的母亲会被指派去负责无关紧要的客户，做一些无聊琐碎的工作；雇主不允许职场母亲（或职场父亲）请病假事假，也不向他们提供任何弹性工作制度，这两者之间是有关联的。以上两种情况中，都存在职场歧视。雇主往往偏爱将照顾孩子的责任外包给他人的员工，而且他们认为做好工作的同时又照顾好孩子完全不可能。但是，为什么不可能呢？至少我们可以请雇主们就这种假定为自己辩护一番。

类似地，我们在生活中常常会发现各种歧视性假设，几乎无所不在。比如，一位母亲放下工作，利用几年时间用心照顾孩子。几年后，当这位母亲想重新进入职场时，“这几年”时间就成了她简历上赫然在列的巨大缺口，让人不甚满意。又如，在我们国家的国内生产总值中，全国女性在家庭中完成的数以万亿小时计的照顾家人、料理家务却没有酬劳的工作从未被计算在内。在这两种情况中，我们先入为主地认为关爱工作完全无足轻重，尽管这对老人、病人的尊严和福利至关重要，尽管这对孩子大脑发育、青少年的健康成长不可或缺。我们也没有认识到，关爱对关爱者本身也有益处，因为关爱行为对关爱者的本人来说无疑是无比宝贵而令人欣喜的体验。

对低收入阶层来说，“母亲的经济惩罚”往往更加可怕。1985年，经济学家南希·弗布雷将其概括为“为人母而贫困化”。三十年后，享有盛名的拉舍尔·赛奇基金会2012年发布的有关美国看护服务与政策的报告中，弗布雷与其他撰稿者讨论了有关看护服务政府补贴的相对稀缺给低收入家庭带来的种种影响。

低收入家庭往往比高收入家庭有更多孩子。这意味着，一方面，他们对看护服务需求更大，同时也更需要工作收入。另一方面，他们的“收入水平更低，储蓄也极有限”。当家中有老人或病人急需特殊看护服务时，他们的生活就变得更加艰难。而且，那些母亲，无论在职场等级中处于上层还是下层，都面临薪酬大幅度缩水的困境，这让家底本来就薄弱的家庭雪上加霜，情况愈加严酷。

在我们全新的词汇中，“母亲的惩罚”是一个最好的例子，它折射出对关爱的歧视，是对所有女性的偏见，无论她们或高或低的收入水平。对贫穷女性来说，后果更为严重，但是社会顶层女性与社会底层女性一样，因为“为人母而贫困化”，只是程度不同罢了。如果我们真正珍视关爱——我们就会竭尽全力去接纳和支持它；在判断员工绩效时，我们也会根据工作成效而非我们关注的假定来作为评判的标准。

中产困境

美国中产阶级女性的生活越来越多地受到竞争与关爱之间拉锯战的影响，但是影响方式却是截然不同的两种逻辑。一方挣钱养家、一方照顾家庭的固有模式被双方都挣钱养家的模式取代，使得这些家庭缺乏韧性，更加脆弱。沃伦和提雅吉记录了“双薪陷阱”对美国中产阶级家庭的破坏。在过去的四十年间，中产阶级家庭中的母亲也开始进入劳动力市场，使这些家庭丧失了自我保护的安全网。每户家庭只有一人出去挣钱养家的传统安全网能保障家庭顺利度过经济困境。“全职在家的母亲是应对失业和残疾的最终家庭保障”，因为如果父亲失业了，母亲还可以出去工作，整个家庭的生活还可以勉强维持。但是如果父母双方都出去工作，双份收入才能满足家庭的需要，那么母亲在不得已的情况下出去工作这张安全网便不复存在了。

沃伦和提雅吉的观点并不是要母亲回归家庭，因为这些已经在工作的母亲所在的家庭只有靠双份收入才能勉强维持生活。她们的研究是为了揭示全职在家的母亲或父亲，作为家庭最终保障和提供必要支持的关爱者，向社会提供了数量可观的经济价值；某个家庭成员病倒，或需要有人将老人送往医院，或家庭经济出现困难，需要有人能帮着补贴家用，平衡收支时，他们就可以填补空缺，履行责任。从社会层面来说，重视挣钱养家而贬低关爱，已经使我们对这些价值熟视无睹，因为我们忽视了再多的金钱也无法取代关爱这一事实。

父母双全的中产阶级家庭中，如果只靠一份收入维持家庭开支，那么这份收入仍然更有可能来自父亲而非母亲。我请求皮尤研究中心给出具体的数据。高级研究人员理查德·弗莱发现，在那些夫妻双方仅有一方工作的中等收入家庭中，七成挣钱养家者都是男性。但是，随着传统上由女性主导的部门不断扩张，而传统上由男性主导的部门正在萎缩，这些数据正在逐渐发现变化。

全国各地某些社区中，男性的制造业岗位已经消失，保留下来的体面工作主要就是在教育和医疗领域。这些领域的工作都是关爱工作——都与养育和支持年轻人、病人、老人有关。这些工作传统上比经济体中的竞争性部门更不受重视，薪酬也要低得多；实际上，大多数学校、医院都是非营利机构，排除了竞争。这些工作都是女性的工作。

这种就业模式仍会继续下去。正如我在第二章中提到的，汉娜·罗辛的《男人的终结》、丽莎·芒迪的《更富有的性别》等书籍记录了从工业经济转向服务经济与信息经济的经济转型，使传统的“女性技能”更具优势，比如社交能力、开放式交流能力，甚至安静坐着的能力。罗辛研究了在未来十年将创造更多就业岗位的三十个行业，发现“女性主导了其中二十个行业，包括护理、会计、家庭医疗援助、儿童看护、食品烹饪等”。

几年前，我曾亲身经历过这样的现象。当时，安迪忽然在伦敦病倒了，住进了位于伦敦市中心的一家医院。当他被推进病房时，我看了一眼护理人员列表，心里琢磨着：这完全就是公司职员表的相反版本。在二十五名护士当中，除了仅有的四名男性，其他都是清一色的女性（看上去没有人是英国出生的）。我最近观察美国医疗系统时，也发现了类似的情况。美国护士中，男性比例仅为9%，那意味着美国仅有33万男护士，而有320万女护士。然而，我们仍然长期处于护士人手短缺的状态。

这些统计数字就目前美国社会的种种变化一目了然地呈现出来：出于经济需要，中产阶级夫妻双双出去工作挣钱养家。女性摆脱了照顾家庭的主流角色，成为家庭收入重要来源之一，重塑了中产阶级家庭经济结构；男性正在失去工作，无法承担挣钱养家的角色，又未做好充分准备或者不情愿或没有能力承担经济体中关爱部门的工作。重视关爱并为之付费，会使关爱工作对男性更有吸引力，也有助于支撑整个中产阶级。

不同肤色女性

当我们关注竞争的同时，以同等注意力聚焦关爱，白人女性，尤其是上层社会的白人女性，会听到很多不同肤色女性发出的不同声音。对于一代又一代的非洲裔美国女性，照顾他人与挣钱养家完全就是同一件事。她们照顾他人的家庭来谋生，养活或帮着养活自己的家庭。正如洛内·奥尼尔·帕克所写的那样，“从来没有全国性的运动，努力试图把黑人女性留在家中，充满爱心地照顾她们自己的孩子。她们总是在工作，而且她们的工作总是与照顾他人密切相关。”

任何一个美国黑人思想家或作家都不可能为全体美国黑人女性代言。但是，塔伊基·史密斯，一位作家，也是一位网络新闻制作人，对女权运动提出了强烈批评，进一步强调了艾莉森·伍尔夫的观点，即精英女性的女权运动深化了女性整体的“性别隔离”。

> 我意识到白人女性的女权运动完全不符合我的需要，因为我只是一名从事家务劳动的单身黑人女仆的女儿，于是我宣布自己是一名妇女主义者。我觉得，纵观历史，白人女性努力试图把自己从家务劳动和照顾孩子中解放出来，而黑人女性却只能整日忙于清理厨房、照顾孩子。我意识到女权主义在很大程度上解放了白人女性，而牺牲了黑人女性的经济和社会利益，于是我知道，我基本上很难把自己称为“女权主义者”。

从这个视角来看，能够待在家里抚养自己的孩子也是一种解放。很多美国黑人女权主义者的写作都以强烈炽热的情感积极肯定“为人母”这件事。她们将“为人母”描述成力量的来源而不是惩罚，以此反击消极刻板印象。黑人女作家，比如格温多林·布鲁克斯、玛丽塔·戈尔登、艾丽斯·沃克等，所有人都描述道，孩子“让母亲与她身体里某种内在力量联结在一起，那是一种渴望表达、渴望被倾听、渴望大声说出心中感受的力量”。

沃克用她强劲有力、富于韵律的诗句印证了以上观点：

> 我的孩子不会对我说：我的女人味，必须得到白人女性的确认。
>
> 我的孩子不会对我说：我的基本权利，无须得到黑人男性的尊重。
>
> 我的孩子不会把我的脸清除出“他”和“她”的历史，而使“我”的历史成了一团迷雾。我的孩子爱我的脸。如果可以，她希望每一页历史都呈现我的脸，就像我曾经那么热爱我父母的脸……
>
> 我们在一起，我的孩子和我。母亲和孩子，还有真正的姐妹，永远不会否认真实的我们。

在这里，关爱是一种力量，也是成长与幸福的源泉，对于关爱者与被关爱者都是如此。孩子赋予父母尊严与寄托，父母给予孩子美好未来的希望。

我当然不能为黑人女性代言，我能做的只是倾听她们的心声。她们很多来自比盎格鲁-撒克逊清教徒文化更强调家庭纽带的文化。随着美国越来越拉美化，作为拉美文化重要组成部分的大家庭式关爱网络也会成为美国文化越来越明显的特征。美国黑人文化长期以来比白人文化更强调关爱包括核心家庭成员在内的所有亲人。

从关爱的角度出发，黑人妇女从事的传统工作将越发凸显其价值，从而为全新对话打开大门。当然，这些对话并没有统一标准。但是，它们至少能帮助我们避免把美国富裕白人女性的经历和体验片面地作为女权主义的标尺。

关爱：家庭之外

单身人士也需要生活平衡。《单身女性：拥有自己的生活》一书的作者凯特·伯里克，在《大西洋月刊》的网页上写道：如果你有一份工作，无论你婚姻状况如何，是否有孩子，“你很可能很晚才回家，不经常锻炼身体，在乏善可陈的午餐里浪费了太多钱财，并在每一个冗长烦闷、言之无物的会议中慢慢死去。”我以前的一个学生，现在仍然单身，在美国国务院驻外机关公务局工作。他注意到，他的已婚同事们往往不惜一切手段避免被指派到艰苦、危险或独自一人的岗位上。“诚然，单身者没有家庭的拖累，但是这并不代表被派去这些岗位的单身者做出的牺牲更少，也不能说明单身者喜欢被派去这些岗位。”他写道。

单身者与关爱的关系可以有多个维度。第一个维度是，在有关“工作与家庭”的辩论中，很多单身者或无子女夫妇会感觉自己被忽视了。这种遗漏常常被理解为隐晦的设定：关爱只是父母们的事情。我们爱并关心生活中有着各种身份、形形色色的人，也爱并关心核心家庭甚至大家庭中的各位家庭成员。举个例子，在关爱的标尺上，花点时间陪伴战胜癌症而幸存下来或即将被癌症剥夺生命的朋友，并不比观看孩子的足球比赛更次要，甚至反而更重要。第二个维度就是人们常常假定，没有孩子的人就没有理由要求回家。然而，即使在纯粹信奉竞争的职场人士看来，如果能回家休息，重获充沛精力，那他们在职场上的表现也会优异得多。而且，关爱是多方面的。关爱你所在社区的人们，服务于教堂、寺庙、清真寺、基督教青年会、当地的食物银行、少年棒球联合会、兄姐会，以及其他组织，这些都是家庭以外的关爱领域，虽然不同于家庭责任，却是同样重要而不可或缺的关爱层次。

第三个也是最后一个维度，也许也是最不被人理解的一个维度——关爱自我。“千禧一代”往往在结婚生子之前就开始强调“想要自己的生活”。他们非常聪明，懂得关爱自己：坚持有规律地锻炼，强健自己的身体；在工作之外，参加各种活动，关爱自己的头脑和心灵，使其得以拓展并持续升华发展。这些对他们的终身健康与幸福无疑都至关重要。也许，他们是被迫的，因为从经济大萧条以来，他们的工作选择极为有限，但他们似乎心甘情愿做着非做不可的事情，甚至有些乐在其中。他们更明智地将资源投资于自我，而更年长一些的同事往往成了自己办公室的“囚徒”，画地为牢，机械而麻木地回应着属于20世纪业已过时、效率低下的职场指令。

有偿关爱

想要以最便利的方式了解我们对关爱价值的低估，我们不妨看看人们愿意为关爱付出多么低廉的代价。关爱者是美国劳动者中收入最微薄的群体，而且，“低收入的美国黑人女性与移民女性以极大比例占据了大多数收入较低的关爱岗位”。女性、有色人种、关爱工作，几乎成了低收入工作的三个代名词。

华裔美国人蒲艾真是一位非同寻常的女性。她勇敢地发起了一场重要的运动，致力于改善护工的收入与生活状况。在约二十年间，她把移民女工组织起来，为她们自己的合法权利做抗争。她的努力使纽约议会通过了《家政从业人员权利法案》。这项法案使保姆和管家们获得了要求加班费、每工作七天休息一天、每年享受三天带薪休假等权利，并明确规定她们的权益受纽约州相关人权法律的保护。在记录这场运动的《尊严的时代》一书中，她描述了“一种超越种族、阶层、性别和年龄的必胜联盟，包括工会会员、农场工人、种族正义团体、移民团体、女性团体、信仰团体、学生、名人”。她还提到，由于“婴儿潮”这一代人逐渐进入老年，美国社会也逐渐进入“老人潮”时代。在这种背景下，女护工们所做的工作显得越来越重要。她指出，她们提供的家庭看护服务的对象往往就是雇主本人，或者雇主的父母、孩子。因此，在关爱工作中，雇主不应该成为她们的敌人。

我在这里想表达的观点是，关爱有经济、社会、人性等多个维度，它贯穿全社会每个人的生活，传统的经济、社会与政治的划分已无法描述其全貌。在《凡人肉身》一书中，外科医生、作家阿图·葛文德记述了他与自己年迈多病的父亲之间的故事。他提醒说，即使现在我们不需要他人的照顾，以后我们也会无法避免地需要这种关爱与照顾。他说：“你不用去养老院养老的概率，与你有几个孩子直接相关。虽然现有研究仍然有限，但很明显，至少有一个女儿将在很大程度上决定了你能得到多少帮助。”也就是说，当我们到了年迈体弱的年纪，保证我们的孩子或其他年轻亲属有能力帮助照顾我们，与我们每一个人都利害攸关。珍视关爱实际上完全符合我们自身的利益。

关爱的联盟

关爱是一股至关重要的力量，它有助于重筑早期女权运动的姐妹情谊，并将其拓展开去，塑造成更广阔的人类联盟。关爱能把所有女性团结起来，无论收入高低，无论种族民族；它也能团结异性恋与同性恋者，年长一代与年青一代；它能为单身者与已婚者提供生活质量的标尺。

珍视关爱同样也为全新的国家政策与职场制度提供了指南针，指明了方向。问问雇主们、政治家们以及普通公民们，到底为什么相互竞争比相互关爱更重要、更有价值。这迫使我们严肃看待并仔细审视我们始终停留在口头却从未付诸行动的愿望，以及那些我们始终先入为主地假定却从未真正承认的所谓“真理”。

UNFINISHED
BUSINESS

第五章

管理金钱比
照顾孩子更难吗

在写作本书过程中，我给普林斯顿大学即将毕业的大四学生们做过一场名为“享受生活”的演讲。在演讲中，我教导他们在未来的人生道路上要平等地重视挣钱养家与关爱家庭这两个方面。我曾要求一部分学生志愿者仔细调查听完演讲的男生有怎样的反应。其中有一位经济学专业的男生很详细地向我们描述了自己的看法。在他看来，问题关键在于“人们已经将市场对挣钱养家者与关爱家庭者的判断充分内化”。挣钱养家者的表现是用金钱这一常用指标来衡量的，因此，评价挣钱养家者的贡献要容易得多。而且，考虑到供求关系的规律，市场上能干的挣钱养家者的供给，比能干的关爱家庭者的供给，要相对有限得多。这意味着，从社会整体来看，关爱家庭者的价值比挣钱养家者的价值更低一些。为了充分说明这一观点，他设计了一个思维实验。

> 假设清洁工和计算机科学家对社会的价值是相等的。为了维持社会的正常运转，很明显，我们既需要计算机科学家，也需要清洁工。然而，清洁工不可能像计算机科学家那样受人尊敬，也不可能有较高的社会地位，因为很多人可以做清洁工工作（正如很多人都可以做照顾他人的工作），但是很少有人能成为优秀的计算机科学家（正如相对较少的人可以成功胜任挣钱养家的工作）。因此，尽管我们可以完全合理地主张，挣钱养家者

与关爱家庭者理论上应有同等的价值，受到同等的重视，但是，正如很难实现清洁工与计算机科学家之间的平等，我们也很难实现挣钱养家者与关爱家庭者之间的平等。

对他的坦诚，我很感激。他愿意将人们对关爱他人的深层假设公开搬上台面：关爱他人的工作很多人都能做，即使没有经过严格训练也能做。尽管他并没有说得如此露骨，但对他来说，关爱他人的工作与清洁工的工作基本类似。清洁工清扫地板，关爱者给孩子们、老人洗澡。或者，又比如说，软件开发工程师或者财务经理从事重要的工作，这些工作都要求从业者经过高水平的培训。

但是，管理金钱真的比照顾孩子更困难吗？这一章里，我们将正面挑战这一假定。我们并不会低估管理财富的价值与难度，但我们要重新认识和评价关爱及关爱技能的价值与重要程度。从经济学来说，关爱是对人力资本的投资，而人力资本是我们整个社会最宝贵的财富。

尽管其意义显而易见，但还是让我们先来厘清"挣钱养家"与"关爱家人"的确切含义。当一个社会已经发展到比物物交换更高级的交换系统时，成年人必须赚取收入来支付房租或按揭，购买食物、衣物和家具，支付交通费、暖气费、电费、医疗费用、电话费用，等等。这就是所谓的"挣钱养家"。一对夫妇中的一方或双方也应该把收入转化成生存与发展所必需的商品与服务。购物、烹饪、清理、洗衣、开车、修理、整理以及外包，这些就是关爱的物质维度，用维护一处房产或财产的方式来照顾另一个人。

"关爱"——这个我们常常用来意指照顾他人的词汇，除物质维度以外，当然也包括情感因素，比如爱和教养。实际上它的功能是把收入转化为人际联结的生命力源泉。

如果我们从更广义的角度来理解"关爱"，它还应该包括教导、约束（面对痛苦、威胁和厄运时仍能守住底线）、训练、鼓励、解决问题、性格培养、树立榜样等。通常说来，关爱与信赖有关，当你的孩子、父母或配偶需要你时，你总能及时出现；关爱也与支持相关，聚焦他人的需要，想方设法满足这些需要，无论是找一只丢失的袜子、一本丢失的书、一部丢失的手机或者提供一只专心倾听的耳朵。

无论我们做什么，关爱都是竞争的补充。好的关爱者，包括经理人与领袖，当然知道如何使用竞争来激励成功；而好的竞争者也同样懂得关爱的价值。

关爱之给予

在安妮·克里滕登的书《为人母的代价》中，她记述了她前往一个家庭观察家庭关爱者的故事——母亲让一群孩子，小的才十八个月，大的五岁——吃午饭的经历。

> 当四岁大的孩子打翻了一杯牛奶，她镇定地说："哇哦，我们的塑料桌布终于派上用场了。"她取来一块抹布，擦干了大部分的牛奶，然后把抹布留给那个孩子，让他完成剩下的清理工作。没过一分钟，原本有些沮丧的孩子重新变得开心起来，很快忘记了刚才"事故"引起的不快。在这件小事中，她营造一个友好对待孩子、防止发生事故的环境，以"每个人都会犯错"这样的宽容心态来接受幼小孩子们的天然笨拙，避免责备孩子，高效乐观地解决问题；而且，孩子应该假定自己就是解决方案的一部分，大人们都期望他们自己清理乱糟糟的房间，并认定他们有能力胜任这项任务。

哇哦，太棒了。我从来没能在孩子弄撒什么东西的时候向他们传递过这么丰富的信息。说实在的，我甚至有些害怕回忆以前。当孩子们都还很小，不满五岁，每天早上，我们不仅要把他们送去日托，同时安迪和我还要阅读电子邮件、备课或赶稿，想尽办法早点出门。我的一位同事曾这样描述那些忙碌不堪的早晨，"问题不在于是否会有大喊大叫，而在于什么时候开始大喊大叫"。但是，即使有更多的时间，生活压力也相对较小，我觉得我也不会通过处理弄撒牛奶这样不起眼的小事，向孩子传达如此重要的生活道理。如果没有大量的时间和阅读，这是完全不可能做到的。

也许，我们可以把“关爱”视为比“清洁”高出几个档次的人类活动。根据明尼苏达大学特聘教授梅根·贡纳在发展心理学和精神科学的交叉学科中取得的研究成果，她认为，优秀的幼儿关爱者必须有物理学家的分析技能，危机管理者的适应能力，心理学家的情感洞察力，《危险边缘》（哥伦比亚广播公司益智问答游戏节目）冠军那样广博的综合知识储备。她说，照顾年幼的孩子，“需要一种分析能力，分析当时发生了什么，并思考所发生的事情会让孩子学到怎样的理念。我能在此教给他什么样的物理概念？这种情况下适合教他哪个数学概念？我可以采用什么样的语言艺术来表达？在很短的时间内动态地回答这些问题，的确需要分析技巧、执行能力、分类排序能力以及大量的信息。”

这种类型的关爱有何意义？我们现在有很多神经科学的证据来支持这样一个结论：孩子从出生到五岁接受何种关爱有可能决定孩子未来发展的成败。多年前，美国科学院出版了一本书《从神经元到社区：幼儿早期发展的科学》。这本书开篇就提出了一个简单的命题：“从受孕之时到第一天上幼儿园这一阶段，幼儿发展的速度远远超出以后任何一个时期。”而且，“这种发展是由生物机理与生活经验之间持续动态互动而塑造出来的。”

最近，有学者记录了北卡罗来纳州始于20世纪70年代的一场社会实验的最终结果。他们比较了两组贫困儿童：一组儿童接受了高质量、充满激励的关爱，而且从出生第一天开始一直到五岁，每天八小时都保证充足的营养；另一组是控制组，没有任何外界干预。四十年后，接受了高质量关爱的那组儿童考上大学的比例比控制组儿童高出四倍多，他们的身体比控制组儿童也更强健。想想这场实验能给我们怎样的启迪与提示。它意味着，在孩子们人生的最初五年，贫困儿童与富裕儿童就已经拉开了差距，决定了他们成年后成就的天差地别。这也意味着，如果我们愿意，我们也可以拉平这种差距。

如果整个社会都重视人力资本，那么我们就应该重视与关爱和教育幼儿（从出生到八岁）相关的一系列工作——像重视财富管理者或计算机科学家那样重视这些工作。我们应当寻找智力超群、富有创造性、受过良好教育、经验丰富的人来担当孩子的关爱者。他们应该通过关爱促进孩子神经系统的发育，在孩子们身上培养纪律性、人格魅力、独立性、好奇心、创造力。这些优秀的品质将决定孩子未来生活的种种可能。实际上，这些关爱者培育了下一代公民，保障他们有平等的机会充分发挥个人潜能，也确保我们整个国家人才济济、创新迭出，始终立于不败之地。

当我回忆童年，我总是想起父母或祖父母带我去图书馆、博物馆、历史遗迹等；他们读故事给我听；到了自己能独立阅读时，我就常常问他们各种问题，他们总是十分耐心地回答。我那来自比利时的祖父，在书桌上摆满了他收集的小东西，每件小东西都有自己的故事和来历。而这些故事总能打开一扇门，让我学习一段历史或思考人性。让我印象尤其深刻的是，一个小画框里放着的一幅图片。这幅图片分成三幕，画的是两只用绳子绑在一起的驴子。

在第一幕中，两头驴子旁边分别有一堆干草，它们各自往相反的方向拉拽。每只驴子都想竭尽全力吃到离自己距离较近的那堆草。第二幕与第三幕中，它们互相合作先一起吃完一堆草，然后再一起吃完另一堆草。这幅图片的标题是“合作”。后来很多年里，我一直在研究国家间的冲突与合作，经常回想起这幅图片，也会想起我与祖父之间展开的对话。

在生命的另一端，受过良好教育的关爱者能延长老人的寿命，改善这些即将从生活舞台中谢幕的老人的生活质量。阿图·葛文德的《凡人肉身》一书所要传达的核心信息就是，用我们对待幼儿的方式对待老人，更多关注他们的安全而不是他们的自主行为。想象一下，在人生的尽头，在你即将告别人世之时，你却被剥夺了独立行动的权利，这多么令人难以接受——你被迫回到一个完全没有自主权的世界。你的用餐时间、睡觉时间、活动时间都完全由他人决定。照顾老人的优秀护工，应该接受专门培训，懂得生理学和心理学中关于衰老的知识，帮助老人们更有尊严、也更幸福地度过人生最后一段旅程，就像照顾幼儿的优秀关爱者帮助孩子们更健康、也更幸福地度过人生最开始的一段旅程，为未来人生的种种可能打下坚实的基础。

凯伦·布朗·威尔逊是“辅助生活”理念的创始人之一。她指出，支持人们做他们想做的事，从自己穿衣服到自己吃饭，再到自己阅读，比为他穿衣服、喂他们吃饭、读书给他们听，要困难得多——每一个幼儿的父母都明白这一点！也许，任何人都能做照顾他人的体力活，但是，事实上，给予关爱、使受照顾的人从中受益，帮助他们在特定的人生阶段最大限度地利用自己的能力，需要丰富的知识和经验。

关爱之收获

从常识来看，人们往往认为关爱照顾意味着给予，是一种有关他人的活动，而竞争意味着获胜，是一种自我提升。然而，这种看法未免失之狭隘了。实际上，关爱意味着在与他人的联结中探索自我、丰富自我、完满自我，而不是一味与他们竞争。关爱，与竞争一样，也能给个人带来回报，只不过这种回报有些与众不同。当你给予关爱，你也会得到很多，并从中受益匪浅。

在华盛顿工作的记者艾莉森·斯蒂文斯，对贝蒂·弗里丹将抚育孩子的经历描述成“倦怠、拖地、刷牙之间的无休止循环”发表了自己的评论。从斯蒂文斯本人的体验来看，为人母的确意味艰辛和烦恼，“但是，那也意味着欢笑、阳光、秋千与奇迹——一些人生中最珍贵的东西”。所谓的“奇迹”，正如艾莉森·高普尼克在《哲学宝贝》一书中说的，是孩子“探索现实世界和其他一切可能世界的能力”。我们通常把这种特征与天才联系在一起。

尽管经历了为人母可能经历的所有挫折与沮丧：每天早晨费尽九牛二虎之力，把两个大男孩从床上拽起来，耳提面命提醒他们吃点像样的午饭，劝他们做事多用点脑子，而在眼看着大儿子离开家去上大学时，我不禁哽咽了。他曾说服我去厨房给他做一份奶昔，而后溜出家门，在外面玩到很晚；他曾不顾家规，执意在房间进食；他曾言之无物，胡说一通，而后又突然迸出几句可人的话来——这些都是值得珍惜的回忆，而我知道这一切永远不会再发生了。每天晚上，听着小儿子与丈夫一边练习钢琴，一边争吵不休，不免让我感到疲惫。但是，突然之间，这首曲子被完美地演绎出来，毫无瑕疵，如此曼妙。我不禁惊讶地发现，除了小儿子，这个家里谁也不能演奏出如此美妙的音乐来。

星期天的晚餐是另一个微小却让人愉悦的节目。过去几年来，因为我总是在两地间往返通勤，而且我在家的时候孩子们又常常不在，一星期下来，我们都没办法经常聚在一起吃个饭。但是，我总会抽出时间来，在星期天晚上做一桌美味的晚餐，而孩子们也知道那天晚上不应该安排别的活动。我绝称不上家务女神，相反地，在成长过程中，我固执地拒绝学习烹饪、缝纫或熨烫衣物。然而，做出一顿美味佳肴，或者组织一次度假，或者举办一次大家庭聚会，往往能给我灵魂深处的某些东西带来一种满足感。

同样弥足珍贵的是，作为父母，你可以放松自己，暂时抛弃成人世界的种种禁忌，回归童真。我记得，几年前，全家人一起吃饭。安迪站起来去冰箱里拿什么东西。他打开冰箱门，然后又迅速地合上了，故意夸张地做出一副目瞪口呆的惊讶表情。当时孩子们大概只有四岁、六岁。安迪把脸转向孩子们，并用令人发笑的戏剧性声音说：“里面有只老虎！”这鬼把戏逗得那哥俩哈哈大笑。你能相信，这就是我那平时超级理性的教授丈夫吗？他这般装疯卖傻的可爱模样，估计世界上大多数人都无缘见识了。

詹妮弗·西尼尔把这道理表达得最到位：与孩子们一起疯的乐趣，让我们从日常礼仪的束缚中暂时解放出来，暂时搁置成人世界的种种禁忌，暂时隐藏心中那个自觉遵守规则的自我。在那些美妙的瞬间，我们就是内心深处神采飞扬、肆无忌惮的“本我”。这些愚蠢至极的瞬间却令人心满意足，除此之外，我们还能得到更多深层次的好处。沃顿商学院教授、社会学家亚当·格兰特，通过大量心理学实证研究试图解开领导力的谜团。在他的书《给予与索取》中，他在开头就提出问题：哪一类人最有可能处于职场等级中的底层，“给予者”“索取者”还是“匹配者”？几乎每一个被问及此问题的人都回答说“给予者”。让人伤心的是，他们的答案是正确的。

格兰特于是继续问道：哪种个性特征的人最有可能位于公司等级中的顶层？在思考几秒后，大多数人回答说“索取者”，也有少数人回答“匹配者”。他们的答案是错误的，正确答案还是“给予者”。

“给予者”们，不仅在教育等把为他人服务作为核心使命的领域取得了巨大的成功，也在商业和政治等通常被认为冷酷无情的领域取得了成功。这是因为，作为“给予者”，并不代表你一定是个逆来顺受、忍气吞声的受气包，也不意味着你一定很和蔼可亲。它只是说明你能不停地做事情，而不指望任何回报。

格兰特随后描述了亚伯拉罕·林肯的政治生涯是如何建立在给予的基础上的。当林肯首次在伊利诺伊州竞选美国议员时，他最终选择了退出，因为他想帮助莱曼·杜伦巴尔赢得竞选——因为林肯和杜伦巴尔共同致力于废除农奴制，而且这个目标对林肯来说比当上参议员重要得多。尽管杜伦巴尔最后竞选失败了，但林肯的行为赢得了对方的善意和信任，也帮助他自己建立了良好的声誉，并最终引领他成功地入主白宫。

值得注意的是，林肯支持他人的行为并未立即获得回报。他长期的行为使他赢得了他人的信任与拥戴，形成巨大的支持网络，最终为他走向白宫扫清了障碍。职场父母们尤其可以借鉴林肯的做法，有意识地成为办公室里的“给予者”。从长远来看，这对他们非常有好处，因为他们总有些时候需要从工作中暂时抽身出来照顾家庭。我们必须改变观念，不再把给予、关爱的个性看成通往领导岗位的绊脚石，而应把它看作一种真正向前迈进的全新进取之举。

关爱之成长

安迪的家庭可谓学者世家。他的父亲、姑姑、叔叔都是教授，他的祖父是拜占庭历史研究领域中一位伟大的匈牙利教授。他的姑姑埃杜，是威斯康星大学语言学系的一位退休教授，很受全家人爱戴。几年前，埃杜寄给我一本小书——《论关爱》，作者是现在已经鲜有人知的哲学家米尔顿·梅耶罗夫。这本书首次出版于1971年，是“世界视角”系列丛书全部四十五本书中的一本。这一系列是由当时最杰出的学者、政治家、艺术家写的，用来帮助人们理解和认识“正在进入以快速变革为特征的崭新历史时期”的世界。

这本薄薄的小书是我的重大发现，就像近在眼前、显而易见的秘密一样，终于被我捕获。一个男人写出了这样一本书，而这个男人并非为寻求“工作与生活的平衡”的女性读者所写，而是为企业家、领袖、经理人，为各种各样的男人女人所写，为所有殚精竭虑想弄清“美好的生活到底是什么”的人所写。读完《论关爱》这本书后，我感觉自己仿佛终于找到了一幅复杂拼图中缺失的最后一块，一切都完美地融合在一起了。突然，我看到关爱个性的方方面面，尽管常常被嘲弄为“软弱”，但实际上却至关重要——无论在家，还是在办公室，都是如此——与竞争个性的强硬一面同样重要。

这本书的核心信息是，关爱的本质是帮助他人成长，帮助他或她充分发挥自身潜力——这与利用他人达到自己的目的是截然相反的。关爱要求我们参与其中，而非置身事外，要求我们把他人放在第一位，让他们独立地成长与发展。“在帮助他人成长的关爱中，”梅耶罗夫写道，“我感觉到，我关爱的人、理想或者思想成了我的延伸，与此同时，那又是独立于我、值得我尊重的存在。”

父母、祖父母、哥哥姐姐、老师、年轻人的导师很容易辨认这种情感——养育和教导的过程实际上就是把自身经验、价值观和各种看法灌输给另一个人，与此同时，如果这种关爱做得恰到好处，被关爱的人能享有充分的自我空间，独立地做自己。然而，令人惊讶的是，梅耶罗夫并未区分关爱一个人与关爱一种“理想与理念”——那些你创造的或者为之奋斗的东西。

想想伟大的艺术家们如何描述他们的创作过程：雕塑家们会说，他们先获得某种灵感，然后再顺着木头的纹理或是石头的裂纹进行创作；画家们，随着年岁的增长，经验与信心的不断积累，他们的绘画技巧运用得更灵活自如，也更抽象深奥。

颜料不再是他们手中作画的工具，相反地，他们的手在颜料的指引下纵横驰骋，有如神助。

我的母亲，在我们这些孩子长大成人、自立门户以后，成了一名全职的画家。她带我参观她的工作室。看到某些作品，我觉得已经堪称完美，她却说它们“还缺点什么”，就好像那幅画正与她对话一般。

很多小说家，包括亨利·詹姆斯、马塞尔·普鲁斯特、E. M. 福斯特、艾丽斯·沃克、J. K. 罗琳，都曾提到，在写作过程中，笔下的人物有时甚至能“反客为主”，占据主动权，左右小说的情节。在写作过程的某些节点，随着人物不断丰满，开始逐步拥有自己的独立人格与生命时，作者就不再绞尽脑汁设计新的对话和情节。相反，他们只需思考这样的人物在某个情境下该怎么说、怎么做，然后把它写下来就可以了。有的时候，小说中的人物甚至能改变作者的初衷，使故事完全朝着全新的方向发展演进。

天赋过人的艺术家懂得如何顺应自己创造的人物或作品，让其发展自身的完整性；他们引导着这些人物或作品逐渐发展成型，而不试图将其置于自己的完全控制之下。这个过程与为人父母的过程极其相似。好的父母既与孩子保持深刻的关联，但又知道何时该让孩子走自己的道路，也懂得怎样把孩子抚养成一个独立自主的人，而不仅仅是他们自己的小小“复制品”。

这种关爱的愿景，与其他人类付诸努力与艰辛的任何领域一样，要求甚高，需要付出更多，但又回报丰厚。梅耶罗夫曾列出优秀关爱者的许多必要品质，这些品质也是优秀员工或经济人的必要品质。他的列表中包括知识、耐心、诚实、勇气、信任、谦卑、希望，以及适应不同生活节奏的能力。

这些品质中的任何一个都与关爱的某一维度相关联。比如知识，为了照顾关爱某人，“我必须知道他是谁，他有哪些优点，又有哪些局限，什么会有助于他的成长。”

如果你曾经照顾过小孩或老人，你就知道耐心也是关爱的应有之义。但正如梅耶洛夫阐述的那样，耐心并不只是投入些时间，它也指向对方提供倾诉的空间，倾听他们的紧张不安，让他们表达内心的情感，找出这些情感的来源。这种能力同样也是优秀管理者应该具备的素质。一些控制欲过强的上司，往往不具备这种倾听的能力。他们事无巨细，全程操控。当问题或冲突出现时，他们立刻介入，接管事务，不给下属任何独立应对的机会。

真正的耐心也应“包括对他人试图独立解决问题时出现一定程度的混乱或错误的忍耐力”。梅耶洛夫认为，这种态度，能让你愿意提供一段时间，供他人尝试解决问题，表面看来，这些时间是被浪费了，但实际上，那是一种“自由发挥”，对他们的成长至关重要。谷歌公司在这一点上做得极好，公司办公场所内，随处可见乐高积木、乒乓球桌、滑板车以及多种玩具。

耐心也包含梅耶洛夫所谓的“拥抱不断变化的节奏”。关爱一个人或追求某种艺术，往往意味着采用特殊的表达方式来达成某种效果，比如教孩子学习一个概念或写作文章中的某个段落，而且你不时得停下来评估一下是否取得了相应的效果。如果没有，那你得再尝试一次。因此，关爱是一个不断适应的过程，你得试图在你自己的需要与他人的需要之间、在短期需要与长期需要之间不断调整，找出真正有效的方法。有趣的是，这个过程正是《精益创世》一书的作者企业家埃里克·莱斯所说的找准创意、将其实现、取得巨大商业成功的过程。“没有人能在第一时间就拥有伟大的创意。没有人能做到，从来没有。你必须不断重复，变化更新，以市场需求为中心做出回应。”

梅耶洛夫列表中的诚实，是指真实地看待某个人、某个理念、某幅画作或某首曲子，而不是将其看成你心目中想象的模样，或仅凭自己的感受断定它是怎样的。这其实是一种对自我的仔细审视，用来判断你的行为到底是有助于还是阻碍了他人的成长或某个理念的发展。这种诚实需要莫大的勇气，敢于接受你不喜欢或不想面对的东西，去探索那些“未知的领域”。从我的亲身经历来看，勇气是领导力最基本的特质之一。为人父母时，直面自己的局限，鼓起勇气承认自己的无知，犯错误时勇敢地认错道歉，让我变成一位更优秀的领导者。

梅耶洛夫的关爱特征之间是相互关联的。诚实需要勇气，勇气需要信任，而信任显然来自谦卑与希望。和儿子们谈论拖延问题时，我常常想起关爱中的谦卑，即接受你自身的种种局限。我父亲是个爱拖延的人，他常常笑着对我说：“别学我的样，照我说的做就是了。”他常催我去干活，而自己却又在一旁看报纸。现在这又在我和儿子们身上重演了。我常常催促儿子们早点开始写作业，别把作业留到最后一分钟才开始动笔，而我心里明白，我自己还有很多任务要赶工呢！

谦卑同样意味着相信自己已经全力以赴，做到最好，尽管并不完美，但仍有希望，激励我们相信今天能比昨天做得好一点点，而且如果我们继续不停地尝试，终有一天，事情会有圆满的结局。为人父母的我，曾经多少次觉得自己黔驴技穷、心力交瘁，一遍又一遍地试图让儿子们明白学习、专心或友善对待彼此有多么重要；曾经多少次我告诉自己要有信心，充满希望；曾经多少次我告诉自己，如果我一直尝试，一直重复，一直坚持，终有一天，他们会明白我的苦心。

从更普通的意义上来说，从关爱他人中学到或培养起来的美德，也是《纽约客》专栏作家大卫·布鲁克斯所谓的“品格培养”的一部分。我是品格的坚定信奉者。所谓品格，是一种很难绘出明确定义的特质组合。这些特质包括正直、道德、自我方向、力量以及我最钦佩的人们身上表现出来的勇气。在职业生涯的关键节点上，我致力于深入发掘自己身上的品格：我决定离开大型律师事务所，想在教育领域一试身手，看自己能否成为法学教授，尽管我看起来有些另类；我接受希拉里·克林顿的邀请担当政策规划司的负责人，尽管我没有在政府任职的半点经验；我离开学校，放弃终身教授的稳定生活、自由工作时间以及不受任何拘束的漫长暑假，前往华盛顿开始充满变数的生活，管理一个刚成立不久的年轻机构。

在以上这些生活决策中，我性格中竞争的一面固然起了主要作用，但在我思考梅耶洛夫的文字时，在关爱世界上我最爱的人与关注那些塑造和影响了我职业选择的理念和理想之间，我能发现某种密切的关联。我可以毫无保留地说，我会雇用那些拥有梅耶洛夫列出的所有甚至大多数关爱基本特质的人。而且，连这些基本特质也不具备的上司，根本谈不上优秀能干，而只能是一个糟糕的上司。

种瓜得瓜，种豆得豆

在美国，我们会花很多钱来打理金钱与财富，但在与孩子相关的方面却花费甚少。研究早教的心理学家梅根·贡纳指出，美国人付给早教工作者的薪水仅相当于经常帮他们“停车、遛狗、烤汉堡、调饮料”的人们的酬劳，而早教工作者却是刺激孩子们大脑发育、影响他们未来成长的关键人物。我们“支付”给人们的不仅是金钱，也给予人们相应的“社会名望”。你可以做个小小的实验。参加鸡尾酒会时，告诉其中一半人你是一名投资人，而告诉另一半人你是一名教师，然后测算一下你的新朋友会在多长时间后转身离开或者四处寻觅下一个更重要的交谈对象。

正所谓，种瓜得瓜，种豆得豆。美国有着三流的公共教育，这在发达工业化国家中接近垫底。让我们来看看排名前列国家的情况，芬兰在所有国际教育衡量指标中均名列前茅。在芬兰，教书是一份让人尊敬的工作。要成为一名教师，你必须进入八所教师培训学院之一，接受专业训练，而这些学校几乎跟麻省理工学院一样难进。举个例子，如果你想教授语文艺术学科，你必须参加难度很大的文学考试。芬兰教师的收入与他们国家其他大学毕业生的收入相当。相比较而言，在美国，很多教师学院根本没有录取要求，所以我们国家每年培养的教师数量是需要量的2.5倍，而他们的收入也比其他大学毕业生要低。

让我再举个例子把这一点讲得更清楚一些。到目前为止，最成功地提升教师社会名望的组织是温迪·科普的“美丽美国”组织。她通过高度选择性的竞争机制，使加入“美丽美国”组织几乎跟成为“常春藤盟校”教师一样困难，极大地提升了教师的社会地位。人性在美国与在芬兰一样适用：更高的标准，带来了更高的社会名望。然而，像这样的选择机制和成功案例却没能在职业教师中推广开来。

那么为什么我们不够敬重老师，或者教练、心理咨询师、护士、保姆、初级护理医师、老年病专家、老年护理专家等这类基本上以帮助关爱他人为中心而不以竞争获胜为中心的职业呢？对于我们价值体系的扭曲现状，我能想到很多成因。其中最明显的，至少对大多数女人来说，最普遍的一个原因是，关爱照顾是女人的传统工作，而相对应地，竞争获胜是男人的传统工作，而传统上我们更重视男人而非女人。

另一种可能是，更多涉及竞争的工作比关爱工作有更容易测量的结果。比如在交易、法律案件、销售合同、发明新产品的比赛中，我们可以很容易看出谁赢得了竞争，也更容易相应地对获胜者做出奖励。相对地，要衡量学习成果往往要困难得多。这一点老师们和教育改革者心知肚明。你的确可以将学习结果简单地用选择题测试来体现，但真正的学习却有可能在这过程中遭遇挫折。为人父母者都知道这样的事例：与孩子的某次对话，或孩子某种生活经历，在他心中种下了宝贵的种子，但直到数年之后，这颗种子才最终生根发芽，开出美丽的花朵，给人带来莫大的惊喜。

我是在当上了芝加哥大学法学教授，并观摩了某小学课堂教学后，才开始思考这些问题的。我亲爱的朋友兼大学室友诺拉·伊莉莎在纽约教小学一年级。我坐在教室后面，看她带着一群六岁大的男孩做各种阅读学习，细心调整与每个孩子的互动方式。我当时就一直在想：如果我教《民事诉讼法》或《国际法》时，教学失败了，效果不甚理想，我的学生们可能考试成绩稍差一些，或者带着对这些课程的厌恶继续自己的法律职业生涯。然而，如果诺拉失败了，她的学生们的人生可能会就此永远被断送了。学会阅读是他们未来生活中做任何事情的基础。

然而，并非所有人都会从社会名望与经济补偿两方面来审视这一问题。我并非有意贬低自己在法学院求职过程中成功闯五关斩六将取得的成绩。芝加哥法学院或哈佛法学院的教职所带来的社会名望和薪酬实际上是对高手如林的激烈竞争中胜利者的一种奖励。仅此而已。它反映了对教授的期待：教授必须通过自己的研究引领和推进相关知识领域的发展；被录取进入这所学校的学生能有机会跟着一流的学者做研究。但是，我们从来不会以学生真正学到什么来作为衡量老师价值的标准。

当我遇见一位教师、心理治疗师或教练，而恰巧旁边也有一位银行家或商人时，我必须重新教育自己，竭力对抗原有思维定式——觉得这位银行家更富有、更有权力，因此他或她更聪明、更有趣、更有价值。我会在心里告诉自己，老师的工作更困难也更重要，因为这份工作有可能左右一个人的人生往好或坏的方向发展。当医生即将在紧挨着我左眼的部位做一个小型手术时，我心中不免七上八下、恐惧不已。这时，一位沉着冷静、经验丰富的护士给了我很大帮助，让我安心许多。她后来告诉我说，她放弃了广告业的工作，转行当了护士。我很庆幸她选择将自己的聪明才智与充沛情感投入关爱领域而非商业地域。老师和护士不会仅仅根据社会主流价值观来选择自己的职业取向，他们富有勇气，品格高尚，不随波逐流。

在人类历史上，拥有金钱就会被重现，几乎是一个颠扑不破的永恒真理。即使在共产主义社会，人们也会千方百计使自己变得比其他人更富有，进而通过金钱执掌权力。但是，随着时间的流转和文化的演进，我们对富有吸引力的炫酷事物的定义也在不断发生变化：从戴着假发、穿着优雅紧身裤的男人，到大学运动健将，再到智力超群、善于钻研却不善与人交往的怪才，从鲁本斯笔下丰乳肥臀的女性形象到骨瘦如柴的社会名流女性，等等。我们重视什么，最终都取决于我们自己。

竞争的秘密

那么，管理金钱比照顾孩子更有价值吗？我想现在答案应该已经非常清楚：至少，从理论上来说，全世界的人都会同意我的说法。安妮·克里滕登在《为人母的代价》开篇就曾表明她的观点——当一名母亲是世界上最重要的工作之类的说法，不过是老生常谈的陈词滥调。“在美国，为人母就如苹果派一样是地道美国式的，没有任何制度比其更神圣，也没有什么人物受到如此令人作呕的颂扬。”2014年春天流行的一段视频，据说记录的是应聘所谓“运营总监”一职的人们面试时的场景。这份“运营总监”工作要求全天候待命，没有节假日休息、午间休息，甚至没有睡眠时间，而且还要求“优秀的沟通能力与人际社交技能”。更令人咂舌的是，这份工作居然没有任何报酬。应聘者纷纷提出抗议。“那工作简直惨无人道！”他们大叫道，“简直太疯狂了！”接着，在视频的最后，面试考官告诉应聘者们实际上已经有人获得了这份工作——而且，有数亿人之巨。“妈妈。”他告诉应聘者们。最后，应聘者们大笑起来，纷纷感谢自己的母亲。

然而，在这种对母亲的公开赞誉背后隐藏着如幽井般深不可测的虚伪。提醒我这一点的，是一封来自一位年轻女性的信。她当时还是空军后备役的一名中尉。她写信告诉我，当她接受了终身教职时，正与她交往的男士立刻与她分手了。其原因很明显，她很可能不会将对方未来事业发展放在首要位置。她说：“上司曾与我聊起过生活各方面的优先顺序，比如，什么时候我会停止现在这般努力地工作而开始组建家庭。他随后给我看了一些照片，他的妻子和他们的五个孩子的合影。然后，他告诉我那才是真正的生活。”如果那才是真正的生活，那么男人们为什么不停止工作或者缩短工作时间，花更多时间与家人相处呢？这其中未免有些许虚伪的成分，如果关爱所爱之人与职场竞争同样重要，有同等的价值，那我们就应该不仅仅停在口头，而应该心口一致、千方百计地补偿付费或不付费的关爱者，无论是以金钱还是以社会地位或名望的方式。

然而，实际上，我们并没有这样做，因为美国社会始终存在某些隐性的偏见。即使在那些相信女人在个人才华方面并不逊色于男人的人中间，这种偏见依然屡见不鲜。我把它称作“竞争偏见”：我们总是条件反射似的重视竞争。也许，正如贝蒂·弗里丹所言，为了更好地理解它，我们不妨把这种偏见理解成一种奥秘——那是一种无法用语言来形容的东西。它深深吸引着我们，让我们顾不上问为什么就奋力追逐，盲目模仿。

让我们将其称为“竞争性奥秘”吧。这种奥秘，对男人和女人同样有吸引力——设定目标，实现目标，超越他人。他们从中得到一种莫大的成就感。从更广泛的意义上来说，过去几十年间，随着我们所处世界竞争的不断加剧，在全球化与技术进步这两股势力的裹挟之下，这种“奥秘”也变得越来越有诱惑力了。更多的人在更多领域以更多的方式不断展开竞争。克服这种“竞争性奥秘”，首先必须揭开其无比神秘、象征力量的面纱。更直截了当地说，就是要我们扪心自问，为什么我们认为那些通过打败他人挣到最多的钱、爬上等级结构顶峰的人自然而然就成了行为榜样？他们有怎样的价值观？他们如何对待其他人？他们的家人——父母、配偶、孩子——承受了怎样的代价？至于他们是怎样的人，我们应该如何看待他们，难道可以避开以上这些追问吗？

克服“竞争性奥秘”也需要我们重新审视和评估不同行业之间的相对难易程度。这一章的标题中，我特意向大家提了个问题，管理金钱是否比照顾孩子更困难。很多人在内心深处仍然赞同前文提到的经济学专业学生的意见：与照顾孩子、老人的工作相比，我们作为专业人士做的工作“更困难”，因为那需要更多的技能与教育。我当然能理解，也完全尊重为“专业技能”付费的行为。但是，在过去的三年中，我开始思考：虽然我在对外政策以及非营利机构管理方面做的很多工作比当母亲有更高的能力要求，但是为人父母在情感上更有难度，也常常更加让人困惑。我也开始相信我们应该为关爱工作付费，无论是家庭医疗服务，还是心理治疗，还是教学，就像我们为其他任何行业付费一样，比如财富管理。你可以从很基本的层次开始付费，也可以从相对比较高级的层次开始付费。你可以结合教育背景、从业经验、社会价值等多方面来确定付费补偿的标准。

但是，请别误会我。我个性中其实也有很强的竞争性元素。我的祖父曾是美国橄榄球联盟的职业球员，我虽未继承他的运动天赋，但仍记得一年级时尚处第二阅读小组的我，下定决心要进入第一阅读小组。竞争，对我来说，与很多人一样，帮助了我，引导着我争取并得到了很多人生中最美好的事物。然而，关心与爱护家人和朋友，教育与引导学生，帮助与督促下属，同样让我收获颇丰。在这些生活点滴中，我倾心付出，也受益良多。我常常想，即使有一天，我的工作与我一同故去，我曾培育关怀的人们仍将继续生活下去，其前途也许不可限量，远在我的预期之上。那就是我生命的延续。

总之，我并非有意贬低竞争，而只是想重估关爱的价值。作为一种重要的人类本能与欲望，一种基本的人类活动，关爱的价值都应提升至恰如其分的高度。如果我们能够教会自己同等地重视竞争与关爱，认为管理金钱财富与管理一屋子老人小孩是同等合理、价值相当的工作，那么我们就走上了通往真正的男女平等之路。我们不再把“工作与家庭”问题视为女性的问题，而把它看作父亲或母亲的问题，儿子或女儿的问题，配偶或兄弟姐妹的问题，真心付出的朋友的问题。任何既有事业追求又关爱他人的人都会面临这样的难题。

这当然并不容易。我们这一代的女权主义者从小就接受一种观念：认为父亲所做的竞争性工作比母亲所做的关爱工作重要得多。社会化过程也让我们相信，工作意味着竞争与胜利，意味着个人成就与成功，比辛勤付出、关怀他人、成全他人的成功有分量得多。比我们年长的那一代人受这一种观念的影响甚至更深刻。在成长过程中，女孩们会被灌输这种理念：她们完全可以把事业和关爱家庭结合在一起，并且，只有这样，她们才能称得上成功的女人。而对更年轻的人们来说，围绕成功而展开的竞争日益白热化。我们只需想一想，进一所好的大学比过去困难多少，在2014年找到一份收入尚可、有晋升机会的工作比1974年、1984年或1994年又困难多少。但是，我并不质疑，平等地用教育来武装男孩与女孩，同时鼓励他们平等地追求胸中抱负并获得经济独立，有多么重要。从这个角度来说，我们向孩子传达的有关竞争重要性的信息完全正确。但是，所谓的“女性的主流角色就是关爱”——满足物质需求，充实头脑与心灵，安慰家人，稳定家庭——并不如男人挣钱养家追求事业重要，这一信息不仅错误，而且非常有害。这是一种源于历史的偏见，一种不合时宜的歧视，一种认知错位。它带来的后果仍在扭曲我们的社会，伤害我们每一个人。

在长期追求性别平等的道路上，女性必须通过效仿男性获得权力与独立。但是，一旦获得了权力与独立，我们绝不能欣然接受男性的主流观念——实际上只是少数男人的观念——关于这世上什么才是真正重要的观念。在我的文章发表之后不久，普林斯顿大学2010级校友嘉儿·萨利赫给我写了封信。她开门见山，写出了自己的想法，“我常常疑惑不解的是，为什么我应该感到内疚？我只不过敢于接受个人发展的重大机遇而已。”她在信中继续写道：

在过去的两年中，我勇敢地做出了几次大胆的职场选择，赢得了不少赞誉。但这些选择反映出来的事业雄心却让我在私人生活方面屡屡受挫。现在，我正在考虑搬到远在外地的男朋友那儿去。与朋友们聊天时，我发现我总是编些借口来掩饰我搬家的真正原因。而当我向人吐露搬家的真实动机时，难免会遭遇些许细微却仍能察觉的白眼与不屑，或者更糟糕的，他们会居高临下神气十足地告诫："你还是太年轻，居然为了一个男孩做出了如此重大、足以改变人生轨迹的选择。"

为了感情做出改变人生轨迹的选择，常常被视为软弱或幼稚，而为了工作做出相似的牺牲却被认为是坚强与独立的象征。我既不想失业，也不想成为下班回家后孤苦伶仃吃木樨肉的女强人。那么，为什么我会为投入地工作而骄傲，却为投入一段情感而尴尬不堪呢?

嘉儿面临的社会压力是现实存在的。2013年1月，普林斯顿大学大四学生玛格丽特·福特尼在校报上发表了一篇文章，记录她和朋友"茉莉"一同展望未来的对话。"茉莉倾身靠近我，小声说：'我不想读研究生。我甚至不知道自己是否想追求事业。我想结婚，待在家里，养育孩子。'此番坦白之后，茉莉有些心烦意乱地说：'我这是怎么了？'"

在20世纪70年代晚期，当我还在普林斯顿大学求学之时，我肯定会觉得不追求事业的常春藤盟校校友会让我大失所望。那个时代里，很多男人还在质疑普林斯顿大学在20世纪70年代早期实行的男女同校政策。因为很多女人受了教育之后，不进入劳动力市场，而是回家生养孩子去了。他们认为这是教育资源的巨大浪费。事实上，我扪心自问，不得不承认，在经历了很多事情并最终沉淀出发表在《大西洋月刊》上的那篇文章之前，很大程度上我一直质疑做一名全职妈妈的价值。

我再也不会了。我会建议所有被顶尖学院或大学录取的幸运儿，在人生道路上运用他们所受的教育来养活自己，丰富自己的人生，丰富他人的人生，当然也包括他们孩子的人生。我相信大多数人都想兼顾两者：既想达到事业目标，通过有回报的工作获得一种自我存在的身份，又想照顾关爱所爱之人。

我认为女性或男性个体，在以极度关爱与极度竞争为两端的光谱上各有其不同的位置。我的姨妈玛丽的落点会非常接近竞争那一端。20世纪50年代，她是一名网球冠军，是第一位获得弗吉尼亚大学缩写标志的校运动队女队员，而她的队友清一色都是男性；八十岁高龄时，她仍热衷于打高尔夫球和桥牌。我的理发师阿齐兹有极高的创业天赋，同时也是天生的关怀者，关爱他人总能让他喜笑颜开。

最佳竞争者往往是团队中那些优秀的球员。他们总是考虑他人，克制自我，互相传球，让他人得分。类似地，最佳关爱者总能为自己留出足够时间，避免因为过度劳累工作而精疲力竭；最优秀的经理人知道如何克制激发团队成员的竞争性，使整个组织充满活力，也懂得照顾团队成员个体的需要。重视关爱，实际上，也是领会关爱与竞争能以多种方式相互补充的道理。

一方面，如果我们能成功摆脱“竞争性奥秘”，从中解放出来，并懂得竞争是一种有价值的人类努力，但并不比关爱更可贵、更有价值，我们就不会再把妇女解放看成只是一种争取竞争自由的运动。另一方面，如果我们真的坚信关爱与竞争一样有价值，那么，我们就会意识到，只会挣钱养家的男人，实际上错失了很多能带来深刻满足感和自我完善的东西。如果男人和女人以更平等的尺度来交替履行关爱与竞争的义务，那么，我们就能更容易地灵活把握职场安排，为关爱家人留出更多的时间。这样的愿景听上去未免有些乌托邦，但是这一切很可能就发生在明天。那只需要一个条件……

UNFINISHED
BUSINESS

第六章

妇女运动的下一阶段：
男人的运动

当今美国，各种性别歧视的故事仍层出不穷，每天都在上演。其中最经典的莫过于，刚进入职场的女性总是被上司要求倒咖啡。还有就是，当一名能干称职的爸爸带着孩子出现在公园或杂货店时，他总会遭遇满怀善意却一脸茫然的女人们莫名其妙的恭维。《纽约时报》的博客“母亲的秘密”上，贴出了一篇名为《我讨厌被叫作好爸爸》的文章，作者马特·维兰诺写道：

> 故事源起于我们每月两次去Target超市购物。我背着一个一岁大的孩子，手上牵着一个三岁大的；大孩子总是打头阵，走在最前面，猛拉我的手，径直往前走，就像一只拉雪橇的小狗，拉着我行进在不断延伸的小径上。
>
> 我们像往常一样，向超市门口的屏幕上出现的自己挥手致意，然后穿过自动门，拉上一辆购物车，在提供免费卫生湿巾的地方停下来，开始我女儿所谓的“大清洗”：彻底擦拭消毒（非常神经质的行为）购物车上女儿能触摸到的任何地方。
>
> 在擦拭到一半的时候——估摸着大约用完了九块湿巾——我发现一位中年妇女正满脸微笑注视着我们。
>
> “你是一个好爸爸。”她说道。言语之间，仿佛她看到了北美长毛

野人一般。

对维兰诺来说，这件事可反映出一种“令人发指的双重标准”。他所做的一切，如果换成一位妈妈来做，完全不可能得到任何表扬或赞美，那只是再稀松平常不过的例行公事罢了。安德鲁·罗曼诺在《新闻周刊》上发表了一篇谈论男子气概的封面文章，将这种事例称为“低期待软偏见”现象。

我们换个角度，想象一下，在职场中，女性因为写了一篇出色的报告而备受嘉奖，而换成男性的话，也许只是再正常不过的表现。女性受到的嘉奖无疑表明了称赞的人实际上原先并未期待如此上佳的表现。以前，我和安迪刚认识的时候，我说了某些东西后，他就会回应说：“你的想法真棒。”语气中透露出一丝惊讶的意味。每当这时，我就会勃然大怒，发一通脾气。关于这一点，维兰诺下了一个恰到好处的结论：“给某人贴上‘好爸爸’标签的行为，实际上提示了，虽然我们本来就是爸爸，但大多数爸爸却远称不上‘好’。”

为了反抗这种先入为主的假定或者量身定制的角色期待，男人们需要一场属于他们自己的运动。如果男人也和女人一样有同样广阔的选择空间，社会上普遍存在的大多数性别不平等问题——既有针对女性的，也有针对男性的——就能得到解决。这样一来，男人们既能挣钱养家，也能关爱家人，把两者完美融合在一起。然而，为了使这些选择成为现实，我们首先必须尊重并奖励这样做的男人们：他们承担起主要的育儿责任；推延晋升机会或兼职工作，抽出更多时间照顾孩子、父母以及其他家人；抵制随时待命、工作狂式的职场文化。

男人们必须避免把这条信息视为某种警告，而应该更多地看作一种许可，不是他们应该做什么，而是他们可以做什么。他们有选择成为关爱者的自由，并在这些角色中表现出色，其能干程度甚至可以与生活中任何一位女性相媲美。女性则必须把这条信息视为一种鼓励，重新审视我们对男性角色的想象与价值建构。真正的男女平等需要一场男人的运动，消除我们继续强加给男人的性别角色，尽管我们正在努力帮助女性摆脱这些强加于人的性别角色。只有这样，在男孩社会化过程中，我们才能让他们相信自己可以成为任何自己想成为的角色，从全职爸爸到小学教师，再到投资银行家。每个角色都同样有其价值，是连续统一的整体不可或缺的一部分；只有这样，我们才能更全面地理解“挣钱养家”，它不仅意味着提供金钱，同时也意味着提供时间；只有这样，我们才能使关爱他人成为一件炫酷的美差；只有这样，我们才能使家中的男人不仅有“男子汉气概”，也更有“铁汉柔情”。

他们本身作为男人，也应该受到尊重和嘉奖。在一个名为“布拉德·皮特如何引领爸爸们竞相展露最美好的一面”的专栏中，《金融时报》专栏作家西蒙·库珀详细讨论了男子汉气概十足的电影明星布拉德·皮特胸前驮着幼儿给人们带来的价值。虽然皮特以及一干携带宝宝出镜的电影明星爸爸，实际上并非整日与孩子追逐嬉戏，他们大多数都请了一大帮子付费保姆来帮着带孩子。但是库珀认为，潜意识中的角色榜样也有其助益。皮特等明星爸爸照顾孩子的温馨画面对男人们的启迪和影响，无异于女高管们英姿飒爽的照片对女人们的鼓舞与触动。男人们也有成为关爱者的自由，他们充当关爱角色时与女性有着同样优异的表现；没错，在女人们心目中，他们的魅力一如既往，并未因此受到丝毫的减损。

对于频频摇头、觉得我是在违抗自然天性的怀疑者们，请思考：长达几个世纪以来，男人们多么肯定地认为，女性最崇高、最擅长的角色，就是妻子、母亲、女儿、姐妹，就是关爱养育他人。一位年轻男子的来信，让我对这一事实大开了一番眼界。他自称“一位非裔美国男子，全美排名前十大学的毕业生，年薪大约十万美元”。我暂且把他称为查尔斯。

我曾在发表于《大西洋月刊》上的那篇文章中声称，当必须做出选择时，与男人相比，女人往往会更深刻地感受到自己肩负的责任，在权衡利弊之后，不惜牺牲事业，做出更有利于家庭的选择。查尔斯对这一观点颇不以为然。他甚至反问道：“你难道不能写一篇《为什么男人仍然无法拥有一切》的文章，用完全相同的统计数字来论证，男人背负的社会压力迫使他们不得不把工作摆在优先于家庭的位置，而女人往往是幸运的，大多只需承担照顾家庭的责任？”

查尔斯早已预料到我会质疑他的观点，于是继续写道：“对这个问题的回答可能是，因为我们从未听男人抱怨过他们的压力，因此他们很可能并没有这样的压力。但是，这样的回答实际上否认了承受着巨大社会压力的男人为了竭力表现得像个男子汉而隐忍沉默的可能。”当然，作为一个一辈子在男人堆里摸爬滚打的女人，我自认为还是了解男人的心思的，也知道他们到底想要什么。查尔斯继而又先我一步，写道：“在过去，作为一种社会规范，女人充当了尽职尽责、沉默无语的妻子角色，我敢肯定很多男人觉得妻子并不想追求事业。作为一个男人，我会选择事业，追逐权力与名望，而不是在家抚养孩子。我可能内心异常痛苦，受尽工作的折磨，但我绝不会哭泣，也不会抱怨，或者表露于人前。相反，我只能在夜深人静之时，独自舔干滴血的伤口，做个真正的男人，独自承受这一切。因为这仍是一种社会规范，是社会对男人的期待。”

无疑，我被他将了一军。我们每个人都无法完全摆脱偏见——那些从幼儿园时期就开始接受并始终陪伴我们成长的东西。实际上，在我写作本书的过程中，我发现自己从未要求儿子像女孩一样清理厨房，而会要求他们做更“男孩”一些的杂务，比如倒垃圾、摆好餐具或收拾餐桌。因为，我小时候常负责清理厨房，而我兄弟常常负责倒垃圾。如果我有女儿的话，我可能会要求她冲洗碗碟，放入洗碗机，清洗锅盆，擦拭台面。每个人都应该有事情可做。正如男人们在妇女运动风起云涌的最初几十年中常常发现：在长期条件反射般思考问题之后，想要转换思维方式、改变既有观念有多么艰难。

近半个世纪以来，大多数美国女性一直要求社会摈弃传统社会规范，修正社会对女性想要什么以及她们能做什么的看法。现在，轮到男人来做同样的事了。

男人想要什么

《大西洋月刊》上的那篇文章发表大约半年后，我与一群普林斯顿大学的本科生一块儿吃饭。我们谈论了很多他们感兴趣的话题：广义政治学、总统竞选辩论、工作与家庭等。很多学生问了有关对外政策的问题，还有几个年轻女生问我那篇文章的社会反响情况。我与女生们聊了十多分钟后，我发现房间里的男性——在场的另一半学生——变得彻底沉默了。当我试图解释此番对话中一边倒的现象时，一位年轻男生自告奋勇地说，他“成长的家庭有浓厚的女权主义氛围”，而且他自认为完全支持男女平等。但他不想多说什么，因为生怕被误解。围桌而坐的其他男生也纷纷点头，表示同意。

男人们的沉默非常普遍，至少在公众场合，的确如此。但是，事情正在发生变化。我个人收到的对我文章的反馈中有15%～20%来自男性，这与我做演讲时观众提问环节中男性所占的比例相同。越来越多的男性利用博客文章、期刊文章等方式表达自己的意见：关于男人与女人关系的辩论，不应该只在女人中间开展。他们渴望社会倾听他们的声音。他们很清楚自己想要表达些什么。

最高法院法律助理：居家爸爸?

2014年秋天，《大西洋月刊》上发表的另一篇文章也同样在社会公众中激起了广泛的辩论。这篇文章是《鲁思·巴德·金斯伯格教我如何做一个居家爸爸》。作者是一名前途无量的年轻律师莱恩·帕克，他曾是大法官鲁思·巴德·金斯伯格的法律助理。20世纪70年代，金斯伯格曾以律师身份为广大妇女积极争取女性的平等权利与地位，并因此声名大噪。当然，她的出名也源于她作为女人游刃有余地完美兼顾家庭和事业。她对她的法律助理们说：“如果你的生活伴侣有体贴关爱之心，当他或她需要帮助时，你就应该欣然伸出援手。”在这种精神的指引下，帕克决定支持当医生的妻子。在长达一年的时间里，他成为主要的关爱者，照顾年幼的女儿凯特琳。帕克在文章中写道：“与女儿待在家里的时光，让他回想起以前住在国外的那段生活。与国外生活一样，那段日子充满创意，常变常新，让人备感新奇。这种强烈的感觉，甚至让最平常的瞬间也升华得无比美妙了。”他反问自己：

> 我怀念与最高法院大法官就盘根错节、错综复杂的法律问题展开辩论带来的刺激与挑战吗？好吧，我只想说，我现在读的大部分书都是布满了熊猫和各种动物的图画书。每一个夜晚，哪怕那天是最平淡无奇、乏善可陈的一天，我也会静静地坐下来，细细回味那天发生的每一个精彩瞬间。

帕克也十分爽朗地坦诚社会对男人的歧视与偏见。他描述道，当他与人讨论他所谓的“努力平衡家庭责任与事业责任之间的竞争性关系”时，人们常常表现出一种“善意的怀疑”。他总会遭遇一种“隐晦的假定——假定男人与女人对生活中什么是重要的有着各自完全不同的理解和认知。或者，更直截了当地说，男人并不觉得养育孩子有多么重大的意义，而女人则将其称作人类体验中不可或缺的部分”。

说得真好。作为一个女人，我反对这样一种假定，即我比我的男同事们更适合待在家里，养育孩子。从个案来说，这种情况或许存在，但是绝不能因为我是女人，就想当然地推定我更适合待在家里。既然如此，我们为什么要将相反的刻板印象强加于男人，假定他们自然而然地想更多地投入工作与事业，而非家庭关系呢？帕克说：“我认为，这种假定通常是不对的。我很肯定这种假定对我来说肯定是错的。”

变化正在到来

莱恩·帕克并不孤单。各种征兆如地平线上初露光芒的太阳一样呼之欲出，预示着男人对自己以及对生活的认知和想法正在发生深刻的变化。沃顿商学院教授斯图尔特·弗里德曼报告说，有史以来第一次，他的某位十八岁男学生被问及大学毕业后想做什么时，他的回答是计划成为一名“居家爸爸”。哈佛商学院学生会当时的联合主席康纳尔·莫迪曾写了一篇文章，呼吁男同学们为了经济原因与性别平等而承担起男人的责任。“‘养育孩子、料理家务’并非女人的‘天然角色’，”他说道，“如此对待女人不利于你自己家庭的经济情况。”而在哈佛法学院，院长玛莎·米诺则说，执教三十年来，她注意到一个变化——提出未来律师职业生涯中如何处理好工作与生活关系问题的学生，不只限于女生，也有很多男生。

甚至那些职业运动员，虽然承受着巨大的传统压力，竭力表现得更有男子气概，却也开始吹嘘照看婴儿的高超技术。纽约大都会队二垒手丹尼尔·墨菲因为请了三天的陪产假而被批评，但他并不屈服于这些严厉批评，转而告诉记者自己会半夜起来给儿子换尿布。

一如既往，社会规范变化的最佳指针之一，莫过于麦迪逊大街的新闻媒体。广告人总是学得很快，总能在第一时间洞察事物变化的苗头，避开任何不合时宜的做法。2012年，好奇纸尿裤的制造商金佰利·克拉克公司创作了一系列广告作品。广告中出现的都是在家照看孩子的父亲。他们觉得社会公众会觉得这一场景非常可爱，对孩子父母双方都同样有吸引力。这些广告的画外音是一个女人的声音，用几乎有些居高临下的口吻说：“为了证明好奇纸尿裤和湿巾无往而不利，我们得用它们来做个我们能想到的最困难的实验：爸爸与宝宝单独在家待上五天，而妈妈当之无愧地享受几天美妙假期。好奇产品能经得起爸爸育儿的严酷考验吗？”

很多父亲对广告中想当然地假定父亲无法胜任照顾孩子的隐含信息表达出强烈不满，甚至愤怒。来自俄勒冈州的一位名叫克里斯·鲁特雷的父亲创建了一个名为chang.org的网络来集体声讨这些广告，并声称“好奇，我们是爸爸，不是笨蛋”。这次活动获得了1300多个声援签名。好奇最终撤回了广告，并屡次为之道歉，还亲自登门向“爸爸2.0”博客集会上的爸爸们道歉。

广告业没过多久就从中吸取了教训。2013年世界职业棒球大赛期间，雪佛兰公司播出一则迈瑞宝轿车的广告，其画外音中，一个温柔的男声诉说着家庭的重要性远远超过物质财富，“开市钟声并不能让我们欢呼雀跃，我们要送孩子上学，聆听上课的铃声。”画外音拖长着声音吟诵着，画面则呈现一位父亲安排孩子上车坐好的情景。画外音继续说：“任何时候，餐厅角落卡座与家人欢聚，都比在办公室埋头工作更加重要。”2015年美国橄榄球超级杯大赛期间的广告延续了这种趋势。一则多芬男士护理产品的广告中，一群大小不一的孩子，从高脚椅上到婚礼舞池，一路上高喊他们的父亲。为了让观众理解这些场景之间的关联，广告最后打出了一串文字：

“什么能让男人更坚强？”

“告诉所爱之人，他很在乎。”

这些打广告的公司不惜斥重金研究目标顾客。在消费者意识到自己想要什么之前，这些公司就把消费者想要的东西提供给他们。统计数字完全能说明这一点。2013年皮尤研究中心在一份《平衡工作与家庭的努力中，母亲与父亲的角色不断融合》的报告中声称，父亲与母亲的压力水平大致相当。报告还称，与父亲相比，母亲仍会花更多的时间陪伴孩子，但是，接受调查的父亲中，大约有一半想花更多的时间与孩子待在一起，而想花更多时间陪伴孩子的母亲仅有五分之一。

向所有男人提供更多选择

到目前为止，一切都还不错，我们都认为：与母亲共同分担关爱责任的父亲，应该和母亲一样拥有更多的选择，他们也应该被认为与母亲一样可以胜任照顾家庭的责任。爸爸们只是变革的起点和开端。其实，男人——所有男人——都需要也应该对他们的生活及周遭环境进行一番彻底的变革。其迫切性完全不亚于美国及世界各地的女人们在20世纪50年代掀起的女权运动。

再说一次，变革的迹象并不难发现。2013年，父权研究所联合会创始人、作家杰克·奥沙利文写道，尽管有关男人的辩论常常是“非常消极负面的”，但是男人实际上也处于“非同寻常的转型”边缘。像女人们一样，男人也“正试图挣脱性别的限制，尽管起步稍晚了一些。我们中的很多人正在花更多的时间与孩子们相处，并乐此不疲……我们不仅在改变我们与女人的关系，也在改变男人之间的关系”。

一些组织机构正在倡导开展全新的对话方式，比如“好男人计划”这个媒体公司及社交平台，就把自己描述成“21世纪男子汉启蒙运动之一瞥”。

对男子汉气概定义的转变最诗意的描述来自达特茅斯学院校友，1987级的贝琪·布雷。她详细地调查了班上的同学，写下了对二十五周年同学聚会纪念册的印象。她写道，达特茅斯毕业的男人们，“开始感受到来自多个方向的牵引力，悄无声息地，他们开始做出更多的承诺。也许，这稍微来得晚了些。但是，他们不再低声耳语，而是大声宣告，他们不必总是穿着灰色法兰绒西服，以约翰·韦恩式硬汉的感情标准来约束自己，或者以只是给孩子抛几个球、在学校戏剧表演时姗姗来迟的方式来为人父母。”

我既不是在职业生涯中，也不是在思考如何提升女性地位的过程中，醍醐灌顶般地领悟到男人其实也需要更多选择。相反地，我是在家庭生活中，作为两个儿子的母亲，突然意识到这一点的。那一刻，我忽然明白，在21世纪，大多数美国母亲抚养的女儿们面前可供选择的生活道路远比儿子们要多得多。

至少在过去二十年间，我们一直告诉女孩子们：“你们能做男孩们能做的任何事情，同样也能做女孩们传统上从事的工作。你可以是一位母亲、一个女儿、一个姐妹、一位妻子。你也可以在职业生涯中追求任何你想要的目标。事实上，你是一项具有重大历史意义的事业的一部分。然而，革命尚未成功，职场上依然存在多种形式的玻璃屋顶。”带着使命养育孩子，那是对他们自身命运的一种感知，然后，看着他们慢慢茁壮成长，变得枝繁叶茂。举个例子，移民的孩子们往往带着一种使命长大成人。他们必须利用全新国度提供的机会与可能来达成父母的希望与期待，而这种机会可能在原先的国度是完全不具备的。现今的女孩与年轻女性就像刚乘船靠岸的移民，刚刚抵达由男人主导的世界边缘。她们征服世界的航程才刚刚开始。但是，从她们在小学、中学、大学中远胜于男性的表现来看，她们必将胜利超越男人。

对比一下我们传达给儿子们的信息。中上层白人父母也许仍期待儿子们能成为成功的专业人士，却没看见男孩们在这方面取得任何重大的成就。他们无法创造新的历史，只是不断重复过去——一点也不激动人心，令人振奋。更糟糕的是，关于什么是男子汉气概、什么不是，男孩们接收的信息仍然非常传统。正如新美国基金会的一名同事所说：“我女儿可以穿着牛仔裤去公园，在泥潭中摸爬滚打，飞身猛踢别的孩子……而绝不会有人眨一下眼睛。如果我儿子涂着指甲去上学，那他班上肯定炸窝了。”

虽然我们嘴上不说，实际上却把关爱看成男人不应该做的事情。因此，我们正在强化男孩们面临的业已非常狭窄的选择空间。我们仍然向他们灌输与强调，他们必须挣钱养家。他们未来的妻子也可以挣钱养家，但我可以相当自信地说，只有极少数母亲，或更少的父亲，会向他们的儿子传达这样的信息——他们完全可以选择做一个全职或兼职工作的父亲，也可以选择全职或兼职在家照顾孩子，他们的选择可以和女孩一样丰富多彩。

同时，至少在中上阶层白人父母中，对男孩和女孩的期待也发生了巨大变化。很多女权主义者，尤其是育有儿子的母亲，实际上生活在一个分裂的世界中。在职业生涯中，我们在很大程度上仍然生活在男人主宰的世界中，即使在更高的社会阶层中，也仍然是男权的世界。我们教导年轻女孩们向前一步，走到台前，勇敢表达自己，展示自己的风采。但是回到家中，我们却面临着完全不同的性别平衡问题：女孩在迅速崛起，如很多育儿书籍与文章描述的，“男孩的危机”正日益凸显。《美国的男子汉气概》一书的作者迈克尔·基梅尔，将此问题归纳如下：在上大学的比例方面，女孩超过了男孩（2013年60%的大一新生是女性）；在学业成绩方面，女孩在科学与数学上已经赶上男孩，在英语等语言方面则将男孩远远抛在后面；在行为方面，男孩更可能放学后被留下来、勒令退学、诊断出“注意力缺陷多动症”或是与人打架斗殴。

男孩们为什么会有如此的行为模式？我们应该如何应对？与这两个问题相关的学术与通俗文献已经非常多了，并且仍在不断增加。父母们越来越关注这两个问题。在普林斯顿大学，我们组织了一个家长小组，小组成员都是男孩的母亲。我曾无数次听到这样的对话：一位母亲说，我的孩子早上自己起床，或者我的孩子选了十五门课外课程，而且安排得井井有条。而另一位母亲则回应说，你家是女孩，对吗？有些讽刺的是，我们女人为了妇女权利激烈抗争，闭口不谈男人与女人的本质区别，却可以毫无顾忌地去辩论男孩与女孩之间的本质差异。

我常常对人讲起一件令我困惑而又稍许惊愕的事情。我的大儿子上小学时，在向我们解释为什么不应该指望他在班上名列前茅，实事求是地提供一个理由——“女孩比男孩要聪明”。作为女权主义者的我，不禁为这种进步欢呼雀跃，毕竟我们进入了一个与以往截然不同的新时代，女孩们不再像以往一样认为男孩们比自己更聪明；但作为母亲的我，却在内心深处呐喊：“绝对不行！”

我们甚至完全可以再来听听更夸张的说法。社会学家克劳迪娅·布赫曼和托马斯·迪普雷特曾指出，实际上，一百多年前，女孩们的学业成绩就已经超过男孩了。但是，当时，大多数情况下，女性在接受教育还是建立家庭，或是接受教育后成为一名优秀母亲这几种选择面前，面临巨大压力。只是在过去的四十多年间，女孩才能够认识到她们的学业成绩与将来生活之间的清晰关联。因此，她们不再掩饰自己的聪明才智，不顾一切地拥抱自己的智慧与成就。而且，与美国人口中其他群体相比，无论男女，中上阶层家庭中的男孩仍然表现得更优秀。

美国真正的危机来自少数较贫困阶层的男孩。在美国四大族群（白人、西班牙裔、亚裔、非裔）中，非裔族群中学毕业率最低；而在2007年至2009年，非裔男性是中学毕业率下降的唯一群体。问题并不只是简单地让这些非裔男孩戴着毕业帽，穿着礼服，走到典礼上接受毕业证书；其实，问题是系统性的，从小学开始就初现端倪。大城市学校发布的一份题为“呼唤变革”的报告中声称：“大城市学校中仅有12%的四年级非裔男孩能熟练阅读，而白人男孩在这方面的全国比例为38%；大城市学校中仅有12%的八年级非裔男孩熟练掌握数学，而白人男孩在这方面的全国比例为44%。”

迈克尔·基梅尔认为，根据心理学家韦恩·马蒂诺的研究，在初中以及高中初期，来自受过良好教育社群的男孩也认为“成绩优秀对男孩们来说并不酷”。尽管布赫曼和迪普雷特发现女孩在学校中的表现长期优于男孩，但他们也会同意很多男孩学习并不认真，参与度很低，对学习的重要性嗤之以鼻。尤其工薪阶层的男孩，如果他们的学校、父母、同龄人信奉“反对学业成就”的男权文化，强调狭隘的男权理念，那么这种性别的差异就会不断扩大、加深。男孩们在学业上的成功与否取决于他们有意无意间接收的信息，即对什么样的男人才算好男人这一问题的回答。

假如我们告诉男孩们，在他们有生之年，他们有机会拓展男性的社会与经济角色，就像他们的母亲、姐妹不断拓展女性角色一样；假如我们告诉他们，他们可以自主把握“男子汉气概”的全新定义，如其所愿地将其朝更多元化的方向推进；那么，男人们将发现一个至今无人涉足、无比广阔的新世界——关爱他人。如果我们告诉男孩们，他们可以冲破历史悠久的古老樊篱，成为社会变革的先锋力量，那么突然之间，他们将会被赋予一种使命，并获得启迪以及可供模仿的全新角色——好男人的全新定义。

排除生物学因素

大约十年前，在吉尔德·雷曼美国历史研究所组织的研讨班上，我给一批优秀的中学历史与社会科学老师上课。一位来自南卡罗来纳州的中年男人，暂且称他为吉姆，一直与我保持通信，主要讨论外交政策。而最近，我们谈论得更多的是工作与家庭的关系。

我在《大西洋月刊》上发表那篇文章之后，他写信告诉我，文章中所谈到的“在工作与家庭之间玩平衡戏法”的描述充分体现了他妻子的经历。因为她为一家大型跨国医疗器械公司效力，她顺利地沿着职业晋升阶梯一路向上攀登，同时也养育了他们的女儿。

吉姆后来谈及他自身的经历时指出，作为一名职业女性的丈夫，他不可避免必须面对各种挑战。吉姆写道：“首先，社会对收入明显远远不及妻子的丈夫会有微妙的看法，尽管人们不敢公然表达这种看法。”他说：“我非常热爱自己的工作，作为一名高中教师与教练，我乐在其中。”他从来不后悔自己的职业选择，而且他有多种额外的收入来源。他的妻子，一位商界女强人，其收入“自然超过作为教育从业者的我”。

在吉姆看来，即使一个男人有着世界上最坚强的意志，要他对这种境况时刻泰然处之、安之若素，未免有些太理想了。在各种社会情形中，人们可能会出于礼貌对其视而不见，避而不谈，但我可以很公允地说，已婚男人对他人的看法早已心知肚明。吉姆继而感到很困惑，到底他的感受是“一种已经不合时宜的古老标准，还是一种本能的原始欲望”。

我曾在塔夫茨大学做毕业演讲。在演讲中，我建议毕业班的年轻男士们考虑如何处理好工作与家庭的关系，而通常演讲者会向年轻女士们提出这种建议。演讲结束后，听众中的一位父亲给我写了一封信，与吉姆的信很类似。他在信中说，他与心爱的妻子结婚已经有二十年了，共同养育了两个优秀的孩子。后来，妻子得到了一个职业发展的大好机会。为了妻子的事业，他决定搬到别的城市。他的事业不幸因此遭受重创，而妻子的事业却蒸蒸日上。两人之间由此而来的矛盾不断激化，并最终导致婚姻的破裂。

他诚实坦白道：“我感到妒忌，对妻子的怨怼日益加深。这种怨恨一直存在，尽管我知道自己当初的决定完全符合实际需要；但对一位父亲来说，这种状况会让你产生强烈而深刻的失败感。”

吉姆对自己的“原始欲望”深感困惑，而相识于塔夫茨大学的那位父亲认为，我们的猿类祖先经过长期演进，发展出一夫一妻制的关系模式，其中的母亲与孩子非常脆弱。因此，“保护自己的配偶和后代并为他们提供食物的男性享有高度的积极选择的权利。我认为这是男人付出爱的核心要素之一。如果一个男人无法提供保护，也无法挣钱养家，他很可能就不会去爱，就会丧失爱的能力。”

实际上，人类学家们，如莎拉·布莱弗·赫迪，指出在早期人类群居生活中，男人与女人共同承担照顾后代的责任。在《人类早期的性》一书中，一位心理学家与一位精神病学家对人类早期群居生活展开了进化论、人类学、社会学的深刻研究，发现采集狩猎的人们生活在完全平等的社会中，他们共同照顾孩子，分享食物，性也不是排他固定的一夫一妻制。这并非因为他们有着乌托邦式的浪漫情怀，而是因为这样的做法最符合当时生活的现实需要。

经济学家保罗·西布赖特研究了男人与女人之间迥然相异的性策略。他的研究一直追溯到更新世时期，以精子的数目众多与卵子的相对稀缺作为起点。这种本质上的不对称意味着“女人的性心理更倾向于对男性进行慎重选择，而男人的性心理更倾向于对女人穷追不舍”。但是，这种生物决定论的合作冲突模式竟也能解释那些违抗“自然”的性行为。总之，我们有很多原始欲望，男人女人均无例外。而表露呈现出来的不仅与经济学、社会学因素相关，也与生物学因素相关。而且，世界上任何一位顶级生物学家都会告诉你，关于人类男女关系及其互动的历史，尚存太多谜团有待发现。我们现在的知识体系，还未完善，因此任何声称了解什么是“自然”的人实际上只是在展示他或她自己的偏颇之见罢了。

如果我们研究得更加深入一些，如果我们能将自己的先入之见抛至一旁，谁知道我们又能发现些什么呢?

非金钱不男人

几年前，我与一位非常成功的银行家、慈善家共进早餐。她比我年长十岁到十五岁，与丈夫离婚了。她直言不讳地说，男人无法接受伴侣的成功。对妻子比自己更成功、挣钱更多这一事实，他们显然不会公开承认心中的真实感受，因为这种感受可能有违于社会道义。

在20世纪80年代中期，记者贝比·摩尔·坎贝尔曾采访了一百多位丈夫或妻子。他们夫妻双方都有自己的职业追求，而妻子的事业都非常成功。她也采访了多位心理治疗师，他们为类似处境的夫妻提供心理治疗。所有的研究成果最终都写进了一本书——《成功的女人，愤怒的男人》。她发现，很多成功职业女性的丈夫表面上非常支持妻子的事业，但内心都忧心忡忡于婚姻中权力机制的改变。一位跨国公司的副总裁把很多人的心理恐惧概括成一句经典之语："如果我的妻子不需要我的钱了，那她也不需要我了。"

啊，不过那是三十多年前的事了！很让人悲伤的是，与那时相比，变化并不大。根据2011年的一项研究，"男人挣钱养家仍然具有文化上的强制意味。当男人无法挣钱养家时，男女双方很可能因此认为这桩婚姻不值得继续维持下去。"安迪和我认识很多双方均有职业追求的夫妇，其中一些与我们相识于研究生院，当时他们夫妻双方有同等的职业前景。而现在我们发现只有极少数夫妇中的妻子比丈夫挣钱更多。而且，安迪说如果他稍稍谈起我赚钱比他多这一事实，很多人——尤其是女人——就会变得很不安，几乎想要训斥他，好像他说了什么自我贬低的话似的。

也许，这只是因为讨论收入带来的不适与尴尬，但是至少在我青少年时代生活的弗吉尼亚州那是一个禁忌话题，就像宗教和政治一样让人讳莫如深。但安迪和我都认为事情远没有如此简单。因为我当院长时，安迪是教授，而我现在是新美国基金会的总裁，显而易见，我挣的比他多。而当他对人谈起这一显而易见的事实时，听者往往会感到不适；但反过来，如果我对人说起我的丈夫是家庭最主要的经济来源，听者却可以坦然受之，而不会有任何不适感受。安迪对此并不感到羞愧。在他看来，他很幸运！但是从社会层面来说，我们任重而道远。创建了Spenx内衣公司的亿万富翁萨拉·布雷克里，参加了2013年在纽约召开的世界妇女峰会，并发表演讲。她说，曾有好几位前男友，慑于她的财务成功，而不得不选择和她分手。她解释道，她与丈夫谈了很长一段时间，但直到结婚前不久，她才敢告诉他自己拥有多少财富。她最后还说，当她发现丈夫能从容不迫地接受这一现实，她心里才一块石头落地，长舒了一口气。布雷克里的故事确认了我前面阐述的观点，即金钱与男子汉气概仍然有深刻的关联。然而，最终，她显然找到了属于自己的男人——一个有足够安全感、敢迎娶她的男人。与亿万富翁结婚也许并不需要太多勇气，但愿意冲破传统男子汉角色重重限制的男人无疑与勇敢进军男权世界——商业法律等领域的女权主义先锋一样勇气可嘉。

关爱的勇气

莱恩·帕克写道："当居家爸爸的那段时间里，我那离经叛道的选择着实让人惊愕，而我对他们的反应则深感悲哀。"他说在那些日子里，他带着女儿去图书馆、公园、操场，除周末外，他可能一连几个星期都见不到五岁以上、七十岁以下的男人。更糟糕的是，他遇见的母亲们都认为他并非自愿全职在家照顾孩子，而完全是因为他找不到工作。随着时间的流逝，无论怎样努力试图抗拒，他还是难以幸免地经常被人看作"事业上的失败者"。的确，在美国，半数以上全职在家的爸爸要么因为身体残疾，要么因为找不到工作。这意味着，那些主动选择全职在家照顾家庭的男人是多么令人敬佩啊！

正如其他任何类型的行为变化，事实证明，社交网络在这种变革中影响深远。安迪深受他的博士论文指导老师罗伯特·基欧汉的影响。罗伯特是他们那一代人中最杰出的政治学家之一，也是我们的亲密好友。他的妻子南纳尔·基欧汉曾担任韦尔斯利学院院长，后来离开哈佛大学，前往杜克大学担任校长。她是杜克大学历史上首位女校长。罗伯特也随妻子离开斯坦福大学前往布兰迪斯大学任教。任何了解罗伯特的人都知道，他对妻子的成功深感自豪，甚至常常溢于言表。罗伯特是安迪的行为榜样，而同样地，南纳尔也是我的行为榜样。这样的变化正在连锁反应式地发生着。安迪的一位表兄弟是洛杉矶的一名演员、音乐家、艺术家。他承担了照顾家中两个孩子的主要责任，而他的妻子负责赚取家庭中绝大部分收入。当我问对这样的安排他是否感觉良好时，他承认社会压力可能会比较大，但他说自己一直以安迪为榜样，既然安迪能对此欣然接受，那他一样也可以做到。

简单来说，男人需要榜样的力量，将家庭放在首要位置，欣然接受照顾家庭的责任，尤其当榜样们愿意利用自己精英男性地位来重新定义什么是精英男性时，这样的示范作用就更加有效了。穆罕默德·埃尔-埃利安从全球最大债券基金公司太平洋投资管理公司（PIMCO）辞去首席执行官一职，很大程度上就是因为他觉得错过了女儿成长过程中太多重要时刻。他转而接受了几个咨询顾问的职位，这样，他就能拥有足够时间“与女儿一同经历每一天中或大或小的美妙瞬间”。类似地，MongoDB数据库公司首席执行官麦克斯·希雷森宣布辞职，因为他想花更多的时间陪伴他的三个孩子。他辞职时，还在博客上贴上了一篇文章。他在文章中写道：

> 我知道，也许我写的这篇文章会影响到我未来的前途，使自己无法担任其他公司的首席执行官。也许有一天，这会让我蒙受数百万美元的损失。但是，生活是一种选择。现在的我选择花更多的时间陪伴我的家人。我相信，在这样做的同时，我将继续拥有意义非凡的职场生活，并从中收获颇丰。

这些男人都身居高位，而且与好莱坞的明星爸爸们一样，他们的所作所为有着广泛的影响力。在社会经济结构中处于更低层次的男人们往往会向他们看齐，做出与他们类似的选择——几十年来女人们一直在做的选择。罗布·博兰德，是富达投资集团的高级副总裁，而他的妻子，贝斯是明茨·莱文律师事务所的合伙人。他们发现，在追求两份高难度事业的同时养育三个年幼的孩子，简直是不可能完成的任务；他们必须做出妥协。于是，罗布找了一份相对轻松的工作。而两年以后，他干脆辞掉工作，当起了居家爸爸。《波士顿环球报》在新闻中报道，博兰德的儿子告诉自己的医生说：“我最快乐的一天……就是那天爸爸下班后告诉我从此以后他将待在家里，专心照顾我们。”

如果深受尊敬的男人们能处理好与事业更成功、挣钱更多的妻子的关系，或者急流勇退，回归家庭，花更多时间陪伴照顾家人，那么其他男人必会争相效仿。勇于冒险、打破窠臼、在全新角色中证明自己的男人，必将站在时代的最前沿，开拓出一片新天地来。毕竟，美国女人们仍然身处其中的“男人的世界”，实际上是由一小部分享有特权、受过良好教育、性取向保守的白人精英男性主导塑造并为其服务的世界。对美国男人这个整体来说，这个群体越来越不具有代表性，也越来越不能反映其他男性群体的利益与诉求。因此，其他男性群体应积极追求变革，开创真正属于他们的世界。

生活的教训

布鲁尼尔·威尔是来自澳大利亚的博客作者，也是一名从业经验丰富的临终关怀师。她写了一本书——《弥留之际的五大遗愿》，在书中记录了她经常听到的遗愿：位列第一的是“我多么希望当初能有勇气过自己真正想过的生活，而非他人期待我过的生活”；位居第二的遗愿是“我多么希望自己当初别那么努力工作”。她说，她曾照料过的几乎每一位男性病人都曾表达过第二条遗愿。他们错过了孩子的童年，也辜负了伴侣的青春年华。

人之将死，其言也善。然而，为什么这么多人临终之际才幡然醒悟，在人生尽头才意识到他们错过的美好呢？这一切为什么如此之难？

莱恩·帕克在年轻时就懂得了这番道理。关于他花尽可能多的时间陪伴女儿，他写道：“我内心最深层的畏惧在于，几十年后，我回顾自己的一生，却发现为了工作，我做了这么多错误的选择。”他的一位朋友，一名外科医生，每天都体验着生命的脆弱。他告诉帕克：“我曾看见三十多岁或四十多岁的父亲在车祸后被推进手术室，连与年幼的孩子道别的机会都没有……你必须在一切都还来得及的时候，专注于生活中真正重要的东西。”

奥巴马总统也同意这种观念，用他的话来说：

> 如果我们在家庭上失败了，如果我们在责任履行上失败了，那么其他的任何一切都是残缺不全、不足挂齿的。我知道，终有一天，我会躺在病榻之上，静候死神的脚步。到那时，我不会想着我曾签署通过哪

> 些法案，也不会想着曾经致力推行的某项政策，不会想着我做过什么演讲，也不会想着我曾被授予诺贝尔奖。我会想到与女儿们悠闲漫步，与妻子共度慵懒的下午；会想到全家人围桌而坐，脸上洋溢着健康与幸福的光芒，每个人都被深深地爱着。我会想，自己有没有为这一切做出正确的选择。

对我而言，这样的男人，足矣。

UNFINISHED
BUSINESS

第七章

学会放手

与很多人一样，我也是电影《冰雪奇缘》的忠实影迷。而我的两个儿子已经太大了，不喜欢这样的电影。我必须承认，我在长途飞行中独自愉快地看完了这部电影。当我听见电影的两位主人公之一唱起主题曲《学会放手》时，我甚至想欢呼起来。这位公主决意抛弃所有令人窒息的期待——作为公主应有的言行举止，最终使出了被长期压抑的魔力。

这一章包含了电影主题曲中有关放手的信息，不过稍有创新。女性不仅必须抛弃社会对于女人应该是什么、应该做什么的传统期待，也必须抛弃自身对于男人应该是什么、擅长什么、不擅长什么的种种期待。

聚焦于自身

实际上，我认识的所有女人以及来听我演讲的大多数女性观众，对家中的男人都有着根深蒂固的刻板印象。我自己也不例外。我常常与其他女人一起嘲笑“男人的可爱表情”：男人走进厨房，打开橱柜，两眼茫然空洞地直视前方，大声喊道“花生酱在哪儿”，而实际上，它就在他眼前。我也常与人说起“我的丈夫相信世上有圣诞老人”，因为对他来说，圣诞节的一切总是魔法般地出现，比如装着礼物的长筒袜等。当听我说话的是一群女人时，这些话总能让她们发出会心的笑声，从无例外。

适度的性别玩笑完全没问题，也能给大家带来乐趣。在我家，除我之外，一共有三个男人。我们每一个人对男女之间存在的众多差异，往往抱有轻蔑的态度。让丈夫和儿子们感到非常好笑的表情，几乎无一例外涉及肢体功能，我却往往体会不到半点幽默。而在我看来，其义自现的女性行为却常让他们困惑不已。不过，我很乐于承认并接受种种性别差异。

但是，我这里要谈的并不是性别差异，而是先入为主的优越感：大多数美国女人认为我们在家务领域做得比男人好多了，无论是照顾孩子，还是烘烤烹饪。我想探讨的是，我们不想放弃的某些东西，我们想让男人扮演的某些角色，以及我们愿意让男人扮演的某些角色。

想象一下这个情景。第一天上班，你走进办公室，你的老板，一个男人，说道："我通过生物学进化，已经能比你更好地完成这份工作，但我会让你试一试。但是，为了确保一切不出纰漏，我会针对每项工作给出详细的指导意见。当我外出旅行时，我会每隔几个小时给你打电话，确保你一字不差地遵循了我的意见。"

大多数女人在这样的情况下会立刻向人力资源部门投诉，也许还会考虑上法庭告老板。但是，当我向女性观众描述这一虚构场景，在我说到"我会给出详细的指导意见"这句话时，听懂了的观众的欢笑声就开始此起彼伏，不绝于耳了。她们知道我在说什么。这是我们大多数女人对待丈夫或男性伴侣的方式，尤其当他们负责照看孩子的时候。对每一个女人来说，当她们有事外出，需要丈夫在家照看孩子的时候，丈夫把这整件事称为"当临时保姆"，总让她们感到沮丧。她们对丈夫的能力不存丝毫幻想，总是做好食物放进冰箱，并开列一张长长的单子，上面写着爸爸要做的每一件事情。当我指出我们女人在这方面的双重标准时，我发现很多女人表情中流露出一丝羞愧的神色。因为长期以来，我们竭力反对工作场合中的双重标准。然而，不出意外地，观众中肯定会有人举起手来，说出很多女人心中的想法。

"但是，他们真的不知道该怎么做啊。"

“你知道如果我不在，家里会变成什么样吗？”

“我丈夫会每天晚上喂他们吃比萨。”

我总是笑着表示同意。然后，我指出，在我的职业生涯中，我曾花了很多年时间来思考为什么男人总是觉得他们完成工作的方式是最好的或者是唯一的方式。比如对现场办公的宗教式膜拜，无休止地用体育运动来做比喻，总是假定更大的就是更好的。我通常有一套与他们不同的行为方式。只要我出色地完成了工作，哪位男士能说我错了？第一波先行的女权主义者不得不以男人的方式接受职场角色与职场工作；而越来越平等的今天，女人们享有更多的自由，以我们自己的方式来完成职场工作。那么，为什么男人不应该在家里享有同样的自由与平等呢？

男人们当然知道女人们总是假定她们在家事与照顾孩子方面比男人知道得更多。在《纽约》杂志的一篇文章中，心理治疗师芭芭拉·卡斯的描述引起了很多人的共鸣：“很多女人总想控制丈夫的育儿方式。‘哦，你做了这个吗？你做了那个吗？不要忘记她需要这个。一定保证她小睡一会儿。’性别歧视已经深刻内化在人们心中。”在《赫芬顿邮报》上，一位博士作者同时也是一位父亲的艾伦·维亚写道：“抱怨自己太过劳累，渴望爸爸分担更多的妈妈们，在丈夫真的挺身而出，伸手相助之时，大多又会吹毛求疵地批评他们做得不对。她们所谓的‘对’，就是她们自己的方式。我就曾亲眼见识过妈妈们就爸爸给孩子着装或喂食的方式批评、取笑他们。”

为了更好地论证我的观点，现在，让我们假设通常情况下，女人在操持家务与照顾孩子方面的确比男人做得更好。然后，反问自己，之所以如此，其原因何在。这时，相信浮现于你脑海中的一定是自信与熟练吧。

让我们再来想想，家务分工中不存在明显性别刻板印象的领域。比如，报税。在你家，你妈妈报税还是你爸爸报税？在我家，这项工作通常由我爸爸完成。但是，我和安迪结婚后，第一次报税是我来完成的，因为我收入更高，而且在我们结婚之前，每年税收申报都是我做的。我做了第一次报税，懂得了如何操作，顺理成章地包揽了每年的报税。而且，随着经验的积累，一切对我来说轻车熟路、游刃有余，安迪完全没有接手的必要。安迪通常会为全家安排旅行相关事宜，因为他的父亲总是周全妥帖地安排家庭旅行。于是，安迪策划了我们全家人的第一次旅行，而且以后的每一次旅行都由他一手安排。当然，事情也可能会有其他的解决方法。但我想说的是，一旦你拥有做某件事的相关信息与知识，你就会被指派这项任务。随着你知识的积累，你慢慢成了这方面的专家，你的地位也更加牢固。

让我们将这种模式转化到孩子们身上。在原生家庭中，母亲生育了孩子并提供母乳喂养。这意味着，母亲在第一时间就开始积累经验与能力，尽管一开始她对育儿一无所知。婴儿不会自带说明书。自信或缺乏自信——都是自我应验的预言。我们可以从社会心理学家克劳德·斯蒂尔关于刺激的研究中发现与此类似的行为模式。斯蒂尔和他的学生们一次又一次地证明了：在向学生们提出挑战、要求他们做某项任务之前，向他们强调积极正面的刻板印象会让他们有更好的表现，而反过来，向他们强调消极负面的刻板印象则让他们表现得更糟糕。

在斯蒂尔的书《吹口哨的维瓦尔第》中，他讨论了为什么刻板印象不仅是文化性的，也是由环境造成的。比如，女人、黑人、拉美人都被告知自己数学很差，于是他们在数学上的成绩就真的不如男人与亚洲人。但是，斯蒂尔揭示了“刻板印象的危害”也可能是由环境造成的。他曾做过一项研究：研究人员告诉一组拥有出色数学能力的白人男生，他们将接受一项精准测试，测试中共有十八道题目，而且亚洲人的测试成绩比白人更优秀。而控制组的白人男生却未被告知任何消息。测试的结果对比鲜明，曾被告知亚洲人成绩更优异的那一组学生比控制组学生平均多做错三道题目，两组分别获得了B等和A等的成绩。

如果女人们认为自己能比男人更好更快地完成家里的任何事务，那么她们很有可能真的比男人做得更好。相反地，正如罗格斯大学教授斯图特·夏皮罗所说：“如果一个男人被反复告知他不擅长照顾孩子（或烹饪饭菜），或者换作女人来做这些事的话，全家人的幸福指数会更高，他很可能就会开始相信自己的确做不好（甚至天生就不是做这些事的材料）。”女性研究所的联合创始人、作家杰克·奥沙利文也同意这种观点，并声称在如何处理工作与家庭关系的辩论中，男人们如此沉默的原因之一，就在于“即使最高级别的男性企业主管在私人生活与家庭方面也难免缺乏自信”。

只需想一想我们是怎样持续不断地加深这种刻板印象的：当男人抱着孩子，孩子开始哭闹时，我这一代的很多女人就会立刻伸手，将孩子抱过来，因为她们觉得自己比男人更精通于如何哄孩子开心。而我父亲那一代人中的绝大多数以及我这一代人中的相当一部分男人，在这种情况下，很可能会下意识地开始找寻孩子的母亲、祖母、姨妈或者姑姑。

生物学在这里再一次引起巨大争议。在分娩过程中，女性体内会产生大量“爱的荷尔蒙”，也就是催产素。当你望着刚出生的孩子，这种荷尔蒙会发挥作用，使那个瞬间变得如魔法般无比温情，充满爱与怜惜。因为孩子的降生，你的整个世界仿佛发生了翻天覆地的变化。男人不会如此。女性给孩子喂母乳，男人也不会。在自然界，仅有5%的雄性哺乳动物会参与养育后代，而另外95%的雄性哺乳动物使雌性受精之后便离开了。因而，即使女权主义者声嘶力竭地予以否定，但是，我们仍然必须承认，女性是“自然”为养育孩子而“量身定制”的绝佳选择。

但是，这并非最终结论。没错，女性会产生催产素，会母乳喂养。神经系统科学家凯利·兰博特与克雷格·金斯利的研究表明，母爱让小白鼠更聪明，情感上更坚韧，肢体上更灵活自如。然而，在雄性加利福尼亚鹿鼠的大脑中，科学家们发现了与母鼠类似的变化，也发现了与母鼠相同的荷尔蒙。雄性与雌性加利福尼亚鹿鼠都会参与养育幼鼠。它们并非雄性参与养育后代的唯一物种，雄性绒猴、枭猴，当然还有人类中的男性，均被发现内分泌系统和神经元回路都发生了改变。非常惊人的是，这种改变极其类似于雌性动物或母亲身上所发生的变化。

最近在新晋父亲们身上进行的神经影像研究确实显示了他们大脑中的结构性变化——不仅在看到孩子时会变得更活跃，而且与养育和焦虑相关的部分大脑也发生了更大的变化。这项研究只是试验性的，尚处早期阶段，但一对双胞胎的父亲针对这项研究写道：“当你成为一名爸爸，仿佛在你大脑中嵌进了一只不停旋转的盘子（我的情况中就有两只盘子）——一切都来得如此突然。无论你身处何地，所做何事，你总为无比脆弱的孩子们感到焦虑不安，同时又万分警觉。当你陪伴他们玩耍，或喂他们吃东西时，你会非常敏锐地捕捉到他们小小脸蛋上闪过的每一丝情绪，注意到他们每一次轻轻打嗝与细声哭泣。”这听上去难道不像一位母亲？

我不知道，在我们结婚以前，安迪是否曾经对养育孩子有过很多思考，但他肯定没有想过照顾孩子的诸多细节。但是，他是一名大学教授，在孩子出生的最初几个年头，他总是能抽出时间来和我一起陪伴、照顾孩子。我弟弟布莱恩出生时，我已经十岁，经常照顾他。所以，当我的孩子出生时，摇晃着安抚孩子、让孩子打饱嗝、给孩子换尿布，这些经验很快被我重新捡起来。但是，大多数时候，我们不得不适应时代，采用全新的育儿工具和方法来照顾刚出生的孩子。安迪常常阅读育儿书籍，或研究多种育儿产品。即使在我母乳喂养时，安迪也会用奶瓶装满母乳，喂孩子喝完当天最后一次奶。他全权负责，一边测试一边扬弃各种喂饱爱德华的方法，让我们能多睡一两个小时。他们父子之间在很早的时候，就迅速建立起情感的纽带。

我们正在进入一个广阔的新时代。在这个时代里，我们对大脑、身体、生物学都有了更丰富的知识。目前我们最应该秉持的一种观念是：对男人和女人各自能做什么，未知的信息仍然太多；对先天自然因素与后天养育条件如何设定我们能做什么或限制我们做什么，我们仍然知之甚少。我们彼此相异？毫无疑问。但我们之间的差异限制了我们的能力与未来发展的可能？我们只能选择挣钱养家或照顾家人？我们不得而知。我们应该记住凯利·兰博特的智慧之语：“如果自然能提供什么教诲的话，那无疑就是，能灵活适应不断变化的环境的物种，才能生存下去。”

我们不想放弃

我清晰地记得，有一回，儿子晚上醒来时第一次喊“爸爸”，而不是喊“妈妈”。我的第一反应是深深的沮丧。我是他的母亲。孩子应该喊妈妈，向妈妈寻求安慰才对呀。如果他喊的不是我，那我肯定不是一个好妈妈。所有这些想法迅速闪过我的头脑。丈夫却在我身边呼呼大睡。而我，终于还是起身去看了看孩子（安迪曾发誓说我不在家，孩子们喊他时，他总能及时醒来。我永远也不会知道真实的情况到底如何！但是儿子们从未抱怨说我离家时爸爸让他们独自哭泣，不管不顾）。

我起床，安抚了儿子，告诉他妈妈就在他身边，爸爸在楼下睡觉，一切都很好。很多年以来，有很多次，儿子们总是第一时间向安迪求助，而不会求助于我——无论是家庭作业辅导还是寻求音乐、女孩等各方面的建议——我曾就此与自己展开严厉的对话。即使如我母亲所说，我总是想鱼和熊掌兼得。事实上，在获得了职业生涯带来诸多奖赏和满足的同时，我并不能指望儿子们总是第一时间向我求助。

那天晚上，我也反思了自己的情感。是负疚感吗？理想的好母亲就是在孩子需要时总能出现的母亲吗？在美国，近些年来，我们一直不遗余力地批判这种观念。我们一次又一次反问自己，为什么当母亲一定要如此沉重艰巨、殚精竭虑？我常常困惑不解，我母亲过去常奉为抚养孩子最佳原则的“善意忽视”到底出了什么问题？我的一位朋友说，目前的情况下，“善意忽视”可能会招来社会福利部门的干涉。

詹妮弗·西尼尔在2014年出版的畅销书《只有欣喜，没有乐趣：现代育儿的悖论》中指出，在几方面因素合流、共同作用下，“善意忽视”这一育儿原则逐渐变得落伍。原因主要有：美国人生育的孩子越来越少；由于节育技术与工具的普及，女人对生育有了更强的控制力；父母们生育孩子的年龄段比我母亲那个年代要晚得多。从1970年到2006年，在三十五岁之后生育第一个孩子的女性增长了近八倍。“因为我们中有如此之多的人是热情洋溢的志愿兵，而非曾经的忠于职守的应征兵。”西尼尔写道，“我们无限拔高了孩子对我们的意义，充满了期待；我们把孩子视为人生完满的源泉，而非生活的普通部件。”

说实话，当我听见儿子晚上醒来喊的是安迪而不是我时，我所经历的最艰难的情感考验，不是内疚，而是妒忌。即使我从职业生涯中收获了所有可能的奖赏，我还是想让他们第一时间求助于我，而不是他们的父亲。精神病学家安德拉斯·安葛亚写道：“我们希望被他人需要。我们不仅需要他人，我们也会因为被他人需要而深受激励。”当孩子们诞生时，母亲们往往要手忙脚乱地辛苦很多年，并且很可能没有人会为她们代劳；但问题是，我们是否真的希望或者我们是否真的愿意与其他人共同分享母亲这一角色。

卡特琳·本霍德是一名年轻的新闻记者。十多年前我们就认识了。她的聪明才智与上进心立刻征服了我，让我印象深刻；后来我坚持阅读《国际先驱论坛报》上她写的专栏文章，并同意就对外政策问题经常接受她的采访。又过了一些年，她结婚了，生了两个女儿。我那篇《大西洋月刊》上的文章发表一年后，我很愉快却丝毫不惊讶地读到她对父母双方中“谁应该最被需要”这一问题的思考。

本霍德获得了哈佛大学的尼曼奖学金，那是新闻专业领域的最高荣誉。奖学金获得者可以去剑桥学习九个月。尼曼奖学金获得者名单中不乏众多世界一流记者的名字；通常情况下，男性获得者会带上妻子、孩子，如果有的话，一同前往哈佛大学满布象牙的豪华礼堂接受该项荣誉。然而，对本霍德来说，她丈夫在伦敦的工作让他无法脱身，而她也无法在剑桥独自照顾两个女儿。于是她便像我赴华盛顿工作时一样，把孩子留给在伦敦的丈夫照顾，独自搬来剑桥。

后来，她每次回到伦敦家中，都发现丈夫终于能以全新的方式理解为人父母所包含的艰辛与不易了，包括通宵达旦照顾孩子，第二天又赶早去工作的那种“不堪背负的疲惫”。“但是，他也因此获得了巨大的影响力——成为孩子们心中的唯一，是他们慰藉的终极来源。”而反过来，她现在终于品尝了“孩子想要父亲的安抚，却竭力排斥自己所带来的刺痛感”。

本霍德跟我一样，也知道无比自由、全力以赴地追求职业理想对我们是多大的诱惑力。“我们总是很自由，不用每天负责照顾孩子的一堆琐事；我们可以很少露面，或者只是陪孩子玩上一时半会儿，而不必监督他们刷牙，时刻对他们的行为进行约束和管教。”她很诚实地承认自己过去以为“我怀胎十月生下了他们，我与孩子们的情感纽带是我丈夫——一直参与育儿的父亲——所无法匹敌的”。然而，她现在的结论却发生了很大的变化——“责任与时间，而非性别，决定了你与孩子的感情有多深厚”。而且，她与丈夫之间变得更平等了，因为彼此都渗透进对方的性别角色中去了。

对她的两个说法，我都非常赞同。毫无疑问，在某些事情上，儿子们会第一时间向我倾诉求助，比如感情问题或道德难题等，我非常擅长解决这方面的问题。我个人希望在竞争与关爱这两者之间保持一种平衡状态。于是，我告别华盛顿，回到家里来，我自然可以成为孩子们生活的一部分，了解他们何时需要我的帮助以及需要什么类型的帮助。只有这样，我才感觉自己的生活是完满无缺的。正如，在我的父母、兄弟姐妹、亲密朋友需要我时，我能站在他们身旁。这些对我而言，至关重要。

然而，无论如何，我必须接受，为了工作我不得不出差旅行，只能靠安迪在家照顾孩子。我总是安慰自己，我的父亲在我成长过程中也经常不在家，但我们之间仍很亲近。但我也告诉自己，很幸运儿子们与我、安迪感情都很亲密，而我尤其荣幸，能同时拥有成功的事业和美满的家庭。

我的经历与卡特林·本霍德的经历类似，却无法反映普遍的现象。然而，被需要是一种普遍的欲求，母亲们传统上在这方面得到了极大的补偿与满足。如果我们接受，女人要达到职业生涯的顶峰，她们必须牺牲一些东西，做出妥协，即使她们拥有财富和选择的权利；如果我们准备好了，让男人们成为平等的关爱者，就像我们要求成为平等的竞争者一样，那么我们必须襟怀坦荡，真诚面对自己内心最深层次的需要和欲望。我们必须学会放手：其一，放弃事必躬亲、操持家务；其二，放弃成为孩子宇宙的中心。

五十度灰之困惑

在我那篇文章发表后不久，我在CNN纽约演播厅外结识了一位年轻女性。当时她认出了我，并感谢我在全社会引发了探讨工作与家庭关系的热潮。我们简短地谈论了平等伴侣的重要意义，但她对“全职在家的丈夫、洗碗拖地的男人”这一想法忍不住皱了皱鼻子。她的反应切中了持续存在的男女不平等问题的要害。

女人可以退出劳动力市场，而且仍然是一名富有魅力的伴侣；但对于男人，那却是一种冒险。虽然比起过去，我们现在更乐于接受居家爸爸的出现，但我们并没有达到完全平等的状态。2010年，皮尤研究中心询问受访者，挣钱养家、为家人提供优越的物质条件对男人来说是否很重要。64%的受访女性回答说是。当被问及对女人来说是否很重要，仅有39%的女人回答说是。

年轻男性能敏锐地觉察到，很多女人所谓的“想要的东西”与她们实际选择的东西之间存在巨大的鸿沟。在《男人的终结》一书中，汉娜·罗辛引用了一个拥有硕士学位的二十九岁年轻人大卫论证“居家爸爸”这一概念的陈述：“没错，那吓到我了，在我脑海中挥之不去。无论我们（1980年后出生，受过良好教育的都市男性）有多么进步，我们仍然认为居家爸爸是一种病态、柔弱的形象。我本人信奉进步启蒙思想，而且从政治意识形态的层面上来说，我相信他，我希望他存在。但我就是不想自己成为居家爸爸。”

盖伊·瑞茨是美国国家公共电台TED广播时间的主持人，他的工作时间并不是通常的朝九晚五。他说，他常在操场上被一群妈妈和保姆围着，而他则是其中唯一的爸爸。“即使在最开明的社会，也总是会有人偷偷嗤笑，开‘家庭妇男’的玩笑。”瑞茨写道。

女人对男子汉气概的定义与男人们差不多。如果男人要改变，那我们女人必须发现并拥抱全新的男人形象：他能照顾孩子，赚钱比我们少，对打理厨房、辅导功课、安排旅行有自己独特的想法，而且作为一个男人，他依然十分性感，富有吸引力。

然而，现在我们发出的信息并不清晰，有混淆视听之嫌疑。

尽管有三百万人登录《大西洋月刊》网站阅读了我文章的全文或部分文字，截至2015年3月，有两百多万人购买了《向前一步》，却有一亿人至少购买了《五十度灰》三部曲中的一本。《五十度灰》是一本虚构爱情小说，男主人公是一位英俊潇洒的亿万富翁，轻松玩转所有体育项目，有大房子、私人飞机、豪华跑车、整柜价值不菲的衣服以及可以随心所欲支配众多女朋友的游戏室。他总能照顾好一切，而女主人公只能追求一份乏善可陈的事业。这套书的所有故事情节均围绕最终成为他妻子、他孩子母亲的女主人公如何抗拒他而展开。她将他的欲望改变成爱，将他的古怪癖好控制得恰到好处，既能激起自己的欲望，又不至于造成真的伤害。媒体纷纷预测这套书的读者群与电影观众必将压倒多数的是女性。但是，现实生活中的男人们绝不可能在这波热潮中置身事外。

在我看来，我们所有人，不论男人女人，很多时候都想要他人的关爱与照顾。我总说，当妈妈最艰难的就是，在我自己病倒之时，没有人会嘱咐我卧床休息，也不会有人在我前额放一只降温袋，我喜欢男人们在生活中展现自己竭力保护家人的一面，也非常愿意时不时地放手，让他们掌管一切。但是，幻想总有那么一个男人：坐拥傲视群雄的财富，神通广大，无所不能，一切均在其掌控之中，却充其量只是白日梦般的空想罢了。

我们的困惑并不奇怪，很多男人也非常困惑。但是，我们至少应该坦诚面对这样的困惑。尽管我们总说，在家里我们需要平等的伴侣，在工作中我们需要平等的搭档，但我们经常无视或抗拒显而易见的事实：大多数男性首席执行官家中，在需要照顾年幼的孩子那几年，他的妻子或伴侣要么全职在家照顾孩子，要么工作时间相对灵活，有充足的时间兼顾工作与家庭。既然如此，女性首席执行官们也需要同样的安排。我们想要追求事业，我们想要照顾家庭，我们想要各方面都比我们自己更平等、更优秀的配偶。既然我们想要的这么多，那么我们也需要牺牲些什么吧。

将女超人的幻想抛诸脑后

首先必须放手的是，我们对自己非理性的期待。芝加哥大学经济学家安娜・伯特兰与她的同事埃米尔·卡门尼卡、杰西卡·潘开展了一项有关时间利用的研究。她们在研究中发现，比丈夫挣钱更多的女性比其他女性承担了更多的家务劳动。这听起来有些疯狂，但从心理学的角度考虑这个问题，我们就能明白其中的道理。在《伙伴关系的力量：为什么女人是更好的领导者》一书中，贝琪·波尔克与麦琪·艾利斯·科塔斯写道：

> 想想你身边的女人们，有多少人正挣扎着往业已不堪重负的生活中硬塞入更多的东西？有多少人总是习惯说“是”而很少说“不”？有多少人试图说服自己完美就近在咫尺？她们需要做的就是更努力地工作，更少地睡眠，对自己逼得更紧一点，笑得更灿烂一点，表现得更坚强一点，然后，也许，她们就能在某一天以某种方式得偿所愿，抵达心中的理想目的地。

这些女人——波尔克与科塔斯把过去的自己也归入其中——“千方百计地想成为女超人，集聚所有的能量来达到幻想中的完美，试图攀登不断升高的期待之山峰（她们对自己的期待与他人对她们的期待）。她们越努力，越抗争，就陷得越深，越无法自拔。”

正是这种女超人式的完美主义促使德博拉·斯帕撰写了《奇迹女人》一书。她直率地说，她那一代的女性“犯了个错”。（斯帕只比我小七岁，但那意味着我是70后那一代人，而她是80后那一代。从女权主义发展轨迹来看，两者之间存在着明显的差异。）“我们接受了女权主义抗争的胜利，并将其诠释为通往个人完美主义的路径。”整本书振聋发聩般提出了强有力而充满智慧的观点，呼吁女性摆脱“各种不现实的期待组成的强大力场”——女人应该既是模范母亲，又是职场明星，既能拯救世界，又能永葆青春，像个十七岁的少女一样魅力四射、光彩夺目。

斯帕和我在一个问题上存在分歧：男人是否能够挺身而出，以平等或主要关爱者的身份承担家庭责任。我必须声明的是，我本人并不是完美主义者，我可以欣然接受自己并不符合理想母亲的形象这一事实。因为就我本人而言，我赞赏我母亲画出如此精美绝伦的画作，而且其程度远远超越了我对母亲烘焙纸杯蛋糕的欣赏。但是，对那些不断向自己提出更多要求，相信自己起床早一点、时间利用合理一点、工作再努力一点就可以达到完美的女人，我想说的是，别再继续了，学会放手吧。

放手让他们以自己的方式来做吧。

我们常常程式化地描述过去。在那时，女人们照料家庭。在属于她们的家庭领域中，她们充满自信，精明强干。男人们主宰了职业场所，同样满怀信心，心安理得。然而现在，女人们在工作领域异军突起，迅速蹿升，其出色的能力足以担当男人从事的任何工作，其傲人的工作表现完全可以媲美甚至超过男人。女人们不仅“挣钱养家”，也能“照顾家庭”，她们冰箱上贴着的日程安排表看起来仿佛机场的交通管制图般繁忙而复杂。她们都是女超人。她们也许已精疲力竭，比四十年前的女人更不幸福，但至少她们还拥有这一切。

我们必须从自建的神社、神坛上走下来，当我们觉得自己承受了太多、不知所措时，我们需要放手，寻求帮助。比起假装自己拥有无穷的力量，承认自己的脆弱往往需要我们拿出更多的勇气。有些读者可能已经抛弃了做一名女超人的抱负，她们现在很可能在想：当然了！这正是我们需要的。我们希望男人能承担起这副担子，成为平等的关爱者，而我们也就可以成为平等的养家者。

然而，这正是我们最终必须放手抛弃的东西。我们一直在要求男人的帮助，这意味着我们决定应该做什么，然后要求男人来帮着做。这并不是理想的关系模式。真正的平等是指，将工作场合中的平等复制到家庭场合中来，这需要建立一整套全新的家庭秩序。

布伦特兰夫人是挪威的第一位女首相。根据她的说法，她首次接受邀请进入政府工作是在1974年，被要求担任环境部长一职。当时她年仅三十五岁，家里有四个未满十三岁的孩子。她的丈夫鼓励她接手这一职位，并说他会照顾孩子们的。当然有一个条件，允许他用自己的方式来照顾他们。她明白丈夫的意图，以前他们总是共同分担各项家庭事务，但主导权都掌握在她自己手上。现在她的丈夫要求由他来主导家庭事务，而不是她告诉他应该做什么。后来，她回忆了丈夫的某项创新做法。当孩子们开始学习熨烫衣物时，他总是让两个孩子一起来做，这样他们就可以边熨衣服边聊天，使整个过程变得更轻松。他还将弗吉尼亚机场上看到的一句话做成标识放在家里——因整洁而健康，因脏乱而温馨。

我和安迪也花很长一段时间才最终达成共识。在过去的很多年里，我总是对安迪感到气愤，因为他觉得每一件家务都是我的责任，与他毫不相干。尽管他也做了不少事情，但总是需要我告诉他应该做什么，他才会去做。他从未感到任何紧迫感和必要性主动做某些事情，他从未认真考虑我的感受。直到有一次，我们外出旅行时，他才终于感同身受体会到其中的不易。

他负责旅行计划的每一个细节：航班、汽车、酒店、日程安排、联系方式。他总是让人厌烦地催促我和孩子们起床、收拾东西、抓紧时间出发。孩子们和我总是听从他的指挥，却很少能如他所愿迅速高效地完成各项步骤。我们总是无忧无虑，因为有人会安排好一切，我们不必费心地查看日程安排、预见可能的突发状况，或担心接下来会发生什么。

我告诉安迪，在旅行途中，我们只是愿意听从指挥却不负责任的做法让他感到十分沮丧，而这种沮丧的心情与我在家里的感受如出一辙，他立刻醒悟过来，真正理解了我在家中的处境。但是，我还意识到别的一些东西。在很长一段时间里，我其实并不愿意让他负责完成一些事情，我从心底里觉得，在操持家务方面我比他更精通。我并不相信他能独立料理家务，当然也不可能以我的方式来完成它们。

儿子们很快指出，这是彻头彻尾的性别歧视。我，与我认识的大多数女人一样，先入为主地假定在照顾、操持家务方面，安迪不可能做到跟我一样好，因为他是个男人。如果男人也先入为主地假定，在司法、医药、商业等领域，我也不可能做到和他一样好，因为我是个女人，我一定会勃然大怒的。

为什么我们不放手？女人们之所以觉得自己在家中地位高人一等，她们的育儿方式、装饰或收拾房间的方式才是正确的方式，至少其中部分原因是常被人引用的规律——女人比男人更擅长同时处理各项任务。新闻记者丽莎·米勒在她那篇备受争议的文章《复古的妻子》中写道：“在我的朋友中，很多女性表现得仿佛她们的进化使命不仅限于生育后代、母乳喂养，还包括关注各种家庭琐事，似乎只有她们才能组织生日聚会、预约医生、包装礼物、与老师沟通、给孩子买双上学时穿的新鞋。”她继而引用2010年英国某项研究的结论：“男人缺乏与女人同等的用于同时完成多项任务的强大脑力。男性与女性研究对象被要求寻找一把丢失的钥匙，而与此同时，必须完成一些其他琐事——接电话、看地图、做数学题等。女性通常能更迅速地找到目标。”

好吧，为了便于讨论，让我们暂时假定女人更擅长同时完成多项任务。那又怎么样？不久之前，我们还把同时完成多项任务的人（包括女人）称为“注意力涣散者”或“博而不精的万事通”。从什么时候开始，能同时完成多项任务成了衡量成功与能力的标准，而且还是唯一标准？

安迪和我都认为，在同时完成多项任务方面，我的确比他更擅长。我能记起各种约会，一边为准备晚餐开列清单，一边给孩子的老师写邮件。但是，安迪可以比我更快地把美味晚餐呈上桌，他也可以连续几个小时坐在小儿子身旁，不厌其烦地指出并纠正儿子练习钢琴中所犯的细微错误。在约束管教孩子方面，他无疑做得更好。这些特征很多都来自他排除了其他事物干扰的能力。他能在很长一段时间中持续专注于某一件事情。无论夫妻双方谁更擅长同时完成多项任务，谁更擅长专注于某件事；无论他们中谁更擅长料理家务、督促完成家庭作业，谁更擅长组织游戏伙伴；如果我们女人真的想要在家庭中与配偶达成平等，那么我们就不能要求丈夫以我们的方式来实现所谓的平等。安迪对操持家务的理解和看法肯定与我不同，正如他对家具的品位、对厨房的安排都与我相去甚远。

为什么我的方式才是正确的呢？的确，爸爸们负责操持的部分家庭，可能看上去更像运动野营，而非《家政》杂志照片上呈现的唯美家居。我甚至想冒点风险地说，爸爸们管理的家庭常比妈妈们管理的家庭更加混乱。吃完晚饭后，爸爸很可能迫不及待地打开电视看场比赛，却把脏盘子与脏衣服丢在一边。在我家，当我在华盛顿时，他们甚至一边吃晚饭一边看扑克比赛。你的配偶也许会像詹妮弗·西尼尔在《只有欣喜，没有乐趣》一书中写到的那样，在情感上很少关心孩子每时每刻的感受，而更多的是现实地关注他们身体或智力上的需要。这并不要紧：迅速的情感反馈，只在一些特殊情况中显得很有必要，比如摔破了膝盖时，及时的安慰不可或缺。但对正在训练独自睡觉的孩子来说，用处并不大，我发现爸爸们常用的育儿方式与妈妈们常用的育儿方式相比较，并没有明显的孰优孰劣、高下立现的差别。

即使我们依然顽固不化地抱持原有的刻板印象，我们女人最害怕的情形——整洁的客厅变成了脏乱的洞穴——真的变成现实，难道我们的孩子肯定会因此变得更加没出息吗？尽管单身父亲并不像单身母亲那么普遍，他们仍然成功地养育出优秀的孩子。有两位爸爸和两位妈妈的同性恋家庭也是如此。既然如此，那么女人可以放手让男人成为真正平等或主要的关爱者。我们会发现，关于不同的性别之间育儿方式存在差别的所有刻板印象，实际上都只是社会化的结果。

这一切，只有唯一的出路。

回到未来

每一代人都认为他们的做事方式是应有的方式。但实际上，谁应该是关爱者、谁应该是养家者的观念形成与谁应该被允许彼此通婚的观念形成同样具有历史的偶然性。在美国很多州，不同种族之间的通婚，直到1967年才被宣布合法。现代英国皇室成员不允许与平民通婚的规定，直到查尔斯王子迎娶戴安娜王妃才被打破，或者说王室成员不允许与离过婚的配偶结婚的规定，直到查尔斯王子迎娶卡米拉才被打破；争取同性婚姻合法化的努力，仍在美国如火如荼地进行着。在某个时代曾经不可想象的事情在另一个时代却变得稀松平常。

早在1993年，历史学家玛丽·弗朗西斯·贝里在《纽约时报》的专栏文章中就曾经讨论过关爱问题。她认为“传统的理想化的”男主外女主内式的家庭分工是一种现代发明。（贝里的专栏文章是当年她对金巴·伍兹和佐伊·贝尔德为了照顾孩子而退出竞争司法部长职位的回应，但是可悲的是，二十多年前发生了的事情，在今天看来依然新鲜如初。）她指出，在20世纪50年代，白人家庭均依靠黑人女仆来照顾孩子，即使工薪阶层家庭也有黑人女仆。如果我们再往前追溯至17世纪、18世纪，实际上很多父亲在孩子断奶后成了主要的照看者：

> 父亲们不仅指导孩子们的教育、宗教信仰，也常与他们一块儿玩耍，照顾他们的饮食，孩子们半夜醒来时安抚他们安然入睡。现如今的趋势，即父亲承担越来越多的育儿责任，减轻母亲平衡工作与育儿的压力，可以被视作对以往家庭分工模式的一种回归。

在那些童年极其短暂、几乎可以忽略不计的年代里，孩子们基本上都会跟着父母双方中与自己性别相同的一方“做学徒”：男孩跟着父亲去工作，女孩跟着母亲学做家务。照顾婴幼儿是女人的职责，在更富有的家庭中那或许是保姆的责任，但是教养孩子是父母双方共同的责任。

家庭经济长期以来一直影响着各位家庭成员所担当的角色的演化。在农耕时代，家庭成员一起在农场上劳作；而在工业时代初期，来自贫困家庭的孩子去工厂上班挣钱，他们的父母便不再继续种地。只是从20世纪上半叶开始，童工才从西方劳动者市场中被排挤出去，因为对缺乏技术的劳动力的需求在不断下滑。更多的家庭有钱供养孩子上学，正如社会学家维维安娜·泽利泽所描述的，“曾在19世纪中充当有用劳动力的孩子们变得毫无用处，便纷纷被送进了学校。”

苏珊·法露迪在她的书《惨败：美国男人的背叛》中提出了一个非常有价值的观点：“在我们的社会中，男子汉气概来源于男人们的作用，而不是相反。”男子汉气概不是一件像太阳镜或盔甲一样可以脱卸的东西，“在长岛海军造船厂工作的男人们，绝不会屈尊像装配工、焊接工、锅炉制造修理工那样去学手艺，从而彰显自己身上的男子汉气概，他们会找寻一些有价值的事情来做。”法露迪解释道。换句话说，如果男人的照顾和关爱兼具经济价值与情感价值，我们就会重新定义“男子汉气概”这一概念，将关爱品质纳入其中。随着付费工作的性质与地点的迅速变化，我们的价值观也会发生改变。如果历史能给我们一些借鉴与指导，那么男人应该担当起更广泛的关爱与教养角色，无论是教师还是企业家。然而，男人们会以自己的方式重新定义这些功能，但首先，女人们得允许他们这样做。

全新的时代

英文教授阿比盖尔·瑞恩在她的博客上写了一篇很棒的文章——《完整无缺的妈妈》。她在文章中将留着胡子、绣着文身的丈夫描述成“自制尿布的奇才、手艺绝佳的大厨、巧夺天工的园艺大师”，并声称他与他们的儿子已经建立起“亲密无间的互动节奏”，让旁人备感赏心悦目。瑞恩意识到，即使她的儿子整天穿着错搭的袜子或睡衣，也不能说明丈夫在照顾孩子方面做得不够出色。她指出，21世纪真正的革命“将是不再把家庭视为带有性别色彩的空间”，而应该将其看作男性与女性共同的领地，就如我们现在看待工作场所一样。

闭上眼睛，想象着放弃一切——你想象中他人对你的期待，你对自己的期待，你对配偶的期待，你对家的期待。想象一下，如果你的孩子会第一时间向你的丈夫或伴侣或其他关爱他们的成年人求助，你将拥有足够的安全感，充分理解生活中的很多人都可以成为他们的依靠。想象一下，你的配偶将平等地负责部分家庭责任，他会告诉你该怎么做、如何提供帮助、如何临时替代他履行责任。如果我们可以放弃脑海中堆积如山的假定、偏见、期待、双重标准与怀疑，那么充满无限可能的全新世界就会到来。我们可能再也当不了女超人，但我们将会收获更多。

UNFINISHED
BUSINESS

第三部分

通往平等之路

大法官鲁斯·巴德·金斯伯格长期以来一直致力于女权主义抗争，20世纪70年代曾在争取妇女权利方面赢得了意义重大的胜利，并在1993年被克林顿总统任命为最高法院大法官。后来，她继续就男女平等、妇女权利等问题公开发表自己的意见与看法。

金斯伯格曾接受最高法院内部通讯的采访。在采访中，她坦言，她曾允许助理大卫·波斯特灵活安排工作时间，以便他照顾两个年幼的孩子，因为他的妻子当时是一名经济学家，工作异常繁忙。金斯伯格说："那就是我理想中的世界。当父亲们在照顾孩子方面承担起平等的责任，女性才真正得到了解放。"

请注意，她既没有说"当父亲们在家务上尽职尽责"，也没有说"当父亲们分担部分家庭杂务"，她说的是"当父亲们在照顾孩子方面承担起平等的责任"。"承担责任"与"帮忙"之间有着天壤之别。与后者相比，前者包含着大量的后勤服务工作，也意味着为家庭牵肠挂肚、时时操心，临时代替配偶履行家庭责任更是题中应有之义。女人应该学会放手，而男人应该学会接手。

然而，我们有可能促成如此巨大的改变吗？2013年夏天，我在TED全球大会上发表演讲时，曾呼吁在场观众思考"重新社会化男人"的必要性。我在这本书中也提倡这么做。但是，我能感受到当时观众席上弥漫着强烈的怀疑情绪。"你也许觉得这不可能发生，"我说，"但是，在我小时候，我母亲会在晚餐派对的餐桌上摆出香烟；白人和黑人不能共用卫生间；每个人都声称自己是异性恋者。而现在，一切都变了。”

这段话招来了观众的一阵苦笑。我此番话语的目的是提醒观众，在过去的半个世纪中，我们的世界发生了多么巨大的变化。这些变化在很大程度上改善了美国黑人、同性恋、双性恋及变性者的处境，安慰了至亲之人被肺癌夺去生命的家庭。这种变化无疑是巨大的。追溯过往，转而想想，我们未来还能在多大程度上改变我们的社会——尽管现在看来，这一切简直难以想象。

最后四章将探讨，为了实现男女平等，完成妇女运动的伟大事业，我们必须采取的措施，包括话语方式的改变、职业发展轨迹的改变、职场环境的改变，以及政治制度的相关变化。

2012年，我带小儿子一起参加民主党全国代表大会。那时还是参议员的约翰·克里正在讲话，儿子问我他是谁。我回答说他是参议员，曾在2004年参与竞选总统。如果奥巴马再次当选，那他很可能会担任下一任国务卿。儿子一脸惊讶，毫不迟疑地说：“你是说男人也可以当国务卿？”儿子1999年出生，当康多莉扎·赖斯接替鲍威尔担任国务卿时，他才五岁。后来，克林顿国务卿又成为赖斯的继任者。看着儿子，我不禁回忆起，1997年首位女国务卿马德琳·奥尔布赖特宣誓就职时，我曾多么欢欣鼓舞。要知道，两百多年来国务卿职位一直为男性所垄断，她是有史以来担任此职的第一位女性。

改变通常需要很长时间的酝酿，但条件成熟后，改变的发生确实如迅雷不及掩耳般异常迅速，就如汹涌澎湃的洪水冲破堤岸，势不可当。在过去几十年的人生中，我见证了女性权利与地位的巨大变革，但这种变革的节奏目前明显减缓，甚至有些停滞不前。是时候来一场全新的变革了，不仅是女性的变革，也是男性的变革。

UNFINISHED
BUSINESS

第八章

改变我们的话语方式

20世纪80年代初，我在哈佛法学院开始第一年的学习。我仍然记得当时自己对教授们的说话方式深感惊愕。哈佛法学院的一小部分年轻男教员（当时整个系部有七十人左右，只有极少数女性），处心积虑试图改变他们所传达的性别信息。比如，当时讲授侵权行为课程的教授提到法官、医生、律师、工程师或其他职业时，他会特意使用代词“她”。每次他这么说时，我总不免为之一怔。我后来常常和我的学生们说，虽然我并不是很老，20世纪80年代也并不久远，但这种称谓变化却让当时的我大开眼界，我的世界自此焕然一新。

大约十年前，相对于“Miss”（小姐）和“Mrs”（夫人），敬称“Ms”（女士，发音为/miz/)开始得到广泛使用。你也许很难相信，当年将“Ms”引入词典，是众多女权主义先驱在女权主义杂志（现在成了为新偶像代言的杂志）上破除传统偶像崇拜、为变革摇旗呐喊的结果。“Miss”（小姐）与“Mrs”（夫人）直接揭示了女性是否已婚的信息。这些称谓包含了一种先入为主的假设——她的婚姻状况是人们想了解的、关于她的最重要的信息。而“Ms”（女士）则给予女性一种自我身份，与她们的婚姻状况无关。语言方面看似细小的变化，实际上却有重大的象征意义。

我列举以上这些例子，是为了说明我们的说话方式有多重要。实际上，它非常重要。我们的用词会反映并深化我们内心的假设——关于什么是正常、什么是不正常，关于什么是允许的、什么是不允许的，关于什么是有价值的、什么是无价值的。改变我们的说话方式看似微不足道，但它能传达出非常丰富的内涵信息，能改变我们对说话对象的默认假设。回忆起我在法学院学习时的经历，听到“她”被用来指代我只见过男人从事的职业时，我观念中女性发展的种种可能立刻得到了无限的拓展与延伸。

20世纪80年代，改变我们的语言，将女性——人类的半边天，纳入话语系统，是一项重要的社会议程。四十年后，我们仍然在不断扩展语言的边界。2014年，“脸书”网站修改了关于性别的选项。以前，你可以在“脸书”网站上选择男性或女性来建立个人档案。但这让很多性别不明的人感觉自己的身份被抹杀忽略了。现在，“脸书”网站上，有很长一串关于性别的列表供你选择，包括变性男人（女变男）、变性女人（男变女）、性别不明、双性人等选项。正如反歧视同志联盟主席萨拉·凯特·艾利斯说的那样：“这种功能在承认跨性别者这方面跨出了重要一步。这相当于允许他们用自己的语言来讲述他们自己的故事。”语言作为一种基本途径，能让我们看到那些隐匿于无形的东西，听到那些归寂于沉默的声音。

已婚的母亲晚上外出时总是经常被问道：“哦，今晚你丈夫在照看孩子吧？”处于相同情况中的已婚男人会被问及他妻子“在照看孩子”吗？为什么我们不把有孩子的男雇员称为“职场父亲”？为什么我们把承担主要关爱责任的男人称为“居家爸爸”？这些语言上的差别看起来很细微，无关痛痒，但是，由一系列责任与行为模式组成的整体架构却有可能因此岌岌可危，处于崩溃边缘。

委婉语的困扰

虽然我离开国务院，回到了教授岗位，但我始终属于职业女性，这一点毫无疑问。然而，很多人在回应我发表在《大西洋月刊》上那篇文章时却将这种辩论视为另一种形式的“妈妈问题”。有人评论说，我“之所以放弃国务院的工作，是因为作为一名妈妈，我感到内疚”。另外，有人直接将我归入一种常见的类型——“中途退出、走下坡路或无法将事业与家庭结合在一起的女人”。

用漫画《卡尔文与霍布斯》的经典语言来表达就是“啊啊啊！”简直太让人抓狂了。然而，尤其让人沮丧的是，我之前已经预料到有人会如此看待我的选择，并在文章中特意做了反驳。我其实一直都知道，如果我闭口不谈孩子，只是简单地说，我跟很多人一样，在两年公职服务结束后回到学术界，没人会在意此事，甚至不会眨一下眼睛。这条新闻——如果称其为新闻的话——可能是这样写的：“安妮–玛丽·斯劳特在公职假期结束后，回到普林斯顿大学继续任教。”

但是，事情远没有这么简单。我的兄弟霍克，一位一直以来鼎力支持我以及我的事业的投资银行家，在向金融界人士解释我并不是“中途退出”时，遭受了严重的挫折感和沮丧感。意识到这种广泛的反应后，他写信告诉我，在新闻界中广泛流传的版本是，“我中途溜走，因为既当母亲，又当高层对外政策专家实在太艰难。”我被描绘成无法胜任工作或无法玩转工作与家庭之间平衡戏法的形象。但事实上，我仍承担繁重的教学任务，撰写对外政策的专栏文章，每一年做三十至四十场演讲，并开始写一本新书。我所做的不过是，从时间固定的高强度工作转换成时间灵活的高强度工作，让自己灵活地安排时间，抽出更多时间与家人相处。但很多人却以看待未能从高中或大学顺利毕业的学生的鄙夷眼光来看待我。

难怪很多人，无论男女，在决定放慢节奏、不再拼尽全力地工作以后——无论转而从事兼职工作还是要求相对较低的工作，或完全不工作——都会感觉自己是个失败者。批评我的人中，没有人愿意直率地形容我为“懦弱无能”，但实际上，这正是他们想传达的信息。委婉语，比如“选择退出”，或者“中途退出”，实际上折射出深刻的文化信息——我们应该如何定义成功与失败，与此同时，又使这些信息变得模糊不清，让人很难提出质疑。雇主、记者、社会批评家们灵活运用这套密码式的语言，一面声称自己是进步人士，一面却将工作与家庭矛盾边缘化为妇女问题而非工作问题——而且是脆弱女人在工作中遭遇的问题。

在华盛顿，被大家广泛接受的是，“离开职场，花更多时间陪伴家人”，实际上只是被炒鱿鱼的委婉说法而已。这种现象在华盛顿屡见不鲜。2011年12月，负责政策制定的国防部副部长米歇尔·弗卢努瓦宣布任职三年期满之后她将放弃担任现职，花更多时间陪伴三个年幼的孩子——分别为十四岁、十二岁和九岁。《纽约时报》当时这样报道此事："弗卢努瓦女士的声明让很多朋友以及国防部的同事感到惊讶，但所有人都说他们将她辞职的原因视为表面托词，而不会将其看成被迫出局的官员离开华盛顿的真正理由。"

国防部也非常关注这一事件，并对《纽约时报》声称的看法深感忧虑，特意发表公开声明。五角大楼的高级发言人道格·威尔逊声称："我明确地做出声明，弗卢努瓦夫人选择辞职，只是因为她对家人的责任。她热爱自己的工作，五角大楼的同事们也非常喜爱她。"

让我们想一想所谓的"离开华盛顿的真正理由"暗示了什么：一位政府官员会为了自己的家人而选择辞职，这简直让人难以置信，这一定是掩盖某些东西的借口。任何人，哪怕暂时地选择照顾家庭而非追求事业，都会被人揣测是因为能力不济或干劲不足而无法胜任职场工作。这种观点荒谬至极，反映了我们价值观的严重扭曲。因此，我们朝着真正平等迈进的第一步就是，当谈论人们关于工作或事业做出的选择时，我们应该停止使用这种富有破坏力的语言。

消除双重标准

如果你是一位职场母亲，那么请你想一想，你是否经常被问及如何在工作与家庭之间玩好平衡戏法这样的问题。再问问你丈夫他是否经常被问及同样的问题。如果你目前还没有孩子，但正考虑生一个孩子，或者你已经到了人们以为你应该开始考虑生孩子的年纪，想一想你是否经常被动接受如何平衡工作与家庭关系的建议。然后，再与同龄男性对比一下，他们是否经常会与人谈论这一问题。我敢肯定，你会发现，同龄男性即使没能完全避免这样的对话，但也远没有像你一样频繁地与人谈论这些问题。

如果你是一位年轻女性，最近刚刚参加了某个公司的工作面试。在面试过程中，面试官是否提到了公司的家庭友善政策（面试官在面试中询问你是否计划生孩子是非法的）？如果有男性朋友与你一同参加该公司的面试，不妨问问他们面试官是否也提到了同样的政策。

我曾指导过一名学生，她的本科论文写的就是律师事务所的家庭友善政策。她现在是一名才华出众的年轻律师。她以为“律师事务所不遗余力地展示他们的家庭友善政策（通常是指允许部分员工在家工作，或兼职工作，或允许员工享受比其他单位稍微长一点的产假），到头来却是搬起石头砸自己的脚。当我参加一些律师事务所的面试时，不用我说什么，他们就会安排很多兼职工作的员工充当面试人员。在不止一家事务所里，他们特意安排有孩子的女诉讼律师来充当面试官”。而她的丈夫，也是一名律师，简历几乎与她完全一样，在同样一些事务所面试时，却从未见到女性面试官，也从未在面试过程中听闻有关家庭友善政策的只言片语。

不论你是女人，还是男人，坦诚地问自己，是否曾经对年轻男性谈起将来他该如何同时兼顾事业与照顾家庭。长期以来，我一直都跟女学生们就孩子问题展开对话。但我必须坦白承认，尽管我已经带了二十多年的学生，给他们提供各种指导与建议，然而我一直采用了明显的双重标准。我为此深感内疚。只是在最近的这两年里，我在普林斯顿大学一边教书，一边深刻反思我们需要改变些什么，才让我开始与男生们谈论他们是否以及何时打算生育孩子的问题。

另外一个双重标准的明显例子是我所谓的“光环爸爸综合征”。我认识的几乎每一位母亲都曾经遭遇过这样的现象。马特·维兰诺总被人称作“好爸爸”。他的经历就是“光环爸爸综合征”的典型案例。爸爸做了通常认为应该由妈妈来做的事情，就会被认为与众不同，值得嘉奖。当我还是一位年轻院长时，安迪的日程安排比我灵活自由很多，他经常出席孩子们的学校活动。那时，我就经常遭遇“光环爸爸综合征”。

我总是听孩子的老师或其他孩子的母亲说，安迪是一位多么称职的父亲呀。在他们眼里，他不仅兢兢业业地工作，还额外承担了本来属于母亲的责任，尽心尽力照顾孩子们。他身上笼罩的光环因此越发显得闪亮迷人了。虽然我承认安迪是一位不可或缺的好父亲，我对安迪所做的一切心存感激，但是“光环爸爸综合征”却是双重标准最普遍的表现——与女性相比，人们对男性采用一套完全不同的行为标准来判断其行为应该予以褒扬还是责备。我们必须避免只是因为父亲们出席了学校活动而过度地表扬他们——职场妈妈一直都坚持出席孩子们的各项活动，却未因此受到任何表扬。这种过度的褒扬实际上是在说，我们并不期待爸爸来完成妈妈的例行公事，因而进一步强化了我们努力试图改变的传统性别角色假定。

另一方面，在公司职场中，我经常听见有人这样介绍某位女性：一位才华横溢的主管、经理、市场营销大师，如此种种，各种头衔。然而在介绍完她的所有资历之后，介绍人会附带说句，比如“她育有一对十多岁的双胞胎，因此她是玩转工作与生活的平衡大师”。在职场中声明除了工作之外我们还有家庭生活固然是非常重要的，但问题是，同一位介绍人在介绍某位男性时却绝口不提他的家庭情况。这再一次强化了照顾孩子是女性的责任这一假定。

第一代职场母亲们明白，为了获得成功，她们必须表现得像男人一样，因此她们从不提及她们的孩子。直至今日，还有很多位高权重的女人会玩这样的把戏，声称自己与医生有约，或简单地说“有约”，却不愿意透露她们实际上是为了孩子而请假。然而，为了创建挣钱养家与关爱家庭地位相当的平等世界，向这一目标迈出意义深远的一步，我们必须在职场中坦白承认我们所肩负的关爱义务与责任。

这并不是要求同事们花费大量的时间、用无限爱怜的目光浏览你家宝贝的每一张照片，也不是要求他们不厌其烦地倾听你喋喋不休地讲述刚上幼儿园的孩子取得的惊人成就。我们要做的是，如果某一天轮到你送孩子上学，你无法及时赶到公司参加早会，你能坦诚相告，而无须遮掩粉饰。

我也建议，当某位男同事向大家宣告，他与伴侣即将迎接孩子的降生时，我们也能像对待女同事一样，表现出自己的关心，并询问如何安排工作与家庭的问题。我们完全可以什么都不问，但无法否认的是，我们都心知肚明：照顾孩子非常重要，而且需要耗费大量时间。承认这一点并没有错，错误的是想当然地认为这一切只是女人的责任。改变这样的对话，将男人纳入其中，是朝正确方向迈出的意义重大的另一步。

最近，我应邀参加全球最大投资管理公司之一——太平洋资产管理公司（PFMCO）高级管理层的大型年度论坛，做一场有关对外政策的演讲。组织者问我是否能再做一场有关处理工作与家庭关系问题的演讲。我同意了，并且很高兴地发现，我的听众不仅仅是“太平洋资产管理公司的女人们”，而是“太平洋资产管理公司的父母们”。五十多位听众中至少有三分之一为男性。称谓的改变也许看起来微不足道，但实际上是朝正确的方向——家庭责任是每一位家庭成员的职责范围——迈出的巨大一步。

安永会计事务所首席执行官马克·温伯格，对这种变化曾说过一句名言：“女性不想被选中，单独承担一切；而男性不想被遗漏，全然被排斥在外。”的确如此。

真正平等的全新词汇

关于语言，最美妙的一点莫过于，其运用完全掌控在我们每一个人手中。我们每一个人都可以尽力改变我们的说话方式，用我们的说话方式来传达这样的信息：关爱和竞争是真正平等的；无论对男人还是女人，这两者具有同等重要的价值；无论在生命的创造上，还是在孩子的养育上，男人与女人负有平等的责任；我们最尊敬也最重视的人应该拥有丰富完满的生活，他们所爱之人，所爱之事物，与他们的工作同样重要。为了实现这些理想，我们可以采取以下这些步骤：

下一次，有人告诉你上个星期他工作了多少小时，或者在参加派对时谈论工作，请你转而询问他最近读了什么有趣的书，或者是否看了什么好电影。换句话说，要玩竞争游戏，恕难奉陪。试着去发现，除了工作，人们还对什么感兴趣。

当你遇见某人，不要在最开始的五分钟问“你做什么工作”，你应该问他对什么感兴趣，有什么爱好，生活中有什么热爱的事物。用你的说话方式向人们传达一种信息：除了收入高低，你重视的东西还有很多。

当你谈论既有工作又有孩子的男人时，试着把他们称为“职场父亲”或“职场父母”。如果他们正在照顾父母或其他家庭成员，可以考虑将他们称为“职场关爱者”。

当你谈论全职在家里照顾孩子的女人或男人时，避免使用“居家妈妈”或“居家爸爸”这样的表达，因为这种表达暗示了只有上班才是正常的，待在家里不正常，需要限定词加以修饰。试着用别的词语来表达，比如“主导父母”或“全职父母”。

当你与职场中即将成家的年轻人交谈时，试着询问他：“你计划如何兼顾事业与家庭？”等他有了孩子，问问他：“你与伴侣计划如何分担家庭责任？职场生活的何种变化有利于你兼顾家庭？”这可能看起来有点多管闲事，也常带有一丝自视高人一等的优越感（尽管女人总是被问到这样的问题），但是，在职场中承认关爱家庭的重要性，非常关键。

当你的同事或下属因为要照顾家人，必须提早下班、晚点上班或在家上班，试着避免这样的问题：“你计划怎样完成工作？”因为这个问题会强化一种假定——如果他忠诚于家庭，那他必定不那么专注于工作。

因为要照顾家人，你不得不提早下班、晚点上班或在家上班时，你必须申明你所做的事情与工作同样重要。如果你想在职场中组织一个学习小组，探讨如何兼顾工作与家庭，请你把它称为“父母小组”或“关爱者小组”。当然，你最好可以把它称为“如何更出色地工作小组”。

如果你认为某人正处于职业晋升关键时期，却由于家庭关爱责任主动选择放缓晋升节奏，兼职工作或更灵活地安排工作时间，你应该认为他的职业抱负并未因此有丝毫改变。你也可以主动与他交谈，了解具体情况。在谈论这一阶段时，将其当作一个珍贵的“专注家庭的间歇期”，关爱照顾家庭，学习全新的技能，积累全新的经验。你们可以共同规划，在他或她准备妥当之时，重新全面回归职场，进入职业晋升的快车道。

如果某位雇员出于照顾家人的强烈愿望或由于客观条件限制，甚至无法接受兼职工作或灵活自由的工作安排，决定完全辞去工作，请你与他或她讨论参与课程学习、志愿服务或其他有利于将来继续职业发展的工作方式。谈论这样的雇员时，把他们当作职场中的朋友。如果你够聪明，你知道，有朝一日，你会再次聘请他们为你工作。

在你谈论自己敬佩的人之前，首先问问自己他是否各个方面都令人敬佩——既要考虑他人生中关爱的一面，也要评价竞争的一面，两者同等重要。谈论他人时，你必须指出，你对他们生活各个方面的尊敬与重视——与他们的职业成就一样，你重视他们在养育孩子方面取得的成功，他们在照顾其他亲属方面的付出，他们为照顾家人所做的突出贡献。

最后，值得一提的是，用来描述关爱家庭与挣钱养家之间的权衡的很多常见用语仍然存在争议。我们已经讨论了“拥有一切”这个表达的缺陷与不足，但其他一些语言表达，有些虽然看起来无伤大雅，但仍然存在一些问题。我的一位亲密好友对“在事业与家庭之间玩平衡戏法”这一提法尤其感到愤怒。她指出，杂技演员平等地对待他把玩的每一个球与球瓶。这与工作与家庭之间的关系并不相同。如果你的孩子或者父母处于坠落的危险之中，其他一切都不再重要了——这个戏法就停止了。另一些朋友则非常厌恶“平衡”这个词，因为在工作和所爱之人之间根本就不存在某个奇迹般的平衡点。大多数人无法保持平衡，我们只是疲于奔命，努力维持罢了。

“玩平衡戏法”与“平衡”这两个提法，我都用过，但是我更偏爱的概念是，努力争取达到“工作与生活的适宜”。我最初发现这个词是通过卡利·威廉姆斯·约斯特。他是职场弹性领域开创性的政策专家。“适宜”是一个非常有用的词语，因为它隐含了为单个员工量身定制的含义。乔恩·布莱兹和纳内特·方达提出了“量身定制的职场”。那是一种适应员工每日、每月、每年或整个职业生涯不断变化的需要的职场。正如“量身定制的职场”所描述的，为了同时适应工作与关爱家人的需要，我们每天面临的情况千差万别，各不相同，唯一的办法就是拥有充分的灵活和自由去适应持续变化的情况，就像走钢丝的杂技演员与飞行员每天面对并艰难适应瞬息万变的风力条件。

讨论本身不会改变任何事，但讨论能改变我们思考的方式，而我们思考的方式又会改变我们采取行动的方式。如果我们想让世界变得更美好，改进我们评价他人的方式，使他们做出更明确的选择，我们完全可以将改变语言作为开端，以语言为切入点和载体，传达我们所期待的改变。

UNFINISHED
BUSINESS

第九章

规划职业生涯
（尽管计划总是赶不上变化）

如果你想过一种生活，能同时体验成功事业与幸福家庭带来的双重愉悦与回报，你必须提前做好规划。你必须尽早预料到，在未来的某段时间里，你将全神贯注地投入事业和工作；而在另一段时间里，你将倾注心血承担关爱家庭的责任。并且，尽可能根据规划，适当调整你的职业选择。

如果你现在仍然单身，或者还没有打算将生活的重心转移到生养孩子上来，或者你的父母或者其他家庭成员仍然健康强壮，无疾病之虞，你很可能会觉得我的建议对你并不适用。年轻，往往意味着某种程度上你会暗自觉得自己坚不可摧、所向披靡——即使你知道很多人在这些问题上痛苦挣扎，你依然坚信自己完全应付得来，一切都会迎刃而解。我非常希望在你身上一切都如此顺利。我确实认识某些女人——至少有为数不多的一些——能成功地兼顾养育孩子、照顾家庭、追求事业，却无须在任何一方面做出妥协。但是，正如我们在对外政策领域常说的那样，希望本身不是一种策略，我们也不能全指望运气。很有可能，在未来某一天，你终究不得不面对这些问题，无论你身边有没有伴侣。

你得未雨绸缪，做好准备。如果没有基本的计划与方案，你更有可能做出一些日后将后悔不迭的鲁莽决定。而且，即使制订了这世上最细致周到的计划，你也一定会遭遇诸多的障碍。无论你是女人，还是男人，同时做两份“全职工作”，一边挣钱养家，一边照顾家人，无疑辛苦至极。别泄气。试着想想其他可能的解决方法，并为这些问题制订完备的计划。当然你最好能邀请家人、朋友、同学、上级一同出谋划策，做好准备。你要牢记，德怀特·艾森豪威尔曾经就用兵计谋说过一句令人难忘的至理名言：“计划本身百无一用，但未雨绸缪不可或缺。”

更长的职业生命

如果你还年轻，打算在美国或其他发达国家追求事业，你必须记住的最重要的一点是，你将比你父母拥有更多的时间来实现自己的职业理想。如果你是一名1990年或更晚年份出生的美国女性，根据社会保障管理局的报告，你的平均寿命将达86岁。这意味着有10%的女性要存活到95岁左右，而0.001%的女性将存活到113岁。如果你是同龄的美国男性，你的平均寿命是82岁，比女性稍短一些，但仍比你祖父的寿命长了许多。具体的寿命因为众多因素而变化，比如教育程度、种族等。例如，在美国最贫困人群中，拥有最高发病率的肥胖症，甚至导致某些人群的寿命不升反降。这肯定不算什么光彩的事情。然而，受过良好教育、拥有体面收入、有能力规划职业生涯的女性可以期待自己比自己的母亲或外婆活得更长久。

女性寿命越来越长，拥有的选择也越来越多，我们对自己生活的掌控能力越来越强，照顾他人不再必然地成为女性主要的职业选择，即使我们将生活中大量的时间花在养育孩子、照顾年迈父母上面。这些照顾他人的时期只是生活中的片段：它是兼顾关爱和工作的漫长人生中的间隔期；在这些间隔期，我们通常把他人放在首位。

长期以来，运动员们深谙一条规律——达到巅峰状态的最佳途径就是进行间歇式的训练。你全力以赴地训练几分钟后，放慢速度，降低强度，维持几分钟，接着又全力以赴投入训练，如此循环往复。任何阶梯运动器材或固定自行车都有这种间歇式锻炼程序：稳定地维持低强度的运动，并在中间反复出现高强度运动。无论何时都百分之百地投入高强度训练常使身体过度疲惫，得不到恢复，如何以及何时增加或减少运动强度，必须讲究一定的策略。

生活、事业也可以用同样的方式来对待。

你不必像你的父母或祖父母那样选择某个特定的职场晋升阶梯，用尽毕生的精力在这份工作上出人头地、获得成功。在长达四十年甚至五十年的职业生涯之路上，你可以拥有各种各样、五花八门的工作，也会遭遇各行各业、千奇百怪的等级制度。为了实现职业目标，你会想集中精力去攀爬其中的某些阶梯，尽你所能晋升至某个层次，甚至登临某些等级制度的制高点。但是，在这些积极挺进的时期之间，你也能穿插一些间歇期，去从事强度较低、更灵活自由的工作。这些工作往往兼容性更强，更有助于你照顾关爱家人。

更好的情况是，如果你能掌控自己的职业发展路径，并将自己的职业生涯视为一系列不同的工作以及人生体验，那你可以更灵活地安排间歇期。虽然间歇期的具体细节无法事先计划，但间歇期的概念却可以尽早地建立起来。

美国的人口统计特征已经呈现出这种趋势。“千禧一代”对待刚从学校毕业的头一个十年的方式，完全不同于他们的长辈。伦敦商学院教授林达·格拉顿和安德鲁·斯各特预测未来将出现全新的“探索阶段”。在这一阶段中，二十多岁的年轻人对多种可能的选择保持开放的心态，尽情体验各种不同的社会角色与社会技能。

为了更好地理解自己擅长什么、喜欢什么，他们将会大胆尝试，冒将来不敢冒的险，无论是冒身体上的风险，还是冒创业方面的风险。而且，他们也会积极投入时间与精力，建立自己的人际关系网络，积累全新的生活阅历与人生体验。

而在生命的另一端，“婴儿潮”一代逐渐退休，离开他们的工作岗位，但他们中的很多人身体健康、精力充沛，仍然还有几十年的寿命。大多数人发现自己很难完全停止工作。有些人选择开始一个关爱间歇期——花时间陪伴孙子孙女，弥补年轻时很少陪伴子女的遗憾。他们往往成为“家中一宝”，全心全意照顾孩子们，让子女们专注职场，在职业晋升之路上顺风顺水，迅速攀升。

其他一些人会成为老师、和平队志愿者，竞选公职，就职于小企业，提供咨询，传授自己积累的智慧与经验，获取新的文凭或资历，或者与配偶、朋友创办新的企业。

他们逐渐淡出当前的工作岗位，或者，与雇主商定以特殊的方式继续工作；他们会要求弹性工作时间，兼职工作，基于具体项目开展工作或者其他一些工作方式。“千禧一代”，或者疲于应付工作与家庭责任的员工，必然乐于支持他们以各种方式发挥余热。

职业生涯档案

在这种全新的职业生涯规划中，我们首先应该反思，职业生涯规划到底是什么。我第一次了解到“组合式职业生涯”这一术语，是从备受赞誉的英国广播公司外交新闻记者布里吉特·肯德尔那里听说的。她从1998年开始就一直负责英国广播公司外交新闻的报道。

在我们广泛交谈处理工作与家庭关系的各种方法时，她提到，在英国，“组合式职业生涯”的概念正在逐渐兴起：在职业生涯中，从事多种兼职工作，所有这些兼职工作组合在一起，就成了全职工作；这些兼职工作中的任何一份工作，都表达了你本人身份中非常独特的一方面。当然，英国和美国之间存在着巨大差异——英国的医疗和养老福利是由政府而非个人来提供的。但是，我们仍然可以将“组合式职业生涯”的理念做些调整，以适应美国的实际情况。

当我思考这一理念的时候，我忽然发现，在过去这些年里，我的职业发展之路实际上呈现出另一种形式的“组合式职业生涯”特征——按先后顺序相继从事了多种工作——尽管我从未想到用这种概念去理解自己的职业发展道路。我是律师、学者、作家、老师、公共演讲家、媒体评论员、经理、企业家、对外政策家等。在很长的一段时间内，我拥有各种不同的全职工作，丰富和发展了“组合式职业生涯”的各个不同方面。有的时候，我会处心积虑，特意选择全新的挑战，以学习并获得全新的技能；另一些时候，我也会根据实际情况需要，担任全新的社会角色。无论哪一种情况，我认为这些社会角色都无一例外地提供了多种技能，让我变得多才多艺，也提供了一种安全感。即使某种社会角色无法获得成功，我仍拥有各种潜在的可能，这些可能编织出一张让我安心的巨大安全网。

你可以考虑两种形式的“组合式职业生涯”中的任何一种——同时拥有多份兼职工作或者相继从事多份全职工作——任何一种都会对你提出各种不同的挑战。拥有各种不同的工作、爱好、激情，会给你带来多种技能与经验的组合，这有助于你在人生的不同阶段学习进步。选择一份未来想拥有的理想工作，然后分析从事这份工作所需的能力与经验，比如募集资金、制定战略与策略、管理经验、盈亏责任、写作能力，或公共演说经验等。除了按部就班地攀登预先设定的职场晋升阶梯，获得各项技能，我们可以想想，通过不同时期从事不同的工作来获取这些技能。

很多著名的女性都曾在这条道路上披荆斩棘，闯出自己的天地来。她们包括得克萨斯州共和党前参议员凯·贝利·哈钦森，马萨诸塞州现任民主党议员伊丽莎白·沃伦。哈钦森1967年毕业于得克萨斯大学法学院，却发现休斯敦的律师事务所不雇用女性员工。于是，她成了电视新闻记者，参与竞选，并赢得了州议会的职位。后来，她当过律师、银行家、企业家。在进入全国政坛之前，她也是一名母亲。伊丽莎白·沃伦在二十出头时曾当过一段时间的全职妈妈，并以年轻母亲的身份在法学院读书，在生完第二个孩子之后做过一段时间的兼职工作，后来在三十岁不到的年纪成了法学院的全职教授。在中年时，她被任命担任各种政府公职。在六十二岁的年纪，她第一次参加竞选需经选举才能产生的职位。

仔细审视你人生的不同阶段，这非常重要。至少，你应该认真思考，你想过的理想生活是什么样的。如果你想要孩子，在孩子们成长的关键时期，你很可能需要更多工作弹性，或者能较好地控制工作时间；如果你想在父母们逐渐年迈时成为他们生活中重要的一分子，你同样需要更自由灵活地安排工作时间；如果你希望成为一名单身母亲或者单身父亲，那你就更加需要这种弹性和掌控能力。

即使你不想要小孩，在很长一段时间里，你只想一心一意地投入事业，你可能想以某种方式将自己融入你的社区，写一篇小说，学一门外语，去国外生活一段时间，创办一家社会企业，或者全身心投入自己酷爱的某种事物。这些广泛的生活理想与职业抱负同样重要；如何将它们联结起来，完全取决于你自己。

在你展望未来时，也试着想象一下，当你未来站在人生尽头，回顾自己走过的人生道路时，你脑海里会呈现一幅怎样的图景，你最希望自己当初做哪些事情而实际上却没做。大卫·布鲁克斯比较了“简历美德”与“悼词美德”。他注意到，简历上罗列了“你带入职场的技能”，这些技能有助于取得外部成功；而“悼词美德”更加深刻，它们是你最核心的本质——你是否善良勇敢，诚实或忠诚，你与他人建立了何种关系。最终，盖棺定论，“悼词美德”才是你人生最重要的真实写照。

宁愿推迟，也勿退出

如果你的职业生涯很可能从二十五岁一直延续到七十五岁，甚至更晚，中间穿插着接受教育、关爱家人、充实生活的阶段，你不妨抽出一些时间来照顾年幼的孩子与年迈的老人，并享受这些美好时光。规划职业生涯时，你可以设想自己在五十五岁左右达到了事业的巅峰，在六十五岁前退休。与早早地在三四十岁时就完成职业生涯的终极目标相比，这也不失为一种明智的选择。为什么一定要把七道菜的大餐硬生生地压缩成三道或四道菜，匆匆下咽，囫囵吞枣，而不选择从容不迫、细嚼慢咽呢？

在那些需要你暂时把工作放在次要位置的阶段，如果有可能，尽量不要中途退出职场，而可以选择推迟职业晋升。很多女性为了照顾家庭离开职场，后来又想重返工作岗位，尽管对自己的教育背景和职业资格充满信心，但她们发现重返职场的难度远远超出了她们的预计。2003年，丽莎·贝尔金在《纽约时报杂志》上发表了文章《退出革命》。她采访了十位普林斯顿毕业生，她们全是亚特兰大读书俱乐部的成员。这十位女性中有五位完全辞掉了工作，当起了全职妈妈，其中有一位兼职工作，有一位与丈夫一起创业，有两位从事自由职业，另有一位没有孩子，拥有一份全职工作。

十年之后，朱迪思·沃纳采访了很多女性，试图了解她们的生活状态。这些女性曾经做出与贝尔金的采访对象相类似的选择。对大多数女性来说，她们都想回到职场中去，虽然她们试图寻找的工作已不同于之前所从事的工作。大约有三分之一的女性能相对容易地实现转型，找到有报酬的工作。很大程度上，这是因为她们并未与先前的雇主或同事完全断绝联系，受过最优秀的教育，并时常策略性地从事志愿服务。正如沃纳所说："为曼哈顿的私立学校募集资金，也许是重新回归银行业的良好开端，但为郊区游泳队募捐而举行私家糕饼的义卖活动，却对回归职场毫无帮助。"然而，对另外一些人来说，找工作向来是件很艰难的事情，在最初决定辞职时，她们就对再次进入职场的难度有更清醒的认识。但是，她们并不后悔，因为她们与孩子度过了许多美好的时光。然而不幸的是，她们辞职时并没有意识到，她们放弃工作的同时，也选择了经济上与社会交往上的弱势地位。

因此，如果可能，尽量待在职场中。无论向前迈进，还是向后收缩，必须做好计划，积极准备；审慎地决策，避免意想不到的后果。如果你讲究策略，你就能始终保持活跃的人际关系网络，仍能持续修炼，提升自身的本领，哪怕在某段时间内你放慢了职业晋升的节奏，从事一些不相关的工作甚至在职业发展中出现了倒退。

我从我兄弟霍克那里借鉴来的一条严谨法则能帮助你做好规划。他是一名投资银行家，有着二十五年的丰富从业经验。这漫长的二十五年中，他目睹了同事们在这行业中进进出出，来来去去。永远不要在危急时刻做出辞职的决定。当你觉得自己既是最糟糕的关爱者，也是世上最不称职的员工时，你必须预见到这就是你的危机。你知道危机终将到来，你也必须知道在此时做出影响一生的决定是极不明智的。在职场和家庭中，你应该组建一个支持网络来帮助你渡过难关。你要懂得适时地经营与滋养支持网络中的关系。它并不会分散你工作的注意力，相反，从长远来看，它有助于你更好地工作，使你变得更强大。

第三阶段

几年前，有一次，我在家附近的咖啡馆里排队买咖啡，无意间听到一段旁人的对话。这段对话后来一直萦绕在我的头脑中。那是一位年老的妇人，年纪大约五十岁的样子。她对一位朋友说，她最小的孩子也要上大学了，她终于可以开始考虑人生的第三阶段。这所谓的“第三阶段”，既不是退休，也不是兼职志愿服务，而是下一个人生活跃阶段。

每一个工作岗位上，每一个行业里，总有一些人愿意兢兢业业、勤勤恳恳地工作，愿意长时间加班，经常出差，每周七天，每天二十四小时，随时待命。他们会很快晋升，比某些选择不同职场晋升节奏的人更早地抵达职业的顶峰。

那很公平。把工作当作另一半的人们，或者成功地以某种方式避免在竞争或关爱之间做出妥协的人们，要么有一个全职在家的关爱者，要么无奈接受很少见家人的代价，或者非常幸运地用金钱与远见解决了关爱与竞争的矛盾。他们往往能比其他人更快地晋升至顶层职位。而其他人则会满足于停留在中层：他们是经理，是团队合作者，也深受重视。问题的关键在于，我们不应该试图保证每一个参与竞争的人都在同一时间到达终点，而应该保证那些选择了更迟缓晋升路径的人，想在合适的时机继续参与职业晋升的竞争时，仍然有机会公平地参与竞争。

为什么不呢？如果希拉里·克林顿此次赢得总统选举，那么在当选之时，她将是一位身体健康、头脑灵活、经验丰富的六十九岁的总统。很多人对克林顿有可能成为美国历史上首位女总统兴奋不已，而在我看来，她有可能成为美国历史上首位外婆级的总统，这同样鼓舞人心。在外人看来，为了辅佐丈夫实现政治抱负，她把自己早年儿童权利律师的成功职业生涯放在相对次要的位置，但是实际上，她经历了职业生涯多个不同阶段。

在丈夫卸任总统之后，同样重要的是，在切尔西上大学之后，她开始竞选参议员。而在竞选总统失败之后，她十分意外地担任了国务卿一职。

克林顿跟随着马德琳·奥尔布赖特与康多莉扎·赖斯的脚步，成为又一名女国务卿。奥尔布赖特在五十九岁时被任命为美国历史上第一位女国务卿。在她仍然以单身母亲的身份抚养女儿（她与丈夫离婚了）时，她就已经拥有了成功的事业。那时，她是教授，也是国会工作人员。2001年，从国务卿职位离任后，她又成了作者、企业家、商界女强人。康多莉扎·赖斯也拥有多重职业生涯。一开始，她是教授，后来任职于国家安全委员会，接着又成了斯坦福大学的教务长，再后来，又当上了国家安全顾问与国务卿。现在，她担任自己创办的战略咨询机构的负责人，并且被人风传即将担任美国橄榄球联盟委员。

希拉里、赖斯、奥尔布赖特，她们的生活异常高调，备受瞩目。当然，我们每一个普通人，也可以更策略性地思考并安排竞争与关爱的各个阶段。如果你已经结婚了，你可以考虑汉娜·罗辛提出来的“跷跷板婚姻”，夫妻双方轮流充当主要关爱者与主要养家者。如果你已经有了孩子，你应该为有朝一日他们长大离家做好计划与准备。我们常常谈论“空巢老人”，仿佛她们都是一些伤心的鸟妈妈，在已然空空如也的巢穴边，孤独地扑棱着翅膀，百无聊赖地冥想：自己到底该做些什么。我更倾向于把第三阶段视为第二次崛起：这一阶段，你的能力焕然一新，你的专注心无旁骛，你的职业目标志在必得。

谁说不可以呢？我们中的某些人，当然还有我们的孩子，也许还在想着第四阶段，甚至第五阶段呢。

服役期模式

富有远见的雇主们已经开始接受“间歇训练”理念，尽管名称有所不同，而且它也不像员工关爱家庭的需要那样备受关注。在《联盟：互联网时代的人才变革》一书中，领英网站的联合创始人、董事局主席里德·霍夫曼与另两位作者本·卡斯诺查、克里斯·叶，向人们描述了一种风靡硅谷的全新雇佣关系模式。这本书一开篇就提出了一种假设——终身雇佣模式以及由此模式催生的雇佣忠诚已然消亡。“千禧一代”的员工们非常清楚地知道，在他们的职业生涯中，他们将从事多份工作。这导致他们自动限制自己对雇主的奉献与付出，同样地，他们的雇主也鲜有动力来投资雇员，促进其发展。这本书就此提出了一种非同寻常的关系模式。在这种模式中，雇佣双方联合起来，共同提升相互的利益。

霍夫曼、卡斯诺查、叶探讨了原有的旧雇佣模式在20世纪70年代与80年代如何陷入崩溃境地。在全球范围内展开竞争的压力创造了一种全新的局面——员工被当作用完即可丢弃的一次性用品。他们在书中写到，公司往往声称“员工是我们最宝贵的资源”。然而，当华尔街要求它们缩减开支时，“最宝贵的资源”突然就变成了“最可被取代的资源”。完全可以理解的是，这种态度在员工中引起了强烈的不信任情绪。

为了重新达成互信，我们必须创建一套全新的制度框架。在这个制度框架中，工作合约并不被看作无限的承诺与责任，相反地，它们被视为有着明确目标与有限时间跨度的“服役期”。在你的任期结束后，你可以在同一公司继续执行下一个“服役期”的相关任务，或者直接跳槽到另一个公司。在这种情形中，任何一方都不会觉得自己被利用或滥用了。员工们觉得自己学到了新东西，并不会觉得自己受到冷酷无情的市场的支配与控制；而雇主觉得自己的投资是值得的。

作者们非常谨慎地指出，尽管这种方法是在硅谷这一自由的奇迹之地被设计创造出来，但它的主要理念同样适用于那些十分强调人才重要性的领域。因为在这些领域，“人才确实是最宝贵的资源，员工应该受到相应的重视”。一些公司，比如通用电气、全球非营利机构Endeavor，已经采用了这种“服役期”制度。这种制度最明显的特征在于，它能为每个人量身定制工作，并在他或她人生中的特定时期，量身定制他或她与组织机构的关系。虽然较低层次的员工议价能力很弱，也没有公司要求的相关技能，仍然需要政府保护，确保他们不会受到雇主的剥削，但是“服役期”模式似乎让我们看到了雇佣关系向前推进的方向。

“服役期”理念与不同强度间歇期的职业生涯规划理念完全契合：在低速运转间歇结束后，你可以重新回归职场，东山再起，开始全新的服役期。我发现，很多四十多岁、五十多岁的女性，在孩子长大离开家后，结束了低速运转的时期，准备或等待将自己再次全身心投入全职工作。这些女性组成了巨大的“人才储备池”。男人们也会越来越需要这种全新理念，它可以给他们带来更多选择。

我的弟媳劳里就是一个极好的例子。她以优异的成绩毕业于普林斯顿大学，并获得了普林斯顿大学的论文奖。在三十岁出头的年纪，她就成了一家拍卖行的高级副总裁。当她和我兄弟霍克有了孩子，而其中一个孩子需要特别的照顾时，他们觉得两人中必须有个人全职待在家中照顾孩子。因为霍克的工作需要经常出差，而且报酬相对比较丰厚，照顾孩子的责任就落到了劳里肩上。用通俗的话来说，劳里为她的家庭牺牲了自己的事业。实际上，现在的她刚刚五十出头，既有令人印象深刻的职业晋升记录，又有极强的逻辑运筹能力、管理技巧、坚韧品格，而且经历了艰辛育儿过程，所有这些能力都得到进一步加强。她已经准备开始她的下一“服役期”。

很明显，“服役期”这一术语与理念最初来自军队。目前，军队自身也在寻求办法，试图让走出去的军人重新回到军队中来。因为军队往往花费大量时间、精力与费用来培训军人，如果无法使军人留在军队中，那么它将遭受巨大的损失。从2009年开始，美国海军开启了“职业生涯中断试点项目”来确定——用海军的原话来说——“允许暂时退出现役、增强职业路径的灵活性是否能促进关键技能服务人员继续留存在军队中”。这一项目能提供一次性机会，将现役军人临时转为预备役军人，而最长期限为三年，并向期限结束、回到军队的军人提供“无缝对接回归现役”的办法。

空军计划于2015年实施“职业生涯中断试点项目”，期待通过该项目留住更多女飞行员。“有些女性离开空军是因为她们想建立家庭，”空军人事部主任塞缪尔·考克斯中将接受《空军时报》的采访时说，“因此，我们为什么不实施一个项目，允许她们在某些情况下暂时离开空军，建立家庭，然后重新回到军队中来？”

的确如此。

在民用部门中，麦肯锡公司实施了一项措施，允许咨询顾问们每年在项目间歇期间享有十周的“自由时间”。员工们将这一段“自由时间”用来旅行，照顾家人，享受自己的爱好。这些项目与措施出现仅有短短几年时间，因此很难了解将会有怎样的长期效果。然而，麦肯锡公司的报告显示，从短期来看，“自由时间”不仅有助于留住员工，也有利于新员工的招募。“自由时间”的受益者们表示，当回来工作时，他们发现精神重新振作起来，能更专注地投入工作，而不会像以前那样感觉疲惫、痛苦。对成千上万的美国劳动者而言，他们需要更大规模的职业定制计划，以上这些项目只是蹒跚学步一般迈出的一小步，但至少方向是正确的。

然而，是否现在就开始思考以后会发生的一切，这仍然取决于你。

我认识的年轻女性常常会有如下的评论：“当我读你发表在《大西洋月刊》上的那篇文章时，我会想这文章很有趣，但与我的生活毫不相关。但是，前不久，我结婚了（或者刚生了孩子），忽然之间，我明白了。我努力地想该怎么办，这比我想象的困难多了。”

相信我，我理解并同情你。但是，请勿等待。假设你的孩子很快就要降生了，或者你的父母生病或者年迈体弱，你将面对一段艰难的时期。你很难在此期间充分专注于工作。你也可以想象多种妥协与牺牲，并做好计划与准备。下面是一些假设的情形，这些情形都改编自我认识的母亲们面对的真实境况，它们有助于你预测未来生活的种种可能。

你的孩子已经连续三天发烧到101华氏度，医生说感冒有其病程，发烧仍将继续。但幼儿园却不肯接收孩子，除非孩子在二十四小时内不再发烧至100华氏度以上。你已经用完了所有病假，而且在你家所在的区域，没有家人能提供帮助。你的伴侣工作中有非常重要的演讲任务，也无法待在家里。你应该怎么办？

今年的学校戏剧演出安排在后天，与你必须参加的某个会议时间相冲突，而你的伴侣那天又要外出。如果你不去参加，你的孩子可能会是现场唯一没有家长陪同的孩子。你应该怎么办？

在过去三个月中，你每天晚上睡觉时间不超过一个小时或两个小时，因为刚出生的孩子因为疝气疼痛不停哭闹。你应该如何胜任工作？你还能应对得来吗？

你必须在下午四点准时出发去幼儿园接孩子，而办公室里的每一个人都至少工作到晚上六点，他们对你心存怨恨，因为他们觉得你逃避职责，他们不得不替你完成原本属于你的工作。你害怕自己被炒鱿鱼，或永远得不到晋升。即使从最好的角度来看，公司里的情况也根本算不上同事间通力合作、和谐相处的工作环境。而且你所在的工作领域很特殊，工作非常稀少。你应该怎么办？

从幼儿园过渡到小学一年级的那个暑假，为了让女儿有事可做，你给她报名参加了一个口碑非常好的夏令营。然而，她无法适应如此巨大的转变，总是调皮捣蛋。夏令营负责人告诉你，她总爱破坏纪律，扰乱秩序，不能再继续待在夏令营中。但此时，所有其他靠谱的夏令营都已经满员了。况且，你也不确定她是否能适应其他的夏令营。你应该怎么办？

与伴侣展开对话

女性领导力中心在弗吉尼亚北部地区举办了一次会议。我在会议上对着800名女性与男性——主要是女性，发表了一场演讲。演讲结束后，一位年轻女性走上前来，向我提问。她提到，我曾表达这样的观点：想要登上职业顶峰，同时拥有家庭的女性很可能像男性领导人一样需要一名充分支持自己的配偶，负责处理家庭事务。她的问题是，如果她和男朋友都想拥有成功的事业，她该怎么办。我正想回答时，她的男朋友恰好走过来，他说他也很想听听看我的看法。我说他们两人都可以在拥有家庭的同时，去追求自己选择的职业目标，但无法在同一时间达到事业的顶峰；他们应该认识到，在很多时候，他们不得不做出妥协、让步，甚至牺牲；他们应该互相讨论，确定双方计划如何来应对各种局面，做出选择。我能看得出来，他们俩谁也不愿意听到这样的答案，但他们无法逃避，必须勇敢面对。

过去，很多夫妇之间从来不会有这样的对话。在结婚或生孩子之前，他们总是一再拖延，忽视各种局面的应对计划。而事到临头之时，比如他们终于意识到照顾孩子、老人使他们不可能同时出差、承受高强度的工作，一切往往就已经太迟了。年轻人们也许很难相信，但很多夫妇，甚至一些与我年纪相仿的夫妇，也就是毕业于20世纪80年代的那一代人，曾经信誓旦旦地宣称他们将实现彻底的男女平等。我们决心创造完全不同的性别模式，而摒弃伴随我们长大的那些陈旧的性别模式。但是，一旦孩子降生，我们大多数人发现我们必须做出选择；我们最终做出的选择却毫无例外地不利于女性对事业的追求。

现在，轮到你了。你是一名处于恋爱中的年轻女性。他说他完全支持你的事业，养育他长大的妈妈就是一位职场母亲。因此，毫无疑问，他完全支持男女平等。你还能指望更多吗？（这一假设同样适用于处于恋爱中的年轻男性，无论你的伴侣是男性，还是女性。不过，女同性恋夫妇在家庭分工方面似乎更容易达成共识。）

事实证明，你必须更明确地表达自己的态度，详细说明自己对关键问题的看法，而不应该纠结于一些小细节。1970年，女权主义作家阿利克斯·凯特·舒尔曼写了一篇现在非常出名的文章《婚姻协议》。在这篇文章中，她明确规定了所有的家务与照顾孩子的责任应该由她与丈夫平等分担。她列出了双方分担的所有责任细节，甚至具体到一些鸡毛蒜皮的小事，比如给孩子梳头发。四十多年后的2014年，美国知名网络杂志slate专栏作家、学者丽贝卡·安尼尔写了一篇文章。在文章中，她声称除非她的丈夫同意签署舒尔曼式的协议，否则她绝不考虑生养孩子。

首先，你必须尽可能坦诚地面对自己，面对彼此，说出你心底最真切的事业理想。如果你能如仙女一样，挥一挥手中的魔法棒，你希望二十年或三十年后的你将身处何处？你希望自己成为怎样的人？你有多大的野心？在你看来，什么样的生活才称得上不枉此生的好生活？除了职业成就，你还有哪些人生目标？

然后，再问问自己，你有什么样的家庭规划？你想要小孩吗？你会像男人一样，想当然地认为，终有一天你会有自己的小孩吗？你想象过自己照顾年迈父母的情形吗？

如果你预见到将来你肯定要照顾自己所爱之人，尤其是孩子，而你们两人都有志于追求事业，很大程度上你们必须听从他人的指令，按他人的时间来工作，那么你应该思考一下这些场景并问彼此一些问题：

我回到家中，激动万分，因为老板告诉我，他觉得我是块当领导的料子，打算给我升职。但是，在公司里，每一位经理都曾在全国范围以及全世界范围内工作，积累第一手行业经验，下一个工作岗位必定要求我搬往别的城市。你会跟我一起搬家吗，即使那意味着你的职业将退步或走一些弯路？我们搬家后，你愿意从头开始认识重新组建我们自己以及孩子们生活的人际关系网络吗？你愿意去熟悉孩子们的学校，交新朋友，认识当地的医生，参与各种活动，而我可以全身心专注于新的工作岗位吗？

我们两人都异常兴奋地回到家中，因为我们都预见到自己获得了绝佳的晋升机会。你的老板也找你谈了话，打算给你升职。但是，如果我们为我的新工作搬家，你就不能在你公司下属的一家分公司工作，而且你的老板非常讨厌远程工作这一安排。你会为我的升职推迟你自己的职业晋升吗？

如果我的工作要求我经常出差，你愿意充当随时待命的父母，负责家长会、下雪天接送孩子、孩子生病等所有这些琐碎的事务，以及需要父母陪伴的课外活动课程吗？你愿意在学校旅行途中成为被一群妈妈簇拥着的孤单爸爸吗？当孩子哭闹不止，家里乱作一团，而我却匆匆走出家门，去往飞机场，赶赴另一座城市时，你还爱我、支持我吗？

你介意雇用保姆来抚养孩子吗？如果你介意的话，你愿意搬去我家乡（或你家乡）吗？那样的话，父母以及住在附近的兄弟姐妹们都能助我们一臂之力了。

如果我们的孩子中有个孩子需要特别照顾，或者正处于叛逆的青春期，而我们的更多关注能让他更好地成长，你会考虑减少工作时间，花更多时间陪伴孩子吗？你会觉得我是一名称职的父母，即使我所提供的更多的是金钱而不是关爱？你认为我们可以保持“跷跷板式的婚姻”，轮流支持对方追求事业吗？

如果我挣的钱比你多得多，事业比你更成功，你能坦然接受吗？（这一条尤其适合女人向男人提问，但对很多同性恋夫妇以及从未想过经济上依附于他人的女性同样适用。）你能有足够的安全感去面对来自其他男性或者更经常地来自女性、妻子娘家人甚至你自己父母的揶揄贬低吗？

很可能，你并不能马上就所有这些问题给出适当的答案。但是，你应该与伴侣展开对话，将你们双方的注意力集中在实际问题上，并真诚地面对兼顾事业和家庭需要你做出的种种妥协与牺牲。如果他说他当然希望你也拥有自己的事业，但他无法想象，为了成全你追求至高无上的事业理想，而不得不推迟他自己的晋升甚至频繁换工作，那么你就应该保持谨慎，三思而行。至少，通过这样的对话，你们双方都学到了某些重要的东西，无论这些东西是与你相关，还是与彼此都密切相关。你当然可以指出，有那么一小撮夫妇，夫妻双方都事业成功，位高权重，孩子似乎也非常有出息。但是你同时也应该想到，成千上万的女性，在职业生涯初期，与他们的配偶一样拥有乐观的职业前景，后来却不得不做出妥协与牺牲。或者，你也可以仔细观察你最崇拜的女性的家庭状况。然后，你会发现，很多人家中都有一个必不可少、倾力相助的配偶。他或她承担了照顾家庭的主要责任，肩负着或管理着绝大部分家庭事务。

你会一直需要时不时地与你的伴侣讨论这些问题。即使你不确定自己是否会生孩子，这些问题也依然与你们的生活息息相关。在二十五岁时预测十年后三十五岁的你需要些什么，是非常困难的。很多人对照顾老人或患病亲人的家庭责任始料未及。因此，开始试着去谈论未来生活的情形非常有必要。你们很可能会发现，双方后来做出的选择是当初的你们完全预料不到的，但是你们也很庆幸，你们曾经开诚布公、直言不讳地讨论所有的选择，彼此都认识到对方的所得和所失。你们也可以共同谋划，在未来的道路上双方之间如何默契配合，实现角色翻转。

变革时代来临之际

在这一章中，我们假设你仍然处于职业生涯早期，尚处于规划未来生活与工作的初级阶段。你必须做好职业生涯规划。对那些已经处于“工作与家庭的平衡戏法”中的人来说，“间歇期”或“服役期”的理念非常令人欣喜，但它们与现实相去甚远。而且，“间歇期”的前提是，保有一定程度的经济稳定性。这是很多家庭并不具备的条件，因为停止工作、自由职业或者提供咨询服务，往往意味着每月收入的大幅缩水。

无数女性竭尽所能以某种方式坚持留在职场中，她们殚精竭虑，使竞争与关爱的间歇期成为现实可行的选择。为了充分利用她们卓越的才华，是时候来详细探讨未来的职场与工作了。我们坚定地认为，与吸烟、同性婚姻问题一样，职场文化也需要来一场同样规模浩大、意义深远的伟大变革。

好消息是变革已经发生，只是你需要找到合适的职场……

UNFINISHED
BUSINESS

第十章

构建完美职场

你曾经读过多少篇论述体育锻炼带来种种益处的文章？没有上千篇，也有百篇了吧。它们告诉我们，每天快走半小时，就能使我们保持体形，降低血压，减轻压力，提高免疫力，使大脑变得更灵活。正如记者们常说的，如果吃个药丸就能有如此功效，我们一定每天早晨照服不误。但是，我们中的很多人却发现，想要积极行动起来迈出最初小小一步（没有别的意思），确实难上加难。

当我们滔滔不绝、高谈阔论让员工兼顾工作与家庭的种种好处时，同样的感受在我心底油然而生：既然有如此这般的好处，那么企业为什么不理解、不愿意积极行动起来呢？大量研究表明，企业若能出台政策，帮助员工兼顾工作与家庭，在员工招募、留住人才、提高生产率、促进企业创新、提振员工士气等方面都会取得非常明显的效果。而且当今时代，在企业高管们纷纷为抢夺顶尖人才的惨烈竞争而抱怨不迭，举国上下为美国劳动力的受教育程度能否达到全球化经济的要求而深感忧虑之时，大量受过高等教育、资历深厚、年纪在四十多岁到五十多岁的女性却被完全排斥在领导岗位之外，只是因为她们曾为了关爱家人一度放慢职业追求的脚步。

那么，我们为什么现在仍然深陷泥潭、无法自拔呢？我在本书中引用众多法学学者、经济学家、女权主义者数十年来的研究成果，从开头至结尾，贯穿始终。这些研究成果一直在论证的，正是这个问题的答案：当我们谈论什么是理想的工作时间与工作方式、什么是理想的员工、我们应该让理想员工何时达到职业顶峰这些问题时，大多数美国人仍然拘泥于20世纪50年代的僵化思维。在陈旧系统中一路走来、获得成功的人很难相信，除此之外，另有他途。

幸运的是，改变并没有那么遥不可及。它就近在眼前。我担任一家公司的董事局成员。该公司的人力资源负责人最近告诉我，“千禧一代”员工希望能“在任何时间、地点以任何可能的方式”灵活开展工作。美国经济发展与演进已经改变了成千上万美国人的工作环境与条件，而且，越来越多的传统企业开始领会并掌握这种趋势，试图寻找全新的工作方式，让员工们拥有更多自由与弹性，为员工产假、孩子日托甚至照顾老人提供现金补贴。

这些大规模的改变至关重要。随着时间的演进，它们会影响我们每一个人的工作与生活。但对我们来说，想弄清楚如何推动这种变革，使其取得预期的效果却并不容易。在工作与家庭关系问题的另一端，我们每一个人应该在每一天的生活中有意识地做出细小的改变，改变我们思考、谈话、计划的方式。职场提供了一个中心平台，在这个平台上，经济、社会与个人努力等各种力量在现实中交汇在一起。员工和经理人通过共同探讨、个别调适来决定如何创造友好的工作环境，让每一个人都能妥善兼顾关爱与事业，并使两者相得益彰。

未来职场

与当初从农业化向工业化转型一样，当前美国职场的现实图景正在发生剧烈的变化。信息技术将工作场所从原来集中的办公室迅速变成分散的网络。虽然我们的社会从来不缺乏评论家、预言家，但没有人能真正预见这些变化的范围和规模。我将大量正在发生的变革进行简化处理，指出部分我认为即将来临的变革，你就能明白理想的职场应该是怎样的，并由此做好自身的职业发展规划。

需求经济

在需求经济中，独立的承揽人——自由职业者——根据客户需求提供服务，而不是在固定的时间段内为某个固定的雇主工作。他们通过一定的平台来实现对接与关联。平台帮助他们找到匹配的客户，并提供身份验证、安全保障、支付系统等服务。优步（Uber）、来福车（Lyft）、空中食宿（Airbnb）、任务兔子（TaskRabbit）等都是这种模式。这种模式很快将扩张至生活的各个领域：杂工服务、烹饪、洗衣、购物、个人培训、编码、行医，法律服务、指挥，以及制作从电视广告到埃博拉防护服等一切物品。

根据需求提供服务与“分享经济”相关联。所谓“分享经济”，其最初的理念源自车主在汽车闲置时间段内让渡汽车的使用权，或公寓中有富余房间的人让渡房间的使用权，给需要的人，并取得金钱作为回报。我们不必拥有世上的每一件物品，相反，我们可以通过分享已经拥有的东西来获取收入。同样的现象还有一些不同的名称与标签，比如“项目经济”“零工经济”。其内涵在于，你可以接手一个又一个单独的项目来获取收入，而不必在固定的时间段工作以获得固定数目的收入。

这种需求经济遭到了诸多批评。如果一名优步司机是一名家庭主妇或学生，他或她固然可以在空闲时间通过服务获得额外的收入，但假如以此为谋生手段，司机往往只能挣得低于最低工资的微薄收入，并且无法享受任何福利——没有医疗保险、工伤保险、员工补贴、失业保险、养老金等。这就是独立承揽人与雇主的区别。某些工作并不比其他工作更好，但是工作之间的不平等却非常明显。《纽约时报杂志》报道说，一家联结家庭清洁服务承揽人与顾客的创业平台公司，居然雇用无家可归的流浪汉来清洁富人的家。虽然创业者们成功地获得了硅谷投资人动辄数亿美元的投资，但是他们没能向创造利润的服务提供者们提供体面的收入与福利，让他们露宿街头却视而不见。

尽管如此，需求经济必将继续发展壮大，有着广阔的前景。即使是现在，它也能让低收入的员工待在家中，在孩子生病或学校放假时照顾孩子，而不至于丢了工作。为了让每一个人都能受益于“分享经济”，我们将致力于将“分享经济”转变成“关爱经济”，就如同将工业革命时代新式工厂的工人转变成通过工会与罢工争取从他们创造的财富中合理地分一杯羹的社会正义斗士。我们必须关注平台上所有服务提供者的需求，保证他们获得收入，生活无虞，拥有良好的医疗保障与教育机会，支持他们创造更美好的未来。

全新的职场模式将会涌现，也有可能，原有的职场模式将进行大规模的调整，以适应全新的社会经济发展状况。麻省理工学院教授托马斯·马龙在2004年曾写过一本预见未来的书——《工作的未来》。他在书中预测，拥有某种技艺或专业技能的自由职业，将很可能像行业协会一样组织起来，并投射出足以抗衡传统企业的巨大能量。他举了美国演员工会的实例来加以说明：该工会汇集了一大批独立工作的媒体艺术家——演员、歌手、舞蹈演员、广播记者、解说艺术家。这些成员会为了完成某部作品的创作——有可能是一场戏剧、一部电影、一次录音、一档广告节目而聚集在一起。一旦创作完成，他们就再次解散。其情形非常类似于将管道工、电工、木工、盖房顶的人们及其他小型企业或个人召集起来建造一幢房子。演员工会负责与各方谈判，提供医疗与养老福利，让工会成员们根据自己的意愿与需要在不同的项目上灵活自由地开展工作。

如果我们能保证，独立承揽人或自由职业者们能从他们的工作中获得较好的收入，满足家庭生活与未来发展的需要，那么需求经济就能在未来让我们拥有更灵活自由的工作时间。换句话说，我们可以自主安排工作时间。到那时，可以想见，需求经济将终结办公室——为了谋生你不得不去的地方。这正是众多竭力兼顾工作与关爱家庭的人们所需要的。

对收入更高的阶层来说，需求经济也许会被肩负关爱责任的专业人士视为救星。律师、企业主管、银行家、医生以及很多其他领域的职业女性将继续在职业道路上向前迈进，至少她们可以坚持留在职场当中，同时又能如其所愿地花更多时间照顾孩子，陪伴他们成长。我们可以想一想Axiom法律服务与幸福律师这两家公司。它们各自都拥有大量高素质的曾供职于律师事务所的律师资源。它们基于具体单个项目需要，向大企业提供律师借用服务。这些律师所做的工作与律师事务所通常所做的工作完全一样，但费用却低廉得多，工作时间与方式也相对灵活自由。Topcodeer公司实现具体项目与自由职业的电脑程序员的匹配与对接。Medicast则允许病人通过手机应用来要求某位医生为其诊断，上门服务收费也相对低廉实惠。公司还为在册的医生缴纳了医疗保险。而总部位于洛杉矶的商业人才集团甚至开始租借“老板”，让“老板”们利用他们的管理才能完成某个具体项目。

如果我们能提供某种适当的便于携带的社会保障网络，那么广大的平台工作者就可以获得更多的工作弹性与自由，更容易度过生活的各个阶段，满足他们在某些阶段专注地照顾家人的需要。然而，目前，无数的美国人依然只能遵从固定的工作时间，去往固定的工作地点，面对固定的工作与固定的老板，日复一日，辛勤劳作。我们应该如何改变这种职场模式与经济模式，为关爱争取更多的空间与时间呢？

开放工作

尽管很多办公室仍然深陷诞生于一百多前的陈腐工作模式，但某些富有想象力与创新精神的职场已经开始推行大刀阔斧的变革。这些企业允许雇员与上司一起共同塑造工作环境。他们秉持开放心态，注重对话沟通，一改以往秘密对话或逃避对话的风气；他们为一系列可能敞开了大门，因为它们有助于提高企业生产率、社群融合度、员工忠诚度与满意度等。所有这些变革都为关爱创造了更大的空间。这些变革都是“开放工作”的一部分。“开放工作”是一个平台，也是一场变革运动。我非常自豪，因为我也是这场运动的成员之一。

“开放工作”既是一个名词，也是一个动词。它代表着一种工作，一种工作方式，一种激活职场的精神与价值。开放工作者们是一群能促成由下至上的变革的员工，无论这种变革是应雇主之邀、与雇主协作完成的，还是员工帮助雇主发现并领会了相互信任、相互尊重、相互负责、自由弹性所带来的巨大好处。凯思琳·克里斯滕森，开放工作网的董事局主席，将“开放工作”描述成一个场所：在这里，“我们分享优越的组织架构，击溃想象力匮乏的故事，因为它阻碍并限制了企业生产率与社会福祉”。

“开放工作”理念既能为企业管理层服务，也有利于企业员工。97%的开放工作企业见证了生产率的提高；88%的企业员工报告自身的工作满意度得到提升；45%的企业员工声称这种工作方式减轻了压力与疲惫。关于开放工作的相关原理是如何应用于具体实践的，开放工作网提供了大量的实例。这些都是经历了真实变革的真实工作场景。

例如，在通用汽车的金融部门，为了提高电话销售中心员工的积极性，减轻他们的压力，其做法是：

> （通用汽车金融部门）将工作时间安排相关事务交给员工，允许员工制订工作任务与工作时间表，希望他们能为自己找到最佳解决方案。员工们聚在一起，讨论出一项方案——根据方案，员工可以在上班时间前后三小时内到达办公室，也可以在夏季缩减工作时间，只要他们每天平均工作时间达到八个小时。这项方案被证明是行之有效的，极大地减轻了员工的压力，并减少了90%的拖延现象。员工可以享受家庭生活，被堵在路上时也无须惊慌失措。它也确实降低了员工流失率。目前，他们的员工流失率仅有6.2%，远低于行业平均水平。

另一家将开放工作理念发扬光大的公司是得克萨斯州达拉斯城的莱恩公司。它是一家提供综合服务的税务师事务所。在2008年，由于工作过于繁重，他们流失了相当数量的明星员工。为了积极应对这种局面，他们启动了“我的莱恩”计划。这个项目允许员工在他们喜欢的任何时间和地点开展工作，只要他们能完成相应的工作任务。他们可以通过在线流程看板监控自己的进展，这种监控针对的是工作表现，而不是工作小时数。工作表现通常用得分来衡量。你的目标是保持较高的得分，而不是在特定的计费小时数内保持工作状态。会计师事务所，无论大小，一直以来都非常有创新能力——也许是因为女性通常是家庭财政的账目主管，会计行业长期以来的一个重要特征就是女性员工很多，比法律与金融等行业更多。还有一个原因是，四大跨国会计事务所——毕马威、普华永道、安永、德勤的部分合伙人，是从兼职岗位提拔上来的。比如，2013年，安永会计事务所将两百多位员工“提升至弹性工作制的管理岗位”。德勤推行了一项针对全体员工的项目——“大规模职业定制”。这个项目是根据德勤副总裁凯思琳·本考与安妮·西塞罗·韦斯伯格合著的书籍名字命名的。这个项目允许每一个业务单位为员工制定一整套选择方案，让员工在必要时增加或减少工作时间，调整职业发展节奏。从2003年至2011年担任德勤总裁的莎伦·爱伦，是这样评价这套系统的：“在漫长的职业生涯过程中，每一个人都需要做出调整——节奏、地点，如此等等。”

除了会计行业，我们也可以看看1-800CONTACTS公司。这是一家从事直销零售业务的企业，在犹他州拥有九百多名员工。这家公司研究开发的考勤系统非常具有独创性。它模仿了航空公司的飞行常客计划。员工们如果出勤表现良好（比如准时上班），就可以获得相应积分，用这些积分兑换一年三十多天带薪休假或一年一百多天无薪休假。与航空公司系统一样，如果员工能提前通知公司，那他们就可以用更少的积分兑换假期。他们也可以在家里用网络或者智能手机共享信息、调班或换班。

达美航空公司也设计了一系列弹性选择，允许员工们更好地安排时间，帮助他们担当职业责任的同时，也能照顾好家庭。

南加州汽油公司推行了一项名为“智能工作”的行动计划。根据这项计划，员工可以享受弹性工作时间、远距离办公、延长假期等诸多政策，也可以安装公司提供的协同软件在家办公。根据乔恩·布雷特与纳内特·方达的研究，美国运通公司通过虚拟网络工作的员工的业绩，“比在办公室工作的员工要高出43%”。美国国际商用机器公司（IBM）允许分布在世界各地的四分之一的员工在家办公，仅这一项就节约了7亿美元的房地产成本。

在一些更注重创新的行业里，比如软件创业公司Evernote，正在推行更有弹性的工作时间计划，以营造非常自由的工作环境。该公司对员工假期不设限制。2012年，一位员工刚从为期三周的珠穆朗玛人生之旅归来，他告诉《商业周刊》：“这是一个基于信任的系统。……它们似乎相信员工能自主安排好自己的工作时间表。”

具有讽刺意味的是，该公司面临的更大挑战是如何促使员工利用公司提供的假期。当这种无限假期福利甫一出台，某些员工甚至比以往更少地度假，因为他们想通过放弃度假、努力工作博得上司的青睐。因此，公司的首席执行官开始开具上千美元的支票来资助员工外出度假，只要度假员工能提供票据存根予以证明，并在度假后与同事分享旅行经历。“在旅行之后，我们的员工表现更佳，”该公司的首席执行官对《商业周刊》说，“他们工作效率更高了，对公司更有贡献。”

在新美国公司基金会，我有相似的经历。当我接手成为新美国基金会的总裁时，很多员工攒了大量假期，包括一些私人假期。他们打算在离开公司时再利用这些假期。平心而论，很多年轻人夜以继日一心扑在手头亟待完成的重大项目上，他们觉得自己根本不可能在这个时候去度假，同时又完成工作任务。这种观念根深蒂固，已然成了一种职场文化。但我强烈认同休假的价值。于是，我们出台了每年六周带薪休假制度，员工可以在任意时间以各种方式享受这项福利，但必须遵守一条规定：每年最多只能将其中两周转存入下一年。如果你不享受其余的四周假期，那这些假期自动作废。虽然很多员工非常厌恶陪产假，他们向我提出了反对意见，造成了一定的阻力。但是，我关注的，不仅是他们个人的健康与福祉，还有新美国基金会作为一个整体的健康与活力、效率与福祉。

一些新兴公司已经完全舍弃了办公地点。Automattic，一家经营着博客平台

Wordpress的高科技公司，是一家“完全分散式”的公司。该公司拥有的两百多名员工，全部在家办公。他们只是在旧金山设了一个实体总部用来接收邮件。这家公司的员工分布在170多个不同的城市。只要他们愿意，他们每个月都会获得公司250美元的补贴来完善协同工作环境。而且，在他们最初加入公司时，每人还能获得3000美元的一次性家庭办公补贴。

该公司的首席执行官马特·穆伦维格声称，让最好的员工在他们想待的地方办公往往能产出最佳的工作效果。在接受高科技网站Mashable的某次采访时，穆伦维格坦言：在办公室里，人们必须衣着光鲜，准时出现，让自己看上去很忙碌，“这样你才会觉得他们在上班，而在家里，他们只需关注产出——代码提交了吗？博客文章写了吗？计划书完成了吗？他们无须每天出现在办公室，费力出演职场大戏。”

似乎，这种弹性与自由只局限于创造虚拟产品而非实体产品的信息技术企业。但是，在任何一个行业，人们都渴望降低日常开支，提高效率。一次，我在家乡弗吉尼亚州夏洛特维尔做完一场演讲后，一位女性走上前来告诉我，她也拥有一个完全分散式的自由工作环境。她的老板创建了一个协同网络，所有员工们都在家办公。而那居然是一家建筑企业！

高科技创业公司的开明态度，以及由此而来的自由而灵活的工作安排，甚至让很多华尔街金融公司在人才竞争中黯然失色。2013年秋，《华尔街日报》报道说，高盛与巴克莱银行这样的金融巨头也纷纷做出应对，减少基层员工的周末加班时间。而另一方面，摩根士丹利的首席执行官詹姆斯·P. 戈尔曼却非常诚实地说出了许多投资银行家们的顾虑：“我不敢肯定这就是正确的答案，因为我不知道金融交易正在进行之时员工如何停止工作。”

答案就是你不停止工作。客户往往希望金融从业人员在交易进行过程中时刻处于工作状态。但是，我们可以采取更创新性的解决办法，比如员工在百分之百完全投入某笔金融交易，夜以继日地工作一段时间后，可以享受相等时间的休假，或者，在某段时间内，缩减相应的工作小时数。金融公司也可以制定常规化制度，允许员工请假或休假。大学教师们通常在每个学期的三至四个月的时间里非常密集紧张地工作，然后在短假或暑假里转换成较缓慢的工作节奏，使身心得到休息，从而可持续地工作与生活。如果最繁忙的职场也能出台一些制度，让员工有可能适当调整工作节奏，而不要总是疲于奔命，那么，即使个人奖金会有所下调，但员工生活质量与员工留存率肯定会有所提升。

采取主动

你可能会觉得，如果要拥有一个开放工作的职场，你只能辞职跳槽，另觅良枝了。你的老板或你的公司永远不愿意做出改变，让你能很好地兼顾家庭与事业。其实不然，开放工作的全部意义就在于展开坦诚对话，促成职场变革。你可以主动发起这样的对话，主动做出意义深远的改变。

培训你的老板

对员工来说，一个较好的方法是“由下至上影响管理层”。在过去很多年里，曾经为我工作过的很多优秀的下属都知道怎样筛选我对他们提出的要求，并将最重要的事项放在最优先位置。他们也知道，有的时候我也会心有余而力不足，常常提出过多的要求，却无法兼顾。他们也学会了如何委婉地提醒我，他们只是普普通通的人，而不是神通广大、面面俱到的神。如果我布置的任务太多以致无法完成，或者我要求他们在有限的时间段内完成某项任务，他们会抬起头来，说道：“如果我无法完成所有任务，哪一项是最重要的呢？”

当他们这样做时，我实际上会很感激他们，因为这会迫使我去思考到底什么才最重要。同样有价值的是，这些员工会首先花时间去完成我更需要也更期待更紧迫的任务目标，而不会冒险花时间去做那些优先等级相对较低的事务。

当然，他们也有可能为了完成某项既定任务，连续一个星期都通宵达旦地工作。但是，那样的话，他们的头脑会变得迟钝，产出率也相对较低，而且很可能无法长期坚持下去。我并不是说偶尔通宵工作是没有必要的，实际上，前面我也曾提到过，我自己就曾经常常通宵熬夜。一旦出现真正的危机，表明自己在危急时刻勇敢站出来承担责任是非常重要的。我们中的有些人会拖延时间，直到肾上腺素的分泌让我们产出足够的冲动，在极短的时间内完成大量的工作。但是长期持续地以危机模式工作只会让我们深受其害。你完全可以设定界限，明确地提出，你会完成重要的事务，也会在必要之时加倍努力，但你不准备为了某人无关紧要的待办事项，而牺牲自己生活中其他重要的东西。

你这样做也可能会帮助你的老板成为一个更健康更有效率的人。2013年秋天，我的现任助理汉娜·帕森刚开始为我服务，我非常惊讶地发现，即使我还在办公室，她每天6点就准时下班了。

她那时刚从学校毕业，我们也处于相互了解的过程当中。我会嘱咐她一长串待办事项，她会记录下来，然后就开始收拾东西，准备下班——要么去练英式橄榄球，要么去参加其他业余活动。

一开始，我想，我永远不会比老板更早下班，离开办公室。相反地，我会在办公室待得和老板一样晚，其实通常要比他晚得多。然而，最初几个月共事下来后，我发现在我需要她的时候，她几乎总能及时出现，而且她也完成了相当数量的工作。一段时间过后，我开始困惑：她都已经离开了，而我却还待在这里，我的时间管理到底出了什么问题？

与老板展开对话

法蒂玛·苏玛尔是我教过的一名学生，曾就读于伍德罗·威尔逊公共与国际事务学院，后来为当时还是参议员、现在已是国务卿的约翰·克里工作，是参议院对外关系委员会的一名工作人员。当她生完第二个孩子，休完产假回来后，她向主管建议，希望能允许她星期五在家办公，这样，她既可以继续完成工作任务，又能照顾刚出生的孩子。更重要的是，她认为如果能以这种方式工作，她的工作效率会更高。主管同意让她试一试。他很快发现，她成了办公室里工作最富有成效的员工之一。这一弹性安排一直延续到她生完第三个孩子，这也让其他员工有机会选择更灵活的工作时间与工作地点。

法蒂玛鼓起了勇气，直接与上司对话，讨论她的需要。你也应该开启这样的对话——毕竟，你不能指望：你不主动要求，你的上司就知道你想要什么。但是，询问的方式也并非无章可循，以下就是一些帮助你采取行动的建议与提示：

做一番研究。查阅员工手册，看看公司对弹性工作安排的政策与规定。如果公司公开宣扬弹性安排是有可能的，那么你的努力尝试应更多地关注如何确保自己始终待在晋升轨道上——哪怕是相对迟缓的晋升轨道，而不是关注你是否能够利用这些政策。你应该假定公司的价值观正确无误，同时勇敢地迎难而上，直面工作弹性问题。

制订计划。无论你制订的计划与现有的公司政策完全一致，还是提议一种经过调整的个性化安排，一定要确保自己脑海中有非常具体的计划。这一计划让你充分兼顾生活的各个不同方面。这种弹性安排可能是每周工作四天，周一或周五在家办公，或每天5:45就下班。这样，你就可以去日托接孩子；在孩子们睡着之后，重新上网工作。当然，你还可以采取其他形式的弹性工作方案，来减轻压力，提高工作成效。

预约面谈。不要在办公室咖啡机旁突兀地向你的上司提出建议。你必须向上司传达一种信息，你和伴侣已经对如何履行职场责任同时兼顾关爱家人深入交谈过了。

凸显对公司的益处。你必须确保在描述计划之时，对上司讲清楚这种全新安排将如何给公司带来各种益处，解释为什么这种安排下你的工作会更富有成效。比如，在家办公能让你关注更重大的项目，因为这需要每次数小时全神贯注的思考，而在办公室，你很难长时间专注于某一项目。如果上司犹豫不决，你可以建议上司让你尝试一段时间——职业指导专家推荐三个月的尝试期——在尝试期结束后，如果效果并不理想，你可以重新评估。还有一点就是，确保双方在如何衡量结果的标准方面达成共识。

如果刚开始时你并未得偿所愿……开口询问并不一定意味着你一定能获得你想要的。然而，即使你的上司拒绝了你的建议，你也没有必要就此放弃，从此绝口不提。FlexJobs公司的首席执行官莎拉·莎顿·菲尔，在《健康之友》杂志的一篇文章中谈到如何向上司请求弹性工作安排。她建议说，如果你被拒绝了，那么别忘了在《年度回顾》中重新提及此事。她甚至提供了一个可供参考的模板："我知道，我们一段时间以前曾讨论过这个问题。它仍然是我关注的目标之一。我认为它不仅对我个人有利，对公司也同样有利。"她继而阐述了你作为一名员工应该开诚布公地与上司讨论哪些建议。

我可以坦率地说出我的经历。当我还是伍德罗·威尔逊学院的院长时，员工们会请求更灵活的工作安排。我很乐于成全他们，但最后，在上司的坚决反对之下，我只能无奈放弃。上司的说辞总是大同小异："如果我们这次允许此人这么做，我们就开了个口子，也得允许其他每一个人都这么做。到时候，我们就无法控制，也不能维持任何纪律了。"或者上司会怨恨此人，觉得他想得到某种特殊待遇。

在新美国基金会，我们的问题往往在于如何将远距离办公与既有的绩效标准联系起来，以及如何妥善处理行政人员绩效标准与从事政策分析与研究的项目员工的另一套绩效标准之间的冲突。以上两种情景，与在国务院一样，真正的问题是如何实现从旧体系向新体系的转变。我来自学院文化，习惯于在很多不同的场所完成大量的工作——我会认为办公室的主要功能是用来开会。但是，对来自传统公司文化的人来说，家里或咖啡馆，甚至图书馆都不是工作场所。这种转变必须循序渐进，逐步地做出尝试，并有一套明确的成败评价体系。

最后一点提示，你必须记住你的上司并不一定是你的敌人。这很重要。你可能会欣喜而惊讶地发现，对你不得不兼顾事业与家庭的艰难处境，他或她竟然会有如此善解人意的反应。

在国务院时，有那么一个星期，副国务卿吉姆·斯坦伯格屡次缺席或迟到克林顿国务卿早上8:45的晨会。在第四天时，克林顿国务卿终于忍不住朝吉姆的助理扬了扬眉毛，表现出稍稍的惊讶与不满。但是当吉姆的助理向他解释，吉姆的妻子（她也为政府工作）出差了，吉姆得送女儿去学校上学。她立刻就平息了心中的怒火，转而向吉姆乐于承担平等的关爱责任予以尊敬与支持。

一般而言，你的上司希望你成为最佳员工，这意味着他必须使你成为一名愉悦的员工。英国经济学家们发现，愉悦员工的工作成效要高出十二个百分点（你也许可以随意地向上司提起此发现）。要对职场进行一场变革需要花费一定时日，但每一位员工个体迈出的每一步都能树立先行者的榜样，将来踩着你的脚印向前迈进的人会对你感激不尽。

优先排序

即使你的职场给了你最大的自由，让你自己决定工作的时间、地点、方式，但是否把家庭放在第一位仍然取决于你自己。十多年前，我就总结出了关于工作的至理名言，而且至今仍深信不疑："如果你总是忙于处理电子邮件，那你的优先排序必错无疑。"我发现，每天晚上我都可以多花一个小时待在办公室处理每日堆积如山的电子邮件，而其中有些邮件对任何人都无丝毫意义。而且无论我怎么做，第二天邮箱里又会有一堆全新的电子邮件等着我去处理。我还不如早点回家，给儿子读读睡前故事。当我思考到底什么才是真正重要的时，答案昂而易见。

在你的追悼会上，没有人会记得你是否回复了所有的邮件。当我在国务院工作时，我注意到人们的地位与他们回复电子邮件的概率成反比——因为他们有更重要的工作需要关注，有待完成。希拉里·克林顿的办公室主任谢里尔·米尔斯会阅读所有的电子邮件，却从不回复，除非真的非常有必要回复。回复的时候，她也尽量用一些缩略形式以节省时间，比如用字母"k"来代替"okay"（好，可以）。

电子邮件只不过是一个更重大问题的最直观可见的表现形式：一周七天，每天二十四小时，全天候的职场文化以及伴随而来的责任与内疚。越来越多的人能随时随地找到我们，向我们提出越来越多的要求。我们中的很多人总是不假思索地接受这些要求，不遗余力地做出反应，满足或实现这些要求。但是，我们不应该再继续如此麻木不仁，而应该停下来，花些时间来想清楚自己的优先排序到底是怎样的。对你来说，什么才是最重要的？如果你自己不列出优先排序，划定界限，帮助你最终达成这些优先选项，那么，没有人会帮你这么做。

如果家庭是第一位的……

首席执行官们、经理们如果不想错失下一波生产率提升、员工士气提振的浪潮，他们就必须采用为员工提供弹性与自由的政策。这看起来颇为艰难，令人望而却步。但实际上，我们需要的只是理解、远见，还有一点点勇气。

当我2002年首次从事高级管理工作，担任伍德罗·威尔逊学院的院长时，我的两个儿子，一个五岁，一个三岁。如果他们中谁出了点问题，无论是在学校或日托病倒了，还是某个需要诊断与外部协助的持久的学习问题，我总是坚持家庭问题必须摆在最重要的位置。

我刚刚描述的情况也许再次确认了很多经理对雇用一名母亲最大的顾虑。但是，虽然我是一名母亲，但毫无疑问，我全身心地投入工作，我有优秀的专注力、推理力与领导力，而且我还是一名领导。我拒绝接受任何形式的刻板印象。在一段时间的试错后，我发现如果我首先处理家庭事务，当然是为了履行某些无法推迟也无法代理的重要责任，那么当我回归工作时，我就会更专注，更有成效，也更坚定。

有一次，我与伍德罗·威尔逊学院的顾问委员会要开一整天的会议。我告诉委员会的成员们，从11点到中午的时间里，副院长将接替我继续开会，而我要走一段路去开家长会。如果家长会安排在另一个时间，那自然是更好；但由于种种原因，这并不可能，而我的出席又非常重要。我不参加会议，天也不至于塌下来，其实副院长完全有能力接替我开会；尽管委员会的某些成员非常惊讶于我的表现，但也有部分成员认同八小时的会议缺席一小时并不要紧，而用这一小时的时间去参加孩子老师组织的家长会无疑更加重要。

在长期生活的过程中，我总结出一句箴言：“如果家庭是第一位的，那么工作就不是第二位的。生活是一个整体。”这句箴言对我、我的同事、我的员工同样适用。如果我的员工面临一个家庭问题——有关孩子、父母、配偶、祖父母、姑姨叔舅、侄子侄女或表亲堂叔——她应该去处理。我们，作为她的经理与同事，应该代替她完成她的工作，尽我们所能去帮助她。作为回报，我们希望她承担责任、履行工作职责，及时弥补无法委托他人代办的工作，保证重要的问题或任务不至于陷入困境。

在伍德罗·威尔逊学院工作时，在国务院政策规划司管理三十五名下属时，甚至现在新美国基金会，我都运用了这种哲学。我在新美国基金会任职的第一年，在我即将出发去芝加哥会见给我们提供资助的另一家基金会负责人的前夜，某个项目的负责人写信告诉我，他的妻子已经连续两个星期代替他照顾孩子，她现在有一个非常重要的案子要处理，他不得不肩负起照顾孩子的责任。

当时我原本可以告诉他此次行程非常重要（也的确很重要），他不能这样临时退出。作为基金会的总裁，考虑到即将出发的行程，我完全有权力这样做。但是，我本人也是拥有家庭的职场中人，我完全可以理解他与妻子就照顾孩子展开的艰难协商与谈判。作为一名丈夫，一名平等分担家庭责任的父亲，在我眼中，他的形象更高大了。实际上，他的陪同并非不可或缺，而只是锦上添花；没有他的出席，行程也获得了圆满的成功。

但对他来说，这件事确认并加强了他对新美国基金会的忠诚：在他心目中，作为一个组织，新美国基金会践行了自己的价值观，使他兼顾了自身的家庭角色与职场角色。他是我们团队中非常有价值的成员，而我知道下一次猎头来挖墙脚时，我就可以高枕无忧了。

我当然无法自诩为完美的经理人。管理是一个不断学习、纠错的过程。我亲眼见证了一个事实：当我为所有的下属，无论其级别高低，创造自由空间，允许他们将家庭事务放在首要位置，他们绝不会在工作上有任何的懈怠，相反，他们会把工作也放在同等重要的位置，像处理家庭事务一样一丝不苟地完成工作。有责任心的人们不会将自身的义务仅仅局限于职场。事实上，我不会雇用一个声称工作比家庭更重要的人为我工作。我会质疑他的品格。

聚焦结果

我接触过的最极端的工作弹性就是结果至上的工作环境，或者也可以称之为ROWE（results-only work environment）。这是一项由卡莉·雷斯勒与裘蒂·辛普森主持的前沿研究。他们曾合著一本书——《结果至上的革命：为什么工作面目可憎以及如何解决》。正如他们所描述的，ROWE意味着“人们可以随心所欲决定做什么，何时做，只要他们能把工作给完成了”；也就是说，雇主完全没有限定工作时间，而唯一重要的就是工作完成了，而且完成得很出色。

ROWE实质上比表面看起来要困难得多，不仅其自身不可避免存在各种问题，而且也会导致一些意料之外的后果。首先，某些员工的岗位要求他们在指定时间待在办公室工作，虽然这些工作在家里同样可以高效地完成。实行“结果至上的工作环境”制度后，许多办公室空空如也，尤其是经理人的办公室。这无疑会使那些每天仍需赶到办公室来上班的员工异常沮丧，影响整体的士气。更糟糕的是，基层员工抱怨自己不得不每天赶到办公室来上班，而上层管理人员却可以待在家里，这难免会导致迅速两级分化的等级制度。

在大型企业中，ROWE也引起了诸多争议。百思买曾高调引入ROWE模式，但后来很快就被新任首席执行官胡伯特·乔利废止了，因为他以为这一模式过于一刀切了。在明尼阿波利斯市《明星论坛报》的专栏中，他写道：“这一项目是基于一个假设——正确的领导方式就是授权给员工。任何领导过团队的人都知道，授权并不总是最有成效的领导方式。”但是，Gap公司采用了ROWE模式，并声称取得了初步的成功。

且不论ROWE作为一种正式而具体的执行模式是否有效，我认为ROWE这种理念对经理人的管理方式有积极正面的影响。雷斯勒和辛普森坚持认为，上级主管必须对员工有清晰明确的期待，同时对衡量结果的方式也应有清醒的认识。单纯地忽视谁准时上班（或更好地，提早上班）或者谁准时下班（或更好地，推迟下班），比认真思考怎样精确地设定可以完成的目标，要简单得多。这一思考的过程，反过来，要求你更清晰地给出优先排序，将这些优先排序传达给团队成员，并且给成员们设定可测量的标准与任务完成截止期限。

帕洛·阿尔托网络公司的首席执行官萨布瑞娜·帕森斯，将这些原则应用于她的公司，并取得了巨大的成功。尽管该公司并未正式推行ROWE，却运用了类似原则。帕森斯的所有员工都有弹性工作时间表。“我们很大程度上聚焦于结果，为每一个岗位、每一名员工设置切实可行的任务目标。”她说。如果你为她工作，你的工作成效“将由你完成的工作而非在办公室待的小时数来决定”。“我们认为，如果人们每天早晨上班时都神清气爽，那他们就能更出色、更有创造性地完成工作。”

帕森斯有三个儿子，分别是十岁、八岁、五岁。她进一步地聚焦于结果，使职场发生了深刻的变革。当她的孩子还是婴儿的时候，她将他们带到办公室来，也允许员工们仿效她的做法。虽然帕洛·阿尔托的员工有三个月的产假，但很多员工都想提早来上班。她们被允许将婴儿带到办公室来。“我们给她们提供了照顾婴儿的场所。”帕森斯解释说。当然，办公室首先是一个工作的场所，所以如果员工的孩子很吵闹，有某些特别的需要，帕森斯说她将另做安排，比如在家办公或采用其他办法。实际上，只要工作能保质保量地完成，办公室有个打瞌睡的婴儿又有何妨？帕森斯对这些原则的坚持最终卓有成效：她的公司员工在过去的三年里从28名增加至60名，而营业收入以每年40%～50%的比例逐年递增。

以这种方式来思考与工作，首先需要我们深刻地转变观念，重新审视富有成效的工作方式与途径。说到这一点，我总是想到我家的电饭煲。这样的类比也许有点奇怪。传统电饭煲有非常简单明了的操作方法——一杯米，两杯水，三十五分钟烹制时间。但是我家的电饭煲根据大米的质量、天气以及其他可能影响结果的因素来确定烹制时间。

这听起来有些怪异。我家的电饭煲，根据具体情况进行一番细致的计算，然后烹制米饭。因此，烹制时间总是不断变化。但是，最终的结果却要好很多！工作也是如此。如果我们根据想要达到的工作质量以及完成某项工作的员工的个性特征来决定任务量以及时间，那么，结果往往令人甚为满意。

投资关爱者

要创造一个能激励员工发挥最佳状态、达到最优工作成效的职场，其最终步骤是要求经理人与执行官们把关爱行为本身视为一种优点。尽管这看上去有些激进。但是，首席执行官们、上司们、团队领袖们，现在是时候转变观念了，你们应该把员工照顾年幼的孩子、年迈的父母或者任何所爱之人的经历看作能给他们带来社会阅历、人生洞见的宝贵财富。这些财富最终将使他们在工作中表现更出色。首先，他们会变得极有效率。职场关爱者们没有时间可供浪费。而且，也请记得，在第五章里，我们就讨论过关爱能帮助我们培养诸多美好的品格：知识、耐心、诚实、勇气、信任、谦卑、希望，以及适应不同生活节奏的能力。

如果他们真的相信关爱与竞争一样富有价值，让人受益匪浅，那么他们就应该推动陪产假成为法定假期，或者至少成为默认的选择。这样，新晋的父亲们就可以选择休陪产假，关爱自己的家人，而不是选择继续工作，无法履行应有的关爱责任。而且，如果他们真的重视关爱，那么他们就应该欢迎任何形式的安排与措施：允许负有关爱责任的员工们不仅可以在岗位上继续工作，也可以继续保留在晋升轨道上，尽管他们的晋升很可能非常缓慢，比其他不承担关爱责任的员工更缺乏规律性。

更重要的是，经理人们必须认识到，为了关爱家人中途退出职场的、年纪四五十岁的这批女性组成了一个巨大的优秀人才库。

麦肯锡全球研究所预测，到2020年，全球将面临多达四千万人的“技能缺口”现象，也就是说，全球劳动力市场上需求大大超出了供给，需要额外的四千万拥有大学及以上学位的劳动力才能满足雇主对人才的需求。换句话说，“在这个‘技能稀缺’的世界上运营的企业，必须知道如何发掘他们所需要的人才，并构建招聘、保留、培训员工的种种策略，因为人才是他们竞争优势的源泉”。解决人才短缺问题的部分答案，其实就摆在雇主们面前。

当前在高级管理层普遍缺失的广大女性——在入门级与最高管理层之间不断消失的女性——实际上仍然存在于劳动力市场中。你只需开阔视野去发现她们，以远见与智慧给予她们真正的机会，再次雇用她们为你工作。

因此，冒些风险，寄希望于关爱者。从更广泛的层面来说，寄希望于关爱本身吧。从各个方面来看，我们的关爱一面与竞争一面可以非常成功且富有成效地结合在一起。世界首富比尔·盖茨，深受妻子梅琳达的影响，把之前积累的巨额财富绝大部分都捐赠了出去。在写作本书时，我曾读到比尔·盖茨在2008年的世界经济论坛上发表的演讲。在演讲中，他将自我利益与关爱他人称为人性的两大力量，并提出“创新资本主义”的概念，即驾驭市场力量帮助亿万人摆脱贫困。他把这两种同等重要的力量视为“创新资本主义”的两大驱动力。我们应该从中汲取一些启示，努力探寻在企业中将竞争与关爱协调一致、融为一体的途径，创造属于我们的完美职场。

UNFINISHED
BUSINESS

第十一章

关爱：
我们共同的事业

我们美国人都喜欢自助。《纽约时报》在畅销书目中将自助书籍作为一个大类单独列表。这些书籍告诉我们如何向前一步，积极迈进，挺身而出，超越他人，并以此提升自身品格，克服缺陷，取得进步。虽然这些书籍非常契合将自我完善奉为信仰的美国人的口味，但是，如果一切仅仅取决于我们自身，那么，变革理应在我们的完全掌控之下，完全不需要依赖常常失灵的政治制度来组织或动员社会的其他成员。

请别误会我的意思。跟其他人一样，我自己也买过很多这种自励书籍——从如何减肥到如何找到内心的安宁。但当我们谈起我所倡导的这种变革时，每个人的生活得以不断改善的唯一途径就是所有人联合起来。我们无法独自完成，而必须运用集体政治力量来变革原有的制度。过去，我们曾有过成功的先例；现在，我们依然能续写这样的成功。

我所受的教育让我成为一名律师、一名政策专家。我比任何人都清楚，“政策”只不过是针对特定情况下我们应该怎么做提出的一整套指导方针的另一种表达。比如，俗话说，“诚实是最好的政策”。而公共政策是指作为公民的我们决定遵从何种原则来生活，这些原则往往经由选举产生的代表们转化为各种法规与法律。公共政策也指所有人联合起来探讨我们能做什么、该如何使用纳税人的钱财最终得出的智慧结晶。我们可以遵循历史的启示，关照我们所处时代的理想，从而创造全新的美国，让它成为一个平等重视工作与家庭的国家，让这个国家的每一位公民都能过上丰富圆满、幸福快乐的生活。

构建关爱的基础设施

如果没有道路、桥梁、隧道、港口、机场、铁路、电力、供水、废物处理以及今天的高速宽带网络，企业就不可能通过竞争为自身与整个社会创造价值与财富。这正是“基础设施”的内涵：它是正常运转的经济的基本构架，每个人都需要它，但是个体公民要么无法提供它，要么不愿意提供它。与出行运输相关的基础设施——无论是实体的还是虚拟的——都是经济竞争的基础设施。既然我们拥有竞争的基础设施，那么，对等地，我们也需要建立关爱的基础设施：一整套制度与安排，既允许公民追求个人目标，同时在追求与他人关系方面也取得成功。

我们过去曾有过一套关爱的基础设施：待在家中的女性。但是，现在这些女性中的几乎60%都活跃在劳动力市场中。这一套基础设施已经崩溃，并且无法恢复。我们需要建立一套面向21世纪、满足社会经济需要的全新的关爱的基础设施。蒲艾真在文章中提到“人口老龄化”及其影响时认为，美国对关爱的需求日益攀升，“尽管关爱的基础设施看起来不同于铁路、高速公路、电力或互联网这样的基础设施……但是关爱必须是第一位的。”如果你尚且不能“自己吃饭、洗澡、穿衣”，那么其他一切都无关紧要、没有意义了。

蒲艾真还提到了“关爱网络”，就像能源网络一样。我非常喜欢这一类比。正如我们利用不同的网络来输送各种不同的能源，我们也需要用各种不同的方法来提供关爱、支持关爱。以下这些是我们在吸收借鉴了英国等一些国家的政策基础上提炼出来的关爱基础设施的某些要素：

高质量且价格适中的儿童关爱服务与老年人关爱服务

用于处理家庭事务与医疗事务的带薪休假

要求兼职工作或弹性工作时间的权利

与中小学教育投资相匹配的幼儿教育投资

为怀孕期员工提供综合就业保护

为有偿关爱者提供较高的薪酬与培训

建立社区支持机构协助老年人在家养老

为受到歧视的兼职员工与弹性工作制员工提供法律保护

更有效地执行现有法律，打击年龄歧视

为单身父母提供资金与社会支持

利用我们目前对孩子学习方式的研究成果，改革原有的适用于农业经济时代的中小学作息时间，采用满足数字化时代需求的全新作息制度

有关以上问题的政策建议细节，州与州之间可能会呈现一定差异，而且，因为党派关系或政治哲学不尽相同，具体的政策建议往往也各有特色。

我们希望将带薪休假、孕期工作保护，甚至兼职工作列为法定强制措施，建立广泛的关爱基础设施，其主要支持论据就是，让选择“做正确的事”的企业能拥有更公平合理的竞争环境。将这些政策纳入某个具体的企业，而不是通过税收融资的保险计划来达到相同的效果，或许成本更加昂贵。在一个利润空间狭窄、股东好诉讼的经济体里，承担这些费用可能会让企业在竞争中失去关键优势。但是，可以肯定的是，一个短期的好处是，决心“做正确的事”的企业会得到回报，员工积极性、工作成效、留存率均有所提高。尽管这会给某些企业带来优势，但我们不能完全依赖企业自身来进行必要变革。我们需要广泛的政治变革来建立全新的职场以及一套全新的评价体系。

关爱的政治学

好吧，你知道，我是民主党人。如果你是共和党人，你完全可以认为我是一名脑海里充满不切实际幻想的左翼分子。但关爱的政治学并非如此非黑即白，容易判断。举个例子，梅格恩·凯利是福克斯新闻主播，同时也是一名职场母亲，她坚定支持带薪产假制度。有一次，她在电视节目中进行现场直播。当立场保守的脱口秀主持人迈克·加拉格尔把她三个月的产假称作“寻欢作乐”时，她立刻提醒对方，美国是世界上仅有的四个不要求企业提供带薪产假的国家之一，并且特意补充说加拉格尔的反应“非常愚蠢”。“我们是在抚育人类后代，”她说，“那不是度假，而是非常重要且繁重的工作。”

从美国的政治谱系来看，各个派别党系都赞成稳固家庭，支持关爱者群体。从左派看来，奥巴马总统在2015年预算中提出一项计划，旨在让更多的人享受到高质量且价格适中的儿童保育服务。而目前，仅有10%的儿童享受到了所谓的“高质量保育”。儿童保育工作者年收入的中位数仍低于两万美元，而所有50个州中，有两个孩子上托儿所（儿童保育中心）的家庭，在儿童保育方面的支出甚至超过了房租支出。奥巴马也呼吁更多的州延长带薪病假与带薪探亲假。

从右派看来，共和党人克里斯·克里斯蒂担任州长的新泽西州是极少几个提供带薪探亲假（员工通过交少量工资税来支付此成本）的州之一。多位共和党参议员倡议制定一项法案，允许雇主向雇员提供带薪休假；也有民意调查显示，大多数共和党女性选民支持带薪探亲权。共和党参议员凯利·艾约特联席了横跨参众两院的两党核心小组会议，致力于为家庭关爱者提供援助。阿耶特的先行者，参议员凯·贝利·哈切森成功提案，建议立法将家庭主妇的工作量与有收入的员工一样计入其退休养老金账号。

我们美国人总是在方式与方法上容易出现分歧。我们在关爱问题上的分歧，主要是谁应该来从事关爱，而不是应不应该在关爱上投入资源。保守派倾向于让家庭、教会以及社区来从事关爱，而自由派则担忧这种方式将使更多美国人被遗漏在关爱范围之外，对最弱势、最贫困且无法求助于家庭、教会、社区的人们来说，这将进一步加剧不平等。

我的感觉是，我们在这一领域面临的问题如此严峻，我们必须双管齐下，让政府与企业、教会与国家、州政府与联邦政府（还有市政府）一同来践行关爱事业。还有就是，为什么不在关爱领域引入一些竞争机制？左右两派应该互相质疑挑战，弄清到底是市场还是政府在关爱危机上能发挥更大的作用。不同的州可能会采用不同的措施，但是，我们可以制定普适的标准，来比较哪里的孩子、老人以及其他需要关爱的人群其生活状态更胜一筹。当然，不同的城市也有可能会取得同样的成效。任何有效的措施都可以放手尝试。

在联邦层面，国会应表决通过各项措施，允许各州和各企业制定相应的竞争机制。为了达到目的，我们需要做出妥协——承认各种观点的正当性，承认在你赞成的方案之外可能还存在其他效果更佳的方案。反过来，为了达成这种妥协，我们需要更多有着直接关爱经验的国会成员。

的确，普通美国民众，无论支持哪个党派，都广泛支持关爱事业，并积极呼吁政府出台更多有利于关爱事业发展的政策，而我们的立法机关似乎是唯一没有接收到相关信息的一方。这一局面的成因很简单：我们选举了太多男人。当我写下这个句子的时候，你完全有理由将其解读为性别主义与本质主义的言论：男人关注国防、股市状况，女人关注家庭、社会安全网。现实再次确认了种种刻板印象。这固然让人感觉不适，但至少目前在这个问题上，有大量经验主义证据表明，正是国会中的女性，推动了价格适中的日托服务与带薪休假等措施的完善与发展。

目前出现的新情况是，我们有理由相信，女性能在任何遵循少数服从多数原则的团体内达到关键数量，包括立法机关。这很可能会促进男人们的行为较之前有所改变。

选举更多女性

美国独立战争时期的战斗口号是“无代表，不纳税”。我们至今仍然未能实现这一目标。男人可以代表女人，当然，女人也可以代表男人，非洲裔美国人可以代表欧洲裔美国人，年长的美国人可以代表年轻的美国人。还有，在立法机关中，女性代表人数显著不足，无法达到与女性人口相称的比例。这无疑带来了不可估量的巨大影响。

如果被问及我们为什么要选举更多女性，大多数选民很可能会联想到女性明显比男性更胜一筹的诸多特质。在《雅典娜主义》一书中，约翰·吉泽码与迈克尔·德安东尼奥采访了13个国家的6.4万名民众，目的在于发现在“当今社会获得领导力、成功、美德以及幸福”，什么品质是最重要的。在所有13个国家里，受访者，无论性别是男是女，都选择了通常被认为是女性特质的选项，如协作、分享荣誉、耐心，作为应对当前全球挑战的卓越特质。大多数人也承认早已厌倦了“由传统男性思维与行为模式主宰的世界”，“这种模式充满了操控、竞争、挑衅以及非黑即白的思维”。至少，对我而言，让人非常欣喜的是，三分之二的受访者坚信，如果“男性能更多地像女性那样思考”，那么世界就会变得更美好。

乍看一眼，这样的言论看起来似乎与“如果女性能像男性那样思考，世界就会变得更美好”一样充满性别歧视的意味。这样的论断中充满了各种刻板印象，而如此这般的刻板印象最终既不利于女性，也不利于男性。另一方面，政治学家塔利·门德尔伯格与克里斯托夫·卡尔波维茨经过大量的实验研究，发现从政女性的确倾向于更多地关注关爱问题，更多地关注广大弱势群体。但是，立法机关中女性的人数不足以通过相应的法律来使这些问题有较大的改观与进步。正如，门德尔伯格与卡尔波维茨在2014年合著的书《沉默的性别》中总结的那样：“女性在审议机构中所占的比重微不足道——本质上的确如此。”

真正关键的是，女性是否仗义执言，发出自己的声音。如果女性只是默不作声端坐于市政厅会议、政策规划会议以及其他一些议事场合上，没有人会听到她们的心声，了解她们的看法和观点，什么也不会改变。在这个节点上，人数就显得极为重要了。只有当她们说出自己的看法和观点时，一切才会有改变的可能。

门德尔伯格和卡尔波维茨曾做过一项实验。实验参与者，有男有女，被分成不同的小组，并被告知他们得通过完成任务来赚钱。而且，整个小组的所有成员将共同决定把多少钱重新分配给小组中赚钱数额最少的成员。观察员记录下所有结果，包括实验参与者所说的话：说话的人多少次提到了关爱问题，又多少次提到了经济问题，还有，女性发言达到了多少次。实验结果甚至让研究人员颇感意外。首先，门德尔伯格和卡尔波维茨发现，所有成员均为女性的小组比所有成员均为男性的小组要慷慨得多——在所有成员均为女性的小组，将重新予以分配的保障性收入比所有成员均为男性的小组大约多出7000美元。确实，“随着女性人数的增加，小组根据少数服从多数的原则，选择了更慷慨的安全网。”他们同时也发现，当女性在集体中处于少数地位时，女性发言的次数就会更少。这一点，对任何女性来说，丝毫不奇怪。

然而，最引人注目的是，门德尔伯格和卡尔波维茨发现，至少在某些情况下，当女性在小组中占多数时，男性会更多地谈论关爱问题。在由一名男性与四名女性组成的众多小组中，62%的男性提及了孩子问题，而与此对比鲜明的是，在由一名女性与四名男性组成的小组中，仅有19%的男性提到此类问题。当然，实验室内的场景设置与国会的实际运作并不相同。但是，这些发现依然突出强调了一点——当女性声音没有得到倾听时，女性关注的问题常常被认为是无关紧要的。这些问题仅仅被认为是女性本身的问题，并非每个社会成员面对的普遍问题。

当女性的声音被倾听时，如门德尔伯格与卡尔波维茨所说，她们不仅“会指出问题，也会将边缘化人群或弱势群体纳入‘我们’这个概念”。换句话说，女性实际上比男性代表了更广大的公民群体。同样重要的是，“当女性占据多数时，男性会更平等地分享话语权，更经常地提及关爱孩子的问题，支持为穷人构建更慷慨的安全网；他们不太可能充满敌意地打断女性的发言，反而会向女性发言者提供正面的支持与鼓励。”

选举更多的女性参与政治事务，将对美国的政治乃至世界政治产生深远的影响。如果我们能选举足够数量的女性——当然她们有着不同的个性与政治见解——作为公民的我们就更有可能获得真正的代表。通过增加女性代表，我们不仅可以向政治领域纳入更多的女性声音与视角，我们也可以让选举出来的男人们表现真正的自我，以父亲、儿子、丈夫、兄弟的身份，同时又以战士、竞争者、赢者的身份，去发表见解，去投出自己的选票。当然，他们与我们并不总能达成共识。与我们选出来的女性一样，他们往往各抒已见，彼此之间存在分歧。但是，这种分歧正是民主的意义所在。男人们会表现得更为出色，真正地代表处于政治谱系上任何位置的全体公民——既竞争又关爱的公民。

关爱经济

投资者应该和政治家们一样，充分关注关爱的发展趋势。关爱领域的工作岗位需求正在不断增长，因为人们越来越意识到关爱的重大意义，也越来越关注人口发展的趋势。要知道，从现在开始一直到2030年，已退休的成年人与未达退休年龄的成年人的比例将提高近一半。到2020年，6名美国人中就有1名六十五岁以上的老年人，而3名美国人中至少有1名美国人很可能承担着照顾老人的责任。

美国人对将来如何度过老年生活也有非常强烈的意见：我们中大约有90%的人认为自己不应该在养老院中度过人生最后的日子。但是，要实现有尊严地在家养老，需要建立提供家庭健康医疗服务的整个行业体系。这也是为什么对家庭关爱工作者的需求将急剧增加。如果我们想要高质量的关爱，我们就必须为之付费埋单。更丰厚的酬劳，更高的社会地位，正规的工作环境都是良好的开端。如果我们重视我们的孩子、父母以及未来我们自己享受的关爱质量，我们就必须充分关注关爱经济。

部分有远见的经济学家，在几十年前就开始研究这些问题了。关爱经济的未来发展趋势，因为关爱定义本身的模糊不清而变得复杂化了。关爱中不可避免地交织着爱与努力，而这两者分别对应着无酬劳的付出和有酬劳的工作。如果我们假装关爱带来的情感回报非常巨大，因此根本无须为之付费，或者以非常低廉的价格为之付费，关爱的价值就会被忽视。关爱供给数量就会因此减少，质量也会有所下降。经济学家南希·佛波尔与她的同事们——分别来自社会学、政治学、人口学等领域，已经为“关爱政策与研究”开列出完整的研究议题。我们必须更多地研究这些议题，从而为21世纪更大规模更专业化的服务产业——关爱产业，奠定知识与实践的基础。

有趣的是，军队已经透彻地理解了投资美国下一代的价值。儿童大脑基本上在最初五年发育成型，所以，可以毫不夸张地说，为五岁以下儿童提供关爱与教育堪称美国的国家安全问题，可以毫不逊色地与“伊斯兰国”“恐怖组织”“俄罗斯扩张”“中国崛起”等重大问题相提并论。

五角大楼正在采取行动。它通过向现役军人提供基于家庭收入的日托津贴来抵消高质量儿童保育服务的支出。这项资助措施从1989年就已经开始在军人家庭中付诸实施。同样重要的是，五角大楼根据培训与教育经历、资历等级与从业经验等标准，向从事幼儿保育与早期教育的老师支付与其他国防部工作人员同等的工资报酬。

换句话说，对维护国家安全承担着最直接责任的国防部，已经清醒地认识到，支付丰厚薪酬来吸引和留住受过大学教育或研究生教育的人才，以及向员工子女提供关爱和早教，有多么重要。

在民营经济领域，某些富有远见的企业家已经开始填补关爱产业的市场空白。拥有哈佛大学法学博士与工商管理硕士学位的希拉·利里奥·马塞洛，曾同时照顾两个年幼的孩子与一双年迈的父母。她发现很难找到高质量关爱服务的提供者，于是她创建了关爱网care.com。该网站实际上是一个提供幼儿关爱、老年人关爱服务的市场交易平台。每两分钟，它就能帮雇主找到一位关爱服务提供者。它不仅能服务于家庭与关爱提供者，也是一桩大生意。该公司在首次公开募股时就募集了9100

万美元，而在2014年1月上市时，该公司的市场价值就已经达到5.5亿美元以上。

闪耀地平线（Bright Horizon）是另一家将关爱成功商业化的公司。他们提供全方位多品种的关爱服务，从高质量的早期教育，到紧急情况下的儿童保育，再到公司、医院、大学等各种不同场所内开展现场日托服务等。这家公司也已经公开上市交易，在2013年，其市值高达14亿美元。

房地产开发商们也开始对美国家庭的关爱需求做出回应。比如，在加利福尼亚州，开发商们开始建造以多代家庭为目标客户群的连栋房屋。这些房子的底层配有卫生间与卧室，老年人居住起来更方便，不用爬楼梯。而传统意义上的核心家庭可以住在楼上。这样一来，“三明治一代”可以照顾他们的父母，而祖父母也可以帮着照看孙子孙女。

老人们也可以聚集在一起，与朋友们相伴养老，就像电视剧《黄金女郎》中的四位老人一样，幸福欢乐地享受老年生活。这种模式被称为“共居”。一位房产顾问告诉《纽约时报》，这种“共居”模式对20世纪60年代出生的“婴儿潮”一代尤其有吸引力。她预测：“20世纪60年代的社会意识将通过‘共居’而重新表现出来。”我可以用自身的经历来证实这种居住安排带来的愉悦。在华盛顿时，我与一位大学好友共住一套公寓。她的家在纽约。她特地搬到华盛顿来为政府工作，她的丈夫也会经常前来同住。虽然我每个星期只住两天，但这段共住时光仿佛让我回到了大学时代：住在宿舍里，有一个室友，她还有一个经常来访的男朋友。

除了大型关爱企业与房地产开发商，还有很多单个的关爱服务提供者。她们的队伍正在不断壮大，蒲艾真的“全国家政从业者联盟”与二十个其他组织联合起来，开创了“跨代关怀”运动。该运动通过聚焦美国人口变化趋势，关注老龄化、家庭或社区养老的前沿创新，试图“改变这个国家的关爱方式”。

为患有阿兹海默症（老年痴呆症）或其他疾病的成年人提供关爱与照顾，仍然面临着困难与挑战。但是，与关爱儿童一样，教育与专业培训能使被关爱者与关爱者同样受益匪浅。在更广泛的层面上，“家庭关爱者联盟”是一家基于社区的非营利关爱机构。它力图满足各个家庭的关爱需求，在家中向他们的家人提供长期免费关爱服务。

如果我们用心观察，就会发现提供各种不同类型专业关爱服务的工作正呈现爆炸式增长。我们有医生、护士，现在又有各种医师助理、专业护理师。而且，处理身体与心理的各种问题的治疗师也在迅速增加：平衡问题、姿势问题、步态问题、压力问题、从关节置换术到脑中风等各种疾病的康复治疗，等等。这些工作并不是当人们无法从事“真正的事业”时勉强去做的工作。这些工作需要医疗知识与技术，也需要与客户建立良好关系的能力。它们对我们每一个人——从最小的到最老的——过上更好的生活，具有不可小觑的重要意义。

我们还应超越高质量有偿关爱服务市场，以更广阔的视野，在重视关爱价值的基础上，来思考和审视整个经济体。

我们应该如何衡量人际关系中蕴含的社会资本以及我们用养育与关爱构筑的人力资本？“关爱经济运动”正在研究开发除传统的金钱、财产等指标之外的相关经济指标来衡量社会财富。我们至少应该找出办法来衡量为儿童和成年人提供的关爱的经济价值。毕竟，国内生产总值，这整个概念也不过是一个人为的指标。我们应该有能力来衡量一切我们认为重要且致力于其增长的事物。

例外的美国

在对外政策领域，以及更广泛的政治学领域，例外论的文献卷帙浩繁、汗牛充栋。作为一个国家，美国从很久以前就确信自己不同于其他任何国家。1630年，曾担任马萨诸塞湾殖民地总督的约翰·温斯罗普写道：“我们将成为山巅之城，全世界人民的目光都在注视着我们。”我们理应成为欧洲人以及我们自己的先锋楷模，我们实行高度自治，享有宗教信仰自由和言论自由，并致力于探索和开发“新大陆”。

在关爱领域，美国的例外很大程度上在于其政府的不作为。在所有发达工业化国家中，我们是唯一未提供法定带薪产假的国家。与此形成鲜明对比的是，西欧很多发达工业化国家则提供了甚为慷慨的带薪产假与陪产假。例如，即使在经济紧缩的背景下，英国仍然提供长达一年的带薪产假，虽然薪水并不丰厚。

其他工业化国家不仅在孩子出生初期为其父母提供带薪产假和陪产假，而且还向广大的父母以及关爱者提供一系列设施和服务来予以支持。这些服务不仅包括儿童日托，也包括为残疾人、衰老者、不久于人世者提供成年人关爱服务。挪威儿童与家庭部前部长梵尔加德·夏格兰安这样概括他们国家的哲学："我们认为抚养孩子是艰辛的工作。这项工作为全社会创造价值。"因而，"全社会应该为这种创造价值的服务付费"，就显得非常公平。

这些国家已经从他们的关爱中收获了诸多益处，既增强了国家的竞争力，又促进了社会流动性的提高。十年前，长期研究欧洲政治的安迪告诉我，在欧洲，出身卑微的人们向上流动成为中产阶级，比在美国容易得多。我当时颇觉得难以置信。这看上去简直太荒谬了。我们的历史上，有着太多成功实现"美国梦"的案例：人们纷纷逃离旧大陆顽固守旧的等级制度，摆脱宗教迫害与信仰偏见，在美国这个"自由与机遇之地"取得成功。

然而，今天，我们无法否认这一切都变了。各个大学、思想库、国际组织的众多经济研究表明，移民丹麦、澳大利亚、挪威、芬兰、加拿大、瑞典或德国，比移民美国更有利于移民者改变自身命运，获得更优越的生活与发展环境。这些国家中的贫困儿童摆脱贫困的概率比美国的贫困儿童高出一倍。诚然，与美国相比，这些国家中部分国家相对较小，国民构成也更同质化。但是，以加拿大为例，其出生于国外的公民比例比美国更高，而加拿大人实现社会以及经济地位提升的可能性却比美国人高出一倍。

尽管社会流动性与多种因素密切相关，比如种族隔离、收入不平等、宗教、家庭结构等；但是，在社区的支持下，家庭为孩子们创造稳定而充满关爱的环境的能力，是其中最为重要的因素之一。

我们无须照搬照抄其他国家的做法。事实上，有证据表明，欧洲国家实施超级慷慨的产假制度不利于富有事业心的女性追求事业。克莱尔·凯恩·米勒在《纽约时报》上指出，欧洲女性成为经理人的概率仅为男性的一半，而美国女性成为经理人的概率大致与男性相当。这种明显的差异是漫长产假带来的诸多意外后果之一。在这种制度环境中，女性会有意识地遏制自己的事业进取心，而且雇主也不愿意将育龄妇女置于某些关键岗位，因为他们担心女性会因为生育而请假太久。

我们仍然可以有所作为。我们可以用我们的建国信条——人人生而平等——来理解男女平等，并相信挣钱养家与关爱家庭是互相平等的，有着平等的价值，这两项曾经一度被分别划归为男性与女性的工作。我们也应该意识到，关爱将从各个方面使社会更趋于平等。

心理学家卡罗尔·吉莉安指出，我们常常听见孩子们发出“你才不关心”“这不公平”这样的抱怨。“你才不关心”实际上反映了所有脆弱、需要依赖他人的群体对于被抛弃的恐惧，比如儿童、老人、病人或残疾人。“这不公平”则反映了对掌握某种权力的人滥用权力、制定或破坏规则、为自己谋福利的恐惧。

让我们细细品味以上观点带来的启示。这种观点意味着不被关心与被歧视一样都是不平等的标志。刚才提到的两种情况实际上是有权力之人欺侮无权力之人，比如小孩、老人、病人、残疾人、异类、处于劣势者等。“这不公平”可以理解成“你不关注我，也不倾听我的心声：你没有给予我平等的权力和尊重”。“你才不关心”可以理解为“在我非常脆弱需要你的时候，在我无法要求与其他公民相同的平等权利时，你抛弃了我”。

作为美国人，我们应该为自己感到自豪，因为我们把自己定义为关爱的公民。我们关心我们的国家，也关爱彼此：我们记得我们的过去，不仅有衣衫褴褛、不名一文的贫民起程征服机遇之地的传奇故事，也有谷仓聚会、缝棉被活动、公共地放牧、一间房校舍的艰辛过往；我们深知，如果我们想要关爱他人，我们就需要举国上下、群策群力去行动、去奋斗。

我们可以突破目前的政治僵局。我们可以像过去一样再一次重塑自己，改变自己，让自己焕然一新。我们可以再一次实现“美国例外论”，不仅仅提高电脑的速度、军队的力量，也要激活社区的活力，提高关爱的质量。

尾声

我所写的这本书，从很大程度上来说，也算是我写给家人的一封情书。他们是我做任何事情的坚强后盾，也是我之为我的深厚根基。可以想见，你在这本书中已经邂逅了很多位斯劳特和穆拉维斯克。最近这些年里，我学会了从竞争与关爱的两个角度来审视整个世界，并逐渐开始带着前所未有的尊敬、用完全不同于过往的眼光来看待我的很多家人。

在我的人生中，我敏锐地意识到，自己是多么幸运地生于20世纪50年代，而不是我母亲出生的20世纪30年代早期，或是我外婆出生的20世纪初。直到现在，我依然会想，如果她们能像我们这一代人一样拥有这么多的机会，她们的人生将会怎样。我依然感激我生活的时代提供的越来越多的机会，越来越广阔的发展空间。但是，我认为这些女性——我的女性长辈们——对社会的贡献丝毫不逊于她们的丈夫。

她们为家庭付出青春和汗水；她们教育鼓励她们的孩子，无论女儿还是儿子，让他们成长为当今社会的栋梁之材；她们关爱那些需要帮助的人，无论是直系亲属还是其他人。用社会学与经济学的枯燥语言来说，她们是人力资本的监护人；而用更丰富也更感性的话语来说，她们是人类自身的哺育人。

1932年，我的外婆，来自比利时的亨丽特·玛德琳·德·布拉茨·林波什，嫁给了当时还是一名医学院学生的外公。他们很快生下了我母亲。不久后，又生下了我的舅舅。1940年5月，德国军队占领布鲁塞尔时，我的外公不愿与比利时军队一同投降德军。他成功地在敦刻尔克加入了盟军，并撤退到英国。后来，他又在英国加入了特别空勤队。我的外婆在德占区生活了两年之后，决定前往英国寻找外公。于是，长达六个月之久的寻夫传奇就开始拉开序幕。其情节之曲折惊险完全可以拍一部好莱坞电影。当时，她是一名富有魅力的三十四岁年轻女性，性格坚毅，百折不挠。

我弟弟和我小时候就是听着外婆逃离德占区的惊险故事慢慢长大的。她把六个月的历程从记忆的迷宫中向我们和盘托出，娓娓道来——从法国到瑞士，再从西班牙到葡萄牙，最后乘船到达伦敦。比利时抵抗组织的朋友曾多次试图安排她越过国境线从德占区逃往法国，但他们的要求总是：可以，但不能带上孩子。在这一点上，我的外婆非常固执。她不知道战争意味着什么，但她绝不可能将孩子抛下，独自逃生。几十年后，她对我母亲说：

> 已经有了一定的生活阅历与年岁的我，现在回想起来，才充分意识到，那样的冒险行为完全是对可能发生的危险的漠视。我想这也是因为我乐观的性格。我经常想象自己陷入困难境地，自问如何摆脱困境。我从来不觉得自己有一天会遇到无法解决的难题，无法从困境中安然脱身。没有，我从未想过这一次的努力会出现任何闪失，也没有想过万一失败对我自己和孩子是多么巨大的灾难。

每当我读到这段话时，我总是忍不住微笑起来。她是一个有钢铁般坚强意志的女人。医生告诉她，因为脚踝失去了一根软骨，以后她只能跛着脚行走。但她丝毫不受影响，咬紧牙关，忍着疼痛，继续在布鲁塞尔的大街上，以惊人的速度大步前行。她操持家务，管理丈夫的行医事务，负责家庭的理财与投资，并对所做的任何事情追求每一个细节的完美。她严格而苛刻，她曾经将我写给她的法语信中的错误一一纠正，并把经过修改的信件寄还给我；但她又非常乐意且毫不吝啬地投入时间陪伴孙子孙女们，帮助他们做功课或参与任何对他们有益的活动。

我时常仔细地审视与思考外婆的一生，然后觉得她身上的种种优秀品质——决心、乐观、管理能力、独创性，足以让她成为一名成功的首席执行官——比利时的商业也许因此有很大改观呢！当然，我也希望在如何度过自己的人生的问题上，她当时能有更多样化的选择。

但是，目前在我看来，她的一生是关爱的一生。她关爱我的外公，让他能专心于自己的行医事业，帮助不计其数的病人解除了身体的病痛；她养育了两个成功的孩子，他们以各种不同的方式对社会做出贡献；她也为几个孙辈的孩子提供了安全网，并照亮与改善了很多人的生活。

外婆明白关爱的网络需要艰辛的付出与努力。她是一个为责任而生的人。她的母亲要求她坐着时脊背不能触碰到椅背（她曾试图将这一教诲传授给女儿和孙女，却不幸失败）。正如她遵循母亲的教诲，始终保持笔直的坐姿，她也忠厚正直地接受了社会分配给她的性别角色。当然，这些角色也赋予她生活的方式与意义：她不仅照顾丈夫和孩子，也关爱她自己的父母、外公的父母、朋友、邻居，甚至长期为她服务的管家玛丽。从社会整体来看，人们会因为自己的作为而受到重视，得到名望。而我现在看来，她照顾家人，关爱社区，她奉献的社会价值与外公关爱病人所做出的社会贡献不相上下、难分伯仲。

而我的奶奶，玛丽·麦克比·霍克是地道的美国人，与外婆个性迥异。她1902年出生于北卡罗来纳州小镇林肯顿，是家中唯一的孩子。她的家人世代生活在那里。当她的父亲被派往北卡罗来纳州法院任职后，他们全家迁往首府罗利。她的母亲在她刚满十八岁时突然辞世，留下她与父亲相依为命。但是短短几年后，父亲也撒手而去。

20世纪20年代中期，她是一位富有的年轻女性，拥有一大帮朋友；她的家就是她与朋友们欢聚的社交中心。她毕业于当时一所叫作圣玛丽学院的学校——一所拥有小学、中学、大学（前两年）的学校，也曾经短暂地跟着当地的一名律师学习过法律。她独自去旅行，去过波士顿，也去过欧洲。我有一张她年轻时的照片。照片上的她年轻、独立、勇敢、精力充沛，准备追求自己想要的理想生活。

后来，她遇见了北卡罗来纳州大学的助理足球教练爱德华·“布奇”·斯劳特，也就是我的爷爷。他们恋爱了，并在1930年结为夫妇。爷爷接受了一份新工作——去弗吉尼亚大学担任边线教练后，没过多久就把全家搬到了夏洛特维尔，并在这里度过了一生。夏洛特维尔在罗利北面，离罗利仅几个小时车程，但在奶奶看来，那是一个完全不同的世界：更古板，更正式，有更强烈的社会意识。她不再是法官的女儿，而是一名教练的妻子；她全心全意地照顾家庭，从未变回到以前那个自立而热爱社交的年轻女性。

在她的葬礼上，我谈到了她对文字的热爱，她的孩子与孙子孙女都能背诵她孩提时代记住的诗歌。我总觉得她完全有可能成为一名受人景仰的文学教授。或者，她也完全可以当一名律师，用她那惊人的记忆力，把支离破碎的细节拼成令人信服的案子。她可以坐在任何一个来自南方的人身旁，问几个问题，然后从中找出过去的两百多年间，我们的家族与他们的家庭在某个时间节点上有着什么样的历史纠葛。如此的才华只能用于找出“远房表亲”，却无法发挥更大的作用，是一种巨大的失败，也是社会不允许女性充分发挥自身潜力带来的严重后果与莫大损失。

因此，我总是将奶奶的人生视作潜力未曾得到充分发挥的绝佳案例。然而，对我而言，作为她唯一的孙女，也是最年长的孙辈，她是完美的奶奶。我的小拇指上戴着她的母校圣玛丽学院的院戒，上面刻着她的名字缩写MMH；我常常低头看着它，想起我亲爱的奶奶。我时常想起她无条件的爱，她毫不松懈地支持我的每一点进步，这些是我今时今日所有成就的基石。我无比重视她所做的一切，也无比遗憾她未能做到的一切。

我也变换了角度来看待某些家庭成员。我的文章发表之后，一位童年密友在信中写道，她一直觉得，与她的父亲以及我们成长过程中认识的其他父亲相比，我的父亲是如此与众不同。我给父亲写了一封信感谢他，并第一次询问他，作为20世纪60年代生活在弗吉尼亚州的一名男性，他为什么能有如此进步的思想与行为。他告诉我，作为一名辩护律师，他曾经处理了相当数量的离婚案件。在这些案件中，男人离开了他们的妻子，而这些女人毫无经济来源，甚至无法养活自己。在那时，他就暗暗发誓决不能让他的女儿将来也处于如此无助的境地。

我现在能更全面地看待我的父亲了，我意识到，他支持我追求事业，不仅仅是因为他会为我取得的成就而自豪，也因为关爱——那是一种巨大的决心，让我在必要时能自立自强的决心。但是，即使我父亲思想那么进步，他也从未想过在把我培养成一名能挣钱养家的独立女性的同时，要把他的儿子们，也就是我的兄弟们，培养成乐于关爱的男性。

我的弟弟布莱恩是一名非常忙碌的执业律师，他的妻子珍也是一名律师。他们的婚姻关系非常平等，育有四个孩子。珍在第一个孩子出生后选择兼职工作，而布莱恩是一位尽职尽责的父亲，认为自己的家庭分工更多的是挣钱养家，而非如己所愿更多地陪伴家人。在我写作此书之前，我从未想过，实际上布莱恩在某些时候也想要更多的工作弹性。孩子们正不断长大，他也希望自己能多花点时间与孩子们相处。

我曾经把珍的选择理解成放缓追求事业的脚步，退出职场晋升的快车道，想当然地以为这反映出她的职业抱负远不如我的来得更高远。我当时只是把她看成一名“兼职工作的母亲”——这正是劳动力市场给数百万做出同样选择的女性的归类与标签。而现在的我看来，她是才华横溢的律师与经理人。她在人生的某一阶段选择全身心地照顾关爱家人。我终于认识到她的选择有益于社会上的每一个人；我也认识到，她呕心沥血地抚养四个孩子长大成人之后，她必将利用未来至少十五年的时间来积极追求工作与事业。

我希望，在读完这本书后，你能环顾四周，重新审视整个世界，包括你自己的家人。你会发现，一切都变得如此不同了。更重要的是，我希望，未来我们的孩子可以拥有不同于以往的更平等的生活。当我看着儿子们时，喉咙不禁有些哽咽了。当我离开家前往华盛顿工作时，他们一个十二岁，一个十岁，还只是男孩罢了。而现在，他们已经长大了，成了年轻的小伙子，甚至比我高出一头，常让我觉得有些不适应。他们也有自己的朋友圈子、自己的人生计划与梦想。我写作这本书时，爱德华正要离开家去上大学。他们羽翼渐丰，即将离巢高飞而去。

孩子们的离去不禁让我感触良多，开始饱含辛酸地思考自己内心深处对养育儿子最隐秘的恐惧。老话说得好：“儿子娶妻之后便不再是你的儿子，但女儿永远都是你的女儿。”虽然这句话并不适用于我弟弟与弟媳，但是儿媳通常会疏远婆家人，而与自己的父母、兄弟姐妹维持更为密切的关系。

对我的儿子们，我也有这样的担忧。我最希望的莫过于，他们将来带回家来的另一半能融入我们的大家庭，成为其中的一分子；他们能胜任各自的职业身份，同时又能尽职尽责地充当儿子、兄弟、丈夫，并且在未来某天成为他们孩子的父亲。我希望他们能像我一样找到自己热爱的工作。但是，无论他们最终从事什么样的工作，我希望他们知道我既会欣慰骄傲于他们取得的成就，也会为他们投入时间和精力来组建稳固的家庭而感到自豪，无论他们未来会怎样组建自己的家庭。此外，我希望他们愿意平等地支持他们的伴侣，也平等地接受伴侣的支持。无论是金钱还是关爱，都应如此。

让我们拭目以待，希望当他们到了娶妻生子的阶段时，全社会都会同意我的看法。

家庭是我们健康成长、繁荣兴旺的基石。工业革命之后，我们把工作与家庭割裂开来，分别划归男人的世界与女人的世界。随着越来越多的女性进入工作的世界，工作与家庭的关系日益趋于复杂与紧张，始终处于拉锯状态。然而，事实上，家庭使工作成为可能，工作使家庭成为可能，两者相辅相成，不可分割。只有依靠我们自己，才能创造条件让工作与家庭两者相互支持，相互促进。

我对未来的这几十年充满了期待。我儿子们所属的“千禧一代”，似乎天然地懂得超越大卫·布鲁克斯所谓的“大我”有多么重要。艾米莉·埃斯法汉妮·史密斯与斯坦福大学市场营销学教授詹妮弗·L. 艾克尔曾经把他们称为“千禧探寻者”，并引用相关研究数据说明“千禧一代”中有四分之三的人希望拥有“有意义的工作”。尽管“意义”难免有些主观，但是其中蕴含的“标志性特征是与比自我更宏大的事物之间的关联。人们希望过有意义的生活，感觉自己与他人、工作、生活意义以及整个世界关联在一起”。滋养人类之间的关联是关爱的精髓所在。

我们，所有人，都可以站起身来，为了关爱事业的发展采取行动。我们可以改变我们的思维方式、说话方式，甚至我们规划未来、工作、劳动、投票选举的方式。我们，无论是男人还是女人，可以联合起来，完成我们的母亲与外婆开启的事业，并踏上属于我们自己的全新革命征程。

致谢

我在本书中所做的思考，堪称我做过的最艰难的工作。在《为什么女人仍然不能拥有一切》这篇文章发表前的一个星期，我曾告诉我的经纪人，我无论如何也不会去写一本有关工作和家庭的书。我想写一本对外政策方面的书（现在依然想写）。然而，两个星期后，我居然与出版社签订了著书合同。让我改变主意的，是排山倒海般汹涌而来的社会反响，这种反馈让我相信在这场宏大的对话中，应该让大家听到更多的声音。我首先应该感谢的，是文章发表后成千上万直接写信给我，在网上评论、辩论、发帖讨论的人，他们中有些人是我的朋友、过去的学生，而更多的则是彻头彻尾的陌生人。我无法一一做出回复，并为此深感遗憾。但是我仔细阅读了你们的评论与反馈，包括众多的批评。正是你们极大地影响了我，塑造了我的想法。

这些年来，你们奉献了无数的真知灼见，而我则越来越倾向于把这些年的讨论与对话视为“应答式的研究”。我向成百上千的女性团体发表演讲：萨拉索塔的七旬老人、投资银行家、销售代表、学生、外交家、律师、人力资源经理、企业家、社区团体等。每一次，我都会认真倾听你们的问题与评论，而后做笔记，写下自己的感受与印象。至今，我依然记得曾经有一次演讲结束后，一位安静的女士在蜂拥而上的人群中犹豫踌躇，然后在我即将离去之时，将我拉到一边，告诉我：二十年前，她的儿子身患严重残疾，她辞去工作，放弃梦想，全心全意照顾他。她感激我所写的文章、所做的演讲，因为这二十年来她一直觉得自己一事无成，非常失败。听了我的演讲，读了我写的文章，她终于感觉好受一些了。直到今天，我仍能想起她的脸，想起我当时百感交集的内心，如此勇敢而坚强的一个人却不得不背负辜负社会期望的沉重负担。她是美国社会值得宣扬的另一种行为榜样。我们应该感谢她，感谢像她一样将家庭置于事业之前的不计其数的人。

当我开始写这本书时，我发现自己置于学术研究、新闻评论、新闻报道、公众舆论、博客文章、推特消息的全新世界中；我成了多年来一直致力于工作与家庭关系的探讨思考与积极写作的非凡团体中的一员。他们接纳我，向我定期发来各种文章、书籍、见解的链接。感谢我的推特好友纳内特・方达、卡丽・约斯特、克里斯汀・玛什卡、派特里克・菲茨吉本斯，以及许多我只叫得出来推特用户名的朋友。感谢新闻记者玛丽亚・施赖弗、丽莎・贝尔金，K. J. 戴尔安东尼娅、阿纳德・柯里哈拉达斯、蒂姆・克莱德；感谢银行家兼慈善家艾德丽安・阿什特。我还要特别感谢黛博拉・法洛斯。她在1985年出版了《母亲的工作》一书。这是一本超前了三十年的书。而现在，她和我都更乐意把这本书称为《父母的工作》。

在学术界与思想库中，我尤其要感谢经典之作《僵化的性别》一书的作者乔恩・威廉姆斯。在媒体采访请求纷至沓来之时，他是我最早打电话讨教的人之一。另外感谢家庭与工作研究所的艾伦・加林斯基，波士顿学院斯隆老龄化与工作研究中心的马西・皮特-凯森弗斯，普林斯顿大学本德海姆-托曼儿童福祉研究中心的萨拉・麦克拉那罕与她的同事们，沃顿商学院的斯图尔特・弗里德曼及其工作与生活整合项目团队，哈佛商学院的罗宾・伊莱，乔治城大学法学院的沙伊・菲尔德布鲁姆与凯蒂・科里根，麦肯锡的乔安娜・巴斯以及中心化领导项目团队，他们都做了宝贵的工作，对我帮助非常大。此外，研究工作与家庭关系的整个群体都应该感谢阿尔弗莱德・P. 斯隆基金会的凯思琳・克里斯滕森，数十年来她一直大力赞助有关女性、工作与家庭问题的研究。

微观经济学、心理学、社会学、政治学、性别研究领域的众多伟大的学者，把他们的毕生精力贡献给了研究分析工作以及艰难的思想性与理论性工作。他们的工作拓展了我们对于性别平等的思考与知识边界。作为另外一个领域的学者，我不得不承认我无法公正评价他们的工作，但至少请允许我向他们致以无比的敬意与感激。

我的工作是站在他们的肩膀上眺望未来：克劳迪亚·戈尔丁、塞西莉亚·罗斯、劳伦斯·卡茨、凯瑟琳·格尔森、帕梅拉·斯通、阿莉·霍克希尔德、斯蒂芬妮·孔茨、洛伊丝·霍夫曼、莉莎·杨布雷德、弗朗辛·布劳、琼龙托、萨拉·鲁迪克、卡罗尔·吉利根、大卫·A. J. 理查兹，玛士林·巴纳吉、莱斯利·珀洛、西尔维亚·安妮·休利特，等等。

写作之艰难在于，你必须从来自各种途径的卷帙浩繁的素材中提炼出一套观点以及使观点变得鲜活的故事。我很感激一小队学生志愿者，他们自发组织起来，帮我处理如雪花般涌入我邮箱的电子邮件。他们是布雷特·凯勒、凯特·穆迪、亚历山德拉·优特赛、米卡·邦普斯和卡尔·韦斯特法尔。另外有一组优秀的年轻女性也主动为我的研究提供了协助。感谢汉娜·萨福德、伯塔·巴奎尔、丽贝卡·格林德雷、朱莉·罗斯、安妮·弗朗西斯·杜菲、莉莉·蒂默曼、乔伊斯·张、朱莉娅·泰勒·肯尼迪，没有你们，这本书就不可能出版。

杰西卡·格罗斯作为研究者、故事的讲述者以及知识广博的谈话对象，她的作用不可或缺。格瑞斯·罗森也对我帮助很大。还有，我要特别感谢深得我信赖的读者群体：艾莉森·斯坦格、比尔·伯克–怀特、诺拉·贾菲·艾利什、珍妮·巴特尔·理查兹和康纳尔·威廉姆斯。汤姆·黑尔和米切尔·诺瑞斯·约翰逊在很短的时间内阅读了本书的主体部分，我十分感谢。尼恩·安德鲁斯对标题和封面提出了非常有价值的建议。莱迪·艾德莎姆允许我在书中使用她的生活经历。

鲍勃·基欧汉与南·基欧汉对本书的贡献绝不仅限于他们富有智慧的评论。他们相爱，相互支持，在事业上取得了巨大成就，长期以来一直感激着我和安迪；在我们偶尔相聚时，他们的友谊、美酒、生动有趣的对话，总为我埋头写作的无数个周末增添了无穷的乐趣。

2013年9月，我成为新美国基金会的总裁与首席执行官。我尤其要感谢领导团队中的同事，在我“完成”这本书期间，他们总是非常有耐心地支持我。我特别想感谢丽莎·格恩西和她的早教团队，她们让我对关爱和教育带给零到八岁儿童的巨大影响大开眼界；感谢丽莎·芒迪、伊丽莎白·魏因加滕和布里吉特·舒尔特，你们在挣钱养家与关爱家庭项目中进行了卓越研究与写作；感谢大卫·格雷，他提供了重要的男性视角。

我也想感谢大卫·布莱德利以及他《大西洋月刊》的杰出团队——科比·库默尔、唐·派克、斯科特·斯托塞尔、詹姆斯·贝内特，正因为他们的远见与信任，《为什么女人仍然无法拥有一切》才能最终发表，这本书也才有可能出版。另外，我也想感谢诸位提供了新颖见解的读者——雪莉·蒂尔曼、玛莎·米诺、南希·魏斯·马尔基尔、凯特·赖利、丽贝卡·布鲁贝克和丽贝卡·斯通。

在这本关于关爱的书里，我也必须对最近三年中对我提供各方面关爱和照顾的人表示感谢，他们是黛安·斯皮格尔、乔伊斯·霍夫曼、史蒂夫·肯内利、阿齐兹·艾尔-巴道韦、吉米·里德，以及我在华盛顿的室友及多年好友艾米·麦金托什和杰夫·图宾。

一路走来，兰登书屋的编辑们一直给予我极大的帮助与启发。睿智、热心、善良的苏珊·卡米尔，说服我到兰登书屋出版本书。我记得，我们第一次见面时，她对我说：“跟我说说你的祖母吧。”这次谈话打开了我写作的另一条思路。在她无与伦比的赞扬与劝说下，我终于心动了，打算超越《大西洋月刊》上的那篇文章，着手撰写此书。

苏珊的同学杰西卡·辛德勒与桑姆·尼克尔森也帮我进一步理清了很多观点。作为兰登书屋中为数不多的男编辑，桑姆给了我尤其多的帮助。我永远不会忘记，他如此真诚地教我学习“省略的艺术”。虽然他从普林斯顿毕业不久，就开始教伍德罗·威尔逊学院前院长如何写作，但是我的感激却没有丝毫讽刺意味，是完全真诚的。因为他的努力，我相信未来我一定会写得更好。兰登书屋营销与发行团队也做出了巨大的贡献：特里萨·卓洛、萨利·马文、伦敦·金、普纳姆·玛莎、李·马钱特、安德莉亚·德维尔德和麦克斯·明科勒。感谢优秀的文字编辑艾米·瑞恩与贝丝·皮尔逊，校对南希·埃尔金，书籍设计师苏珊·特纳与封面设计师本·怀斯曼，印刷经理桑德拉·思杰森，同时我还要感谢兰登书屋的其他工作人员，从总裁、出版人吉娜·森屈罗到副出版人汤姆·派瑞，再到素未谋面却为此书的命名、呈现状态与营销做出不懈努力的各位。同样感谢利平科特·马西·麦奎尔金的阿曼达·潘尼奇，她总在危急时刻给予我支持。

我的助理汉娜·帕森从2012年9月开始为我工作。她目睹了我写作此书的整个过程。我把她称为“助理”，但实际上她是我的生活管理员，安排一切事务，协调一切人员，从研究助理团队到临时讨论标题与封面的专题组。她也多次阅读并评论了我的手稿。非常感谢！

泰瑞·墨菲的经历，极好地证明了允许下属把家庭放在第一位，将会使他或她更出色地完成工作，并始终忠诚地为你工作。泰瑞在20世纪90年代晚期就开始为我工作，当时我还在哈佛法学院任职。当她把儿子从罗马尼亚接到美国来时，我允许她必要时远程办公。十五年过去了，她获得了博士学位，成了专业编辑，养育了一个儿子和一个女儿，并始终是我不可缺少的得力助手。她曾阅读过我的初稿，做出了极佳的评论，并帮我搜集了很多资料，检查了尾注。作为一名母亲，她是此书理念的努力践行者。

利平科特·马西·麦奎尔金的威尔·利平科特堪称这世上最佳经纪人。他总是随时随地乐意为我效劳。他总能通过拜访、电邮、电话及时提供帮助。有他这样的经纪人与朋友，让我感到自豪。

在这本书中，我已经花了很多笔墨写我的家人。一如既往，他们是我最坚强的支持、后盾。在这三年中，每逢节假日，他们总会关心地询问：“书写得怎么样了？”他们会提出种种建议、修改意见，也会给我庇护与安慰，直至终稿的完成。我的一位朋友曾对我说：“你简直是中大奖了，有这么好的父母！”的确如此，我的母亲安妮·斯劳特，在八十岁时，仍能凭借体力与智慧让整个屋子熠熠生辉，充满欢乐；我的父亲内德·斯劳特，教给我们所有人正直的品格。我的兄弟们——布莱恩·斯劳特与霍克·斯劳特，以及我的弟媳们——劳里·史科特·斯劳特与詹妮弗·乔卡·斯劳特，希望我们永远一起跳舞！特别是霍克，他曾把整部手稿仔仔细细读了两遍，给出了很多细致的评论，发给我许多封电子邮件，提供多种修改建议，连兰登书屋的编辑们都记住了他的名字。我也要感谢安迪这边的家人：弗朗西斯卡·穆拉维斯克，她证明了处于“第三阶段”的老人居然可以当运动员并获得冠军；我的小姑莱丽亚·穆拉维斯克，是一位强大而坚忍的单身母亲；还有才华横溢的爱德华·弗莱彻，他既是我的表亲，也是我们的导师；还有伊迪斯·穆拉维斯克，她总是无微不至地照顾我们每一个人。

我还要感谢大家庭的家人们，他们教会我关爱的多种意义：亚历山大·斯劳特、玛丽·皮普尔斯·斯劳特、玛丽·霍克·斯劳特、大卫·斯劳特、朱迪·斯劳特、乔治亚·乔卡、让-米歇尔·林波什、克里斯蒂安·莱克勒、卡罗琳·林波什、亨利·范德维德、让-弗雷德里克·林波什、米歇尔·维尔德尔、帕特里克·林波什。还有我的侄女与侄子们——简·斯劳特、利比·斯劳特、凯特·斯劳特、迈克尔·斯劳特、格温·斯劳特和肖恩·鲍林，我希望你们长大后能读一读这本书，它将帮助你们做出选择。我尤其为我最大的侄女莉莉·斯劳特深感自豪：她的第一份工作是幼儿园老师助理。她把父母倾注在她身上的爱与教诲直接传递给年幼的孩子们。

我已经说得够多的了。很明显，我还是没有学好省略的艺术。但是，我仍然要指出的是，我要把这本书献给我人生中的三个男人。安迪，从很多层面来说，这本书讲述的是你的故事，也是我的故事：两个意志坚定而有着多种欲望与雄心的人，带着满满的爱与责任，历经坎坷曲折，探寻真正平等的婚姻模式的故事。你始终乐于追随我左右——到普林斯顿，到中国，到政府工作，然后又回来——获得了事业成功的同时，以我们从未预料到的方式成为承担主要关爱责任的父亲。我之所以能有今天的成绩，你比任何人的功劳都大。最重要的是，你总能让我放声大笑——常常是笑我自己。谢谢你为我做的一切。

写作此书，我在面对爱德华和亚历山大时，常常感觉自己是这世上最虚伪的人。我在书中声称自己决定回家来陪伴你们，但实际上，只是回家来像胶布一样粘贴在电脑屏幕前写这本书！你们比任何人都清楚，我可以对“在家”的定义进行多种意义置换。“接下来的两个星期，我可能会很忙，不过那之后……”但是，无论如何，能当你们的母亲，我感到非常自豪，也非常幸福。无论你们怎么想（或者希望），我作为你们的母亲，这一事业永远不会完结。

图书在版编目（CIP）数据

我们为什么不能拥有一切 /（美）安妮－玛丽·斯劳特著；何兰兰译 .—北京：文化发展出版社有限公司，2016.8
ISBN 978-7-5142-1445-1

Ⅰ .①我… Ⅱ .①安… ②何… Ⅲ .①女性－人物－生平事迹－世界 Ⅳ .① K818.5

中国版本图书馆 CIP 数据核字（2016）第 164804 号

版权登记号：01-2016-5155

我们为什么不能拥有一切
著　　者：（美）安妮－玛丽·斯劳特
译　　者：何兰兰

责任编辑：肖润征
特约监制：刘杰辉
特约策划：李珊珊
产品经理：秦　楚
特约编辑：夏　冰
封面设计：门乃婷工作室
出版发行：文化发展出版社（北京市翠微路 2 号 邮编：100036）
网　　址：www.pprint.cn
经　　销：各地新华书店
印　　刷：北京嘉业印刷厂

开　　本：710mm × 1000mm　1/16
字　　数：247 千字
印　　张：16.5
印　　次：2016 年 9 月第 1 版　2016 年 9 月第 1 次印刷
定　　价：45.00 元
I S B N：978-7-5142-1445-1